Apaixone-se Pelo **Problema,** Não Pela Solução

Título original: *Fall in Love with the Problem, Not the Solution*

Copyright © 2023 by Uri Levine

Apaixone-se pelo problema, não pela solução
6ª edição: Março 2025

Direitos reservados desta edição: Citadel Editorial SA

O conteúdo desta obra é de total responsabilidade do autor
e não reflete necessariamente a opinião da editora.

Autor:
Uri Levine

Coedição:
Adi Barill

Tradução:
Tássia Carvalho

Preparação de texto:
Iris Figueiredo

Revisão:
3GB Consulting
Rebeca Michelotti

Projeto gráfico e capa:
Jéssica Wendy

Impressão
Plena Print

DADOS INTERNACIONAIS DE CATALOGAÇÃO NA PUBLICAÇÃO (CIP)

Levine, Uri
 Apaixone-se pelo problema, não pela solução : o Waze para todos os empreendedores e profissionais do mundo dos negócios / Uri Levine ; tradução de Tássia Carvalho. — Porto Alegre : Citadel, 2023.
 448 p.

 ISBN 978-65-5047-242-9

 Título original: Fall in love with the problem, not the solution

 1. Desenvolvimento profissional 2. Empreendedorismo 3. Sucesso I. Título II. Carvalho, Tássia

23-3977   CDD - 338.04

Angélica Ilacqua - Bibliotecária - CRB-8/7057

Produção editorial e distribuição:

contato@citadel.com.br
www.citadel.com.br

Uri Levine
Cofundador do **Waze**

Apaixone-se Pelo **Problema,** Não Pela Solução

O **Waze** para todos os empreendedores e profissionais do mundo dos negócios

Tradução:
Tássia Carvalho

2023

COMENTÁRIOS SOBRE *APAIXONE-SE PELO PROBLEMA, NÃO PELA SOLUÇÃO*

"Uri Levine, cofundador do Waze, incorpora uma das mais raras características: competências e persistência para dar início a várias empresas de sucesso, aliadas à autoconsciência para saber como agir nesse sentido. Em *Apaixone-se pelo problema, não pela solução*, ele compartilha conosco verdades conquistadas em caminhos difíceis. Se você está curioso sobre o surgimento do Waze (ou de qualquer outra empresa de Uri), ou ainda apenas à procura de conselhos práticos a que recorrer para transformar qualquer ideia em realidade, este livro merece um lugar de destaque na sua estante. Na verdade, **deveria ser leitura obrigatória para todo aspirante a empreendedor.**"

Marc Randolph, cofundador da Netflix

"O livro de Uri atua como uma janela aberta para a mente empreendedora que, por meio de paixão, perseverança e responsabilidade, é capaz de mudar o mundo. Este livro não só nos lembra da importância de manter conexão contínua com o consumidor final, mas também oferece o roteiro de dicas tangíveis para criar negócios. **Ao lê-lo, nos sentimos como pupilos sentados ao lado de Uri para entender o próximo passo do início de uma aventura de startup – considerações práticas**

combinadas com mantras memoráveis levam os empreendedores a elaborar as perguntas certas e assim otimizar as suas chances de sucesso durante a jornada."

Jenifer Fleiss, cofundadora da Rent a Runway

"Uri Levine fornece insights incomparáveis sobre os elementos responsáveis por sucesso empresarial contínuo. O caminho do empreendedorismo é uma jornada por um labirinto de desafios que requer paixão por solucionar problemas por meio de resoluções oportunas – **uma leitura obrigatória para todas as startups que aspiram ser um unicórnio e ir além."**

Kiran Mazumdar-Shaw, presidente e fundadora da Biocon

"Uri Levine estava na vanguarda ao alcançar um marco na história de Israel com uma startup nacional. O Waze foi o primeiro aplicativo israelense a explodir o equivalente no empreendedorismo a correr uma milha em menos de quatro minutos: um *exit* de bilhões de dólares. Desde então, Israel produziu dezenas de 'unicórnios' no caminho aberto pelo Waze. E Uri seguiu adiante, a quintessência do empreendedorismo em série. **Quando ele lhe dá conselhos, é hora de se sentar, ouvir e aprender."**

Saul Singer, coautor de *Nação empreendedora: o milagre econômico de Israel e o que ele nos ensina*

Este livro visa fornecer informações precisas e com autoridade sobre empreendedorismo. Nem o autor nem a editora prestam apoios jurídicos, contábeis ou outros serviços profissionais ao publicá-lo. Caso haja necessidade de assistência, procure um profissional financeiro qualificado. O autor e o editor não serão responsáveis por qualquer perda ou risco incorrido como resultado do uso e da aplicação de qualquer informação aqui veiculada.

*Para os mais de um bilhão de usuários
do Waze, Moovit e das outras startups que criei.
Sem vocês, esta história nunca existiria.*

SUMÁRIO

Prefácio de Steve Wozniak	11
Introdução	17
1 Apaixone-se pelo problema, não pela solução	26
2 Saiba que uma startup implica uma jornada de fracassos	56
3 Abrace a disrupção	98
4 Trabalhe em fases	119
5a Embarque na montanha-russa da captação de recursos	151
5b Gerencie seus investidores	191
6 Demita e contrate	219
7 Entenda o usuário – você é apenas uma amostra de um	251
8 Descubra a adequação do produto ao mercado ou morra	277
9 Ganhe dinheiro	307
10 Conquiste um bilhão de usuários	339
11 Torne-se global	372
12 Prepare-se para o *exit*	386
Final feliz	435
Agradecimentos	440
Sobre o autor	444

PREFÁCIO

Steve Wozniak, cofundador da Apple

ALERTA DE SPOILER:
Este livro mudará a sua vida, e ainda se transformará em uma "bíblia" que o norteará caso você seja um empreendedor.

Eu falo muito em público, principalmente sobre assuntos relacionados a empreendedorismo e startups. Em uma conferência, ouvi Uri Levine falar, não porque ele fosse um orador excepcional, embora o seja. Ouço muitos oradores excepcionais. Uri tinha, no entanto, um estilo espontâneo, o jeito de um amigo, o que facilitava compreender e acompanhar o seu material. Aprendi que ele era a força por trás do aplicativo Waze. Conhecemos apps que se integraram a nossas vidas, mas poucos como o Waze, com certeza superior a outros similares. Se você se preocupa com qualidade e excelência, o Waze sempre se destaca nesses aspectos.

Considerando que sou cofundador da Apple, tem gente que me procura em busca de conselhos. Apesar de ter muitos sentimentos íntimos, sobretudo relacionados à personalidade, em geral, julgo a Apple um mau exemplo como startup. É um caso raro que não se aplica àqueles que estão no processo de começar empresas. Com a Apple,

Apaixone-se pelo problema, não pela solução

houve elementos bastante favoráveis ao nosso sucesso com os quais, todavia, não se pode contar ou controlar.

Alcançamos êxito com um único produto e ganhamos dinheiro apenas com ele durante os primeiros dez anos da empresa, mas aquilo não se aproximava nem sequer do que as pessoas pensavam. O Apple II se revelou o melhor e mais utilizável computador nos primórdios do PC, mas quem o compraria para, na própria casa, fazer inventários, registrar volume de vendas e de empregos? O elemento-chave estava nos jogos. A Atari iniciava a indústria de fliperama bem aqui em Los Gatos, Califórnia. Na época do hardware, em um jogo havia milhares de fios com todos os sinais que o engenheiro entendia, e podia levar um ano para uma nova prototipação de um jogo de fliperama. Eu achava que esses jogos seriam bem melhores se coloridos. Com o Apple II foi a primeira vez que os jogos de fliperama não só foram apresentados coloridos, mas também em software. Uma criança de nove anos, por meio do uso de uma linguagem simples, BASIC, conseguia que as cores se movimentassem na tela da TV e ainda seria capaz de completar um jogo em um dia. Esse produto gerou muito dinheiro para a Apple e, enfim, mudou a vida de todos nós.

Não tenho muito tempo livre para ler. No entanto, desde as primeiras páginas deste livro – *Apaixone-se pelo problema, não pela solução* –, devorei cada palavra, escrevendo anotações em um papel. Cheguei a encontrar muitos erros de digitação no rascunho original, mas, mesmo assim, desde o início vi um material muito significativo para mim, além de um livro de negócios simples e compreensível. Uri recorre a metáforas da vida humana para transmitir o que pensa sobre produtos e negócios. Empreendedores sabem o quanto a paixão pelos produtos e pela empresa é necessária. Uri fala disso, fala em como se apaixonar pelo problema, não pelo dinheiro ou por si mesmo, e associa esse amor ao modo como lidamos com relacionamentos pessoais, o que com certeza todos já vivenciamos. Apaixonar-se pelo problema significa valorizar o consumidor final como o elemento-chave do sucesso, não as próprias ideias e criações. Sempre acreditei nisso.

Em relação à necessidade de criar um produto que impressione profunda e emocionalmente o usuário de primeira viagem, Uri nos remete aos sentimentos, também profundos e emocionais, do nosso primeiro beijo, uma cena que nunca esquecemos. A partir de agora, usarei essa imagem como uma diretriz de meu pensamento, pois creio que valha a pena se conectar com um usuário ou investidor dessa maneira. Há pouco tempo, em Berkeley, estava bem perto do local onde dei meu primeiro beijo, e essa metáfora ecoou mais verdadeira do que nunca. Aí está a emoção que um novo produto deve provocar nos consumidores e investidores iniciantes.

Uri não é um professor enfadonho, como muitos, mas sim interessante, capaz de criar um clima que desperta em nós o desejo de aprender por meio de exemplos que fazem sentido. Ele faz um excelente trabalho ao mostrar a importante relação das personalidades humanas com produtos e recursos. Ao longo do livro, Uri se norteou por princípios (qualidades), além de várias "fórmulas" a que recorreu para descobrir se alguma coisa era boa o bastante ou qual seu valor real, e as decisões que devemos tomar para lucrar com ela.

Uri afirma, sem rodeios, a intenção de compartilhar suas experiências de sucesso e ajudar na educação de outras pessoas, de modo que também sejam bem-sucedidas. Todos concordamos com a importância do espírito empreendedor, mas sabemos ser impossível negligenciar o valor dos professores e mentores. Para mim, esse também é um princípio forte e algo a que dedico grande parte da minha vida.

Ao longo do livro, Uri discorre sobre realidade de iterações constantes para encontrar o PMF: a adequação do produto ao mercado [*product market fit*]. Não é um processo fácil e está repleto de falhas

Apaixone-se pelo problema, não pela solução

e tentativas. Uri relaciona esse aspecto com suas experiências com o Waze e outras startups, e apresenta, em linguagem simples, maneiras de resolver problemas. Uma das coisas de que mais gosto é que Uri se apaixona por problemas de pessoas comuns. Quando um produto é bom para "o restante de nós", o financiamento entra no jogo. Uri propõe inúmeras fórmulas para capitalizar um excelente produto, sem desanimar as pessoas com métodos de pagamento ou valores. Durante toda a minha vida, quis criar produtos que aprimorassem a vida da pessoa normal, como os eletrodomésticos. Neste livro, também encontrei boas abordagens e até fórmulas para negociação B2B, empresa para empresa [*business-to-business*].

Meu pensamento me soa muito incomum de várias maneiras, mas percebi que todos nós nos sentimos desse jeito. No decorrer de minha vida, tenho desenvolvido princípios para lidar com as coisas e até mesmo fórmulas a que recorro como elementos norteadores. Tais princípios estão na minha cabeça, e quase nunca falo sobre eles com alguém, a não ser com a minha esposa ou os meus amigos mais próximos. Receio que, se cheguei a conclusões por conta própria, elas não são boas o bastante para que outros as sigam. Acadêmicos com certeza devem ter ideias melhores. No entanto, ao longo do livro, vi várias confirmações de que o próprio Uri pensava como eu sobre muitas coisas. Na verdade, isso até me assustou, e constitui uma forte razão para eu adorar este livro. Para mim, ele é uma bíblia do espírito empreendedor que vou manter à mão e consultar para ter ideias empreendedoras. Já estou recomendando-o aos inúmeros empreendedores que me abordam todos os dias em busca de conselhos. Sempre admirei a capacidade de reconhecer quando os conceitos de outro (Uri) são melhores do que os nossos.

Atualmente, participo de alguns negócios de startups, e já comecei a falar sobre os princípios em bate-papos com outros fundadores, comentando como devemos proceder de acordo com o material apresentado neste livro. Antes eu gostava de ficar nos bastidores, mas agora conquistei autoconfiança para incrementar e assumir a liderança nas discussões com potenciais funcionários e investidores. E nesses momentos, uso as mesmas frases e princípios que aprendi aqui. Uma pessoa que confia em um produto leva a empresa para a frente. Neste livro, concordei com a observação de que os investidores, logo nos primeiros segundos, decidem se querem apoiá-lo. Comece com uma história simples narrada ao investidor, talvez até inventada ou exagerada, mas que incorpore uma metáfora do problema pelo qual você está apaixonado. Importante: crie uma boa história (ou mais), que prenda o ouvinte emocionalmente. Uma história intensa como o primeiro beijo. Uri deixa bem claro que apresentações cansativas com slides padrão não vendem para investidores ou clientes.

Com uma startup baseada em dispositivos de localização rastreável, Wheels of Zeus [Rodas de Zeus], apresentei uma história que era importante para mim na questão pessoal. Se meu adorado cachorro fugiu por causa de uma falha no portão eletrônico wireless, como eu poderia saber quando o fato aconteceu e onde meu cachorro estava? Minhas emoções relativas ao assunto me ajudaram nas decisões sobre o produto. Por que o nome Wheels of Zeus? Começamos com ideias de rastrear carros de polícia por meio de seus próprios rádios e começamos a procurar nomes de empresas que se traduziriam em um domínio da web. E não demorou para descobrimos que existiam até coisas como o modernpolicefinder. com. Entrei na internet tão cedo que tinha um domínio de três letras, woz.com, que poderia licenciar para essa startup. Pensei muito durante nossa reunião, até soltar um Wheels Of Zeus (W-O-Z), sem que os outros fundadores entendessem a sugestão de um nome tão estranho. Apenas um deles achou bom. Só depois lhes expliquei que poderíamos usar woz.com como nosso endereço na web. Isso realmente ajuda a sermos mais leves em nossos esforços empreendedores.

Apaixone-se pelo problema, não pela solução está repleto de princípios relativos a produtos e recursos que levam à simplicidade de uso. Penso nisso todos os dias com os produtos tecnológicos que uso, logo me identificando com a importância do que está no livro. Caso nos incomodemos com a complexidade de algumas coisas e com o fato de elas não funcionarem quando deveriam, pensemos na questão da simplicidade. Steve Jobs costumava citar Michelangelo: "A simplicidade é o mais alto grau da sofisticação". É muito fácil que nos desviemos do valor quando se disponibilizam recursos infinitos. Durante anos na Apple, se um recurso não pudesse ser redigido em termos humanos simples e compreensíveis, havia o risco de nosso departamento de publicação recusá-lo. Foi esse o caminho trilhado por Steve Jobs para que o iPhone não soasse confuso para ele mesmo. Este livro aborda a longa busca e muitas iterações rumo ao melhor equilíbrio entre simplicidade e recursos, o que está sempre mudando.

E mais, usa exemplos reais sobre decisões rápidas para abrir mão de um novo recurso ou demitir os funcionários errados – até mesmo fundadores. A postergação pode comprometer você, a sua empresa e os seus usuários, e nesse ponto vislumbrei meus próprios fracassos em algumas startups. No entanto, esse princípio me explica a importância de substituir muitos fundadores por verdadeiros líderes de negócios depois que um produto está bem avançado na curva PMF.

Leia-o e lembre-se de fazer anotações. Então, estará pronto para aprimorar as coisas para os outros com um produto e uma empresa. Você tem minha permissão para *pensar diferente e mudar o mundo*.

INTRODUÇÃO

N o final de maio de 2013, o Google contatou o Waze, empresa que eu havia fundado seis anos antes, com uma planilha de proposta de uma única página. O preço: US$ 1,15 bilhão... em dinheiro. O Google prometeu que o Waze permaneceria o Waze, cumprindo seu objetivo de ajudar os passageiros a evitar engarrafamentos, e ainda poderíamos continuar nossas operações como empresa fora de Israel.

O Google também afirmou que a transação seria concluída em uma semana.

Nós aceitamos.

Passaram-se dez dias até a transação ser concluída, ainda assim um tempo recorde. Embora fosse definitiva, o diálogo com o potencial comprador ocorria havia seis meses.

Em algum momento no inverno entre 2012 e 2013, o Google nos procurou para dizer que "se interessava pela aquisição do Waze". Um pouco depois, convidaram a administração do Waze para a "sala secreta" do Google, onde apresentavam ofertas e convenciam as empresas a concordarem com a aquisição. No entanto, como não gostamos da oferta feita em dezembro de 2012, acabamos recusando. Seis meses depois, veio uma segunda oferta, com valores completamente diferentes.

Desenvolver uma startup se assemelha a uma jornada em uma montanha-russa repleta de altos e baixos. E a captação de recursos,

Apaixone-se pelo problema, não pela solução

em particular, é como uma montanha-russa no escuro – nem sequer se sabe o que está por vir.

Fechar um negócio é uma ordem de magnitude mais ampla, e negociar vários acordos em paralelo (sobretudo aqueles que também representam uma mudança de vida para você) são os momentos mais extremos na jornada de uma startup. Prometo contar mais sobre a montanha-russa emocional de uma transação no Capítulo 12, "Prepare-se para o *exit*", mas esteja certo de uma coisa: não há nada como a primeira vez.

Fiz parte de outro *exit* de unicórnio – termo técnico para uma empresa avaliada em um bilhão de dólares ou mais – para o Moovit, vendido em 2020 por um bilhão de dólares para a Intel, e haverá outros, mas a emoção da primeira vez é incomparável, talvez por percebermos que o evento representou uma mudança de vida, em razão da curva final da montanha-russa, e talvez, em especial no caso do Waze, por todos os noticiários terem estampado a transação antes mesmo do negócio, e assim todos se sentiram envolvidos.

A parte mais interessante da minha vida começou logo depois da transação Google-Waze. Logo que tudo se efetivou, saí do Waze para construir mais, e me dedico a isso desde então. Todas as minhas startups visam resolver problemas, fazer um bom trabalho e fazer bem, e todas seguem o mesmo método de criar uma startup.

Este livro aborda isto: meu método de criar startups e unicórnios.

* * *

Em 9 de junho de 2013, tão logo a notícia da aquisição do Google se tornou pública, as comunidades de investimento do Vale do Silício e das startups de Israel se surpreenderam. Não apenas o valor de 1,15 bilhão de dólares foi o maior já pago por uma empresa de tecnologia para adquirir um fabricante de aplicativos até aquele momento, como também ocorreu a confirmação no universo tecnológico de que essa startup israelense de pouco mais de cinco anos estava criando algo melhor do que Apple, Google, Microsoft e praticamente todos os outros no espaço de direção e navegação.

Hoje (estou escrevendo no início de 2021), quando se olha para o valor de um bilhão, não é mais lá grande coisa. Existem mais de cinquenta unicórnios israelenses em um total aproximado de mil no mundo. E para mim basta saber que eu estava lá no estabelecimento dessa marca.

As pessoas com frequência me perguntam se foi uma decisão acertada vender o Waze por 1,15 bilhão de dólares em 2013, e se ele valeria muito mais do que um bilhão hoje. Na minha opinião, só existem decisões certas ou NÃO decisões. Afinal, quando se toma uma decisão, ao se escolher um caminho, não se sabe como as coisas seriam se se tivesse optado por outro. Tomar decisões com convicção é um dos comportamentos mais relevantes de um CEO bem-sucedido e, em especial, de uma startup.

Se me perguntassem se o Waze vale mais hoje do que o Google pagou naquela época, com certeza, sim, porém, não sabemos se nosso app teria chegado lá sem a aquisição.

No final das contas, isso se trata de nossa capacidade de causar um impacto maior e ajudar a transformar o mundo em um lugar melhor.

O Waze foi meu primeiro *exit* de bilhão de dólares; sete anos depois, ocorreu o segundo, o Moovit – o Waze para transporte público –, e acredito que o próximo acontecerá com menos de sete anos de diferença.

Ainda que sorte seja um elemento importante, vou defini-la como "Quando a oportunidade encontra a predisposição".

Este livro aborda como prepará-lo para esse momento.

* * *

Apaixone-se pelo problema, não pela solução

Sou empreendedor e mentor. Nos últimos vinte anos, iniciei dezenas de startups, trabalhei com elas, vi sucessos e fracassos. Adoro construir empresas que mudam a vida das pessoas para melhor, e quase sempre meu ponto de partida é o PROBLEMA. Se ele é grande e vale a pena resolvê-lo, então na minha cabeça já aparece uma empresa interessante e uma jornada que vale a pena trilhar.

Também sou mentor ou professor, razão pela qual estou escrevendo este livro: cumprir meu destino de ensinar empreendedores, profissionais de alta tecnologia e empresários a criar startups com uma taxa de sucesso mais elevada. Em suma, compartilhar meu método para a criação de unicórnios e startups.

Portanto, se apenas uma coisa deste livro lhe for útil, aquela que o ajudará a tornar sua startup mais bem-sucedida, então:

- fiz minha parte;
- peço-lhe que siga em frente e ensine, oriente ou guie outro empreendedor necessitado.

Apaixone-se pelo problema, não pela solução está organizado priorizando os principais componentes da criação de uma startup de sucesso, e vou compartilhar o meu método (ou meu "livro de receitas").

A maioria dos capítulos apresenta uma combinação de histórias, estudos de caso do Waze e de outras startups, seguida das conclusões principais no final de cada capítulo. Para criar uma startup bem-sucedida, é necessário que se descubra a adequação do produto ao mercado (*product-market fit*/PMF), quase sempre a primeira parte da jornada; que se determine um modelo de negócio; e, claro, que se trace um caminho de crescimento. Todas essas fases do ciclo de vida de uma startup são abordadas nos Capítulos 3, 8, 9 e 10.

Alguns capítulos apresentam as fases intermináveis de uma startup: pessoas, financiamento, investidores e usuários. Nas fases operacionais de criação de uma startup, uma vez descoberto o crescimento, o foco se desloca para pessoas, captação de recursos, gerenciamento dos investidores e usuários.

No Capítulo 1, "Apaixone-se pelo problema, não pela solução", discute-se o gatilho para a criação de uma startup – um problema que vale a pena resolver. O Capítulo 2 explora a base de referência da criação de uma startup – a rápida jornada de fracassos e mais fracassos. O Capítulo 3 disponibiliza um pouco da perspectiva de mercado sobre startups bem-sucedidas – disrupção total.

No Capítulo 4, apresenta-se o método subjacente de "trabalhar por fases", o foco no "principal" de cada uma e, em particular, a alternância entre elas.

O Capítulo 5a aborda a captação de recursos (pela primeira vez), e o Capítulo 5b discute como gerenciar investidores e a contínua jornada de captação de recursos.

A criação de DNA, pessoas e, sobretudo, demissões e contratações (a ordem não é um erro de digitação) são temas abordados no Capítulo 6. O Capítulo 7, pouco antes de descobrir o PMF, discute a compreensão dos usuários.

No Capítulo 8, são apresentadas questões relativas ao PMF e como chegar lá.

Modelos e planos de negócios, além de como descobrir os modelos certos, são assuntos do Capítulo 9.

O Capítulo 10 enfoca em marketing e crescimento, que é mais uma etapa na criação de uma startup.

O Capítulo 11 mergulha em outro aspecto do crescimento – tornar-se global e líder de mercado no cenário mundial.

Apaixone-se pelo problema, não pela solução

No Capítulo 12, último do livro, aborda-se a fase final de uma startup – o *exit*, a saída, ou seja, quando vender, como tomar essa decisão e quem deve ser levado em conta nesse sentido, e por aí vai.

Afinal, os empreendedores estão mudando o mundo e tornando-o um lugar melhor. Muitas das empresas mais importantes hoje eram startups não muito tempo atrás; por exemplo, Tesla, Waze, WhatsApp, Facebook, Uber, Netflix e muitas outras. O Google e a Amazon surgiram há apenas mais de vinte anos; a Apple e a Microsoft ainda são mais jovens do que eu.

O impacto da próxima geração de empreendedores será ainda mais intenso, na medida em que eles têm mais em quem confiar e há pessoas mais experientes capazes de orientá-los.

Espero, de verdade, que este livro se torne fundamental para o seu sucesso.

* * *

Sou palestrante em diversos eventos de tecnologia, mobilidade e empreendedorismo, além de workshops acadêmicos. Uma das experiências mais gratificantes que vivencio é o momento "Eureka!", quando explode uma faísca, uma mudança na mentalidade do empreendedor.

Há alguns anos, em dezembro de 2016, convidaram-me para palestrar em um evento empresarial em Bratislava, capital e principal cidade da Eslováquia; conseguiram me convencer a participar recorrendo ao argumento de que ali estava um dos primeiros países a adotar o Waze com sucesso.

> De fato, nas apresentações, logo que exibo um vídeo de como os mapas do Waze são criados, sempre começo com Bratislava.
> https://www.youtube.com/watch?v=VRlwwtAuMio

Fui o palestrante principal na primeira noite. No segundo dia, houve um coquetel e um almoço geral de empreendedores.

Em minha palestra, contei uma história. Conversei com muitos empreendedores cujas startups fracassaram e perguntei-lhes o porquê. O que havia acontecido?

Embora acredite que o principal motivo esteja no fato de eles não compreenderem a adequação do produto ao mercado, cerca de metade dos empreendedores respondeu do mesmo modo: "Não era a equipe certa".

Então, continuei perguntando: "O que você quer dizer com 'não era a equipe certa'?".

E ouvi duas respostas principais. A maioria disse: "Tínhamos um sujeito que não era lá muito bom", ou "Aquela garota não era lá muito boa". Conclusão: "não era lá muito bom" foi apontado como um dos principais motivos.

No entanto, ainda ouvi outro motivo com bastante frequência: "Tivemos problemas de comunicação" (na verdade, eu chamaria de problema de "gestão do ego") quando a equipe não concordava com a liderança do CEO.

Então, fiz a pergunta mais interessante de todas: "Quando você soube que não era a equipe certa?". Todos disseram: "No primeiro mês". Um CEO me afirmou: "Antes mesmo de começarmos!".

Opa, espere um minuto: se todos sabiam logo no primeiro mês que não era a equipe certa e não agiram para mudar a situação, então o problema não estava na equipe, mas no CEO, que não tomou a difícil decisão.

Apaixone-se pelo problema, não pela solução

Tomar decisões fáceis é simples; com as mais difíceis, a coisa muda de figura. É por essa razão que a maioria das pessoas não gosta de dar ordens. No entanto, se o CEO não tomar as decisões difíceis, eclodirá um problema maior, e as pessoas de alta performance acabarão indo embora (no Capítulo 6, "Demita e Contrate", explicarei por que isso ocorre).

Minha apresentação continuou por mais um tempo, e então, no coquetel, um CEO de uma startup se aproximou de mim e disse: "Obrigado, agora sei o que preciso fazer: demitir meu cofundador".

O evento se prolongou até o dia seguinte, quando o mesmo CEO me procurou mais uma vez e disse: "Está feito. Demiti meu cofundador. Fiquei bem chateado e não dormi a noite toda, mas, assim que comuniquei à empresa, todos chegaram até mim e disseram: 'Obrigado, já era hora!'. Então, sei que fiz a coisa certa".

Ele chegou a me mandar um e-mail tempos depois contando que a empresa estava no caminho certo.

Esse fato acionou em mim o primeiro gatilho para escrever este livro, e a princípio pensei que deveria compartilhar meus conhecimentos e minhas experiências com outros fundadores, empreendedores, CEOs, gerentes e talvez todo o pessoal de tecnologia para ajudá-los a se tornarem melhores.

* * *

Minha jornada nem sempre foi tranquila. Vivenciei várias voltas em uma montanha-russa, desafios e dificuldades no caminho para o sucesso, e acredito que sou capaz de compartilhar mais e diferentes perspectivas sobre a jornada empreendedora de uma forma que inspire as pessoas nessa área. Além disso, espero que as lições aqui apresentadas aumentem a probabilidade de sucesso.

Considero-me otimista. Como sabem que adoro esquiar, as pessoas sempre me perguntam quais foram minhas melhores férias de esqui. E respondo a elas de maneira bem simples: "As próximas". No final das contas, essa jornada envolve nossa capacidade de causar um impacto maior e ajudar a transformar o mundo em um lugar melhor.

CAPÍTULO 1

APAIXONE-SE PELO PROBLEMA, NÃO PELA SOLUÇÃO

Eu não falhei. Apenas descobri dez mil maneiras que não funcionam. Quando eliminá-las, encontrarei aquela que funcionará.

Thomas Edison

No feriado judaico de Rosh Hashaná em 2006, tirei um tempo com a minha família em Metula, uma cidadezinha no extremo norte de Israel, mais ou menos a duzentos quilômetros de minha casa em Tel Aviv. Quando as rápidas férias terminaram, precisaríamos viajar três horas de volta para casa. Éramos um grupo grande dividido em dez carros, e na cabeça de todos pairava a mesma pergunta: "Qual o melhor caminho de volta?".

Havia apenas duas rotas de Metula para Tel Aviv – tipo como escolher entre a 280 e a 101 ao viajar entre o Vale do Silício e São Francisco.

Em 2006, não havia jeito de saber ao certo qual rodovia pegar.

Como minha esposa e eu estávamos com nossos quatro filhos pequenos na época, fomos os últimos a sair, e fiquei pensando: "Se ao menos tivéssemos alguém à frente para nos informar os trechos congestionados e livres".

Mas tínhamos: todos os nossos familiares à nossa frente na estrada. Comecei a ligar para eles.

A cada um, eu repetia as mesmas perguntas: "Como está o trânsito por aí? Algum problema?". E dessa situação veio meu momento "Eureka!" – o insight de que se precisa de alguém à frente na estrada para dizer o que está acontecendo. Mais tarde, isso se tornou a essência do Waze.

Muitas das minhas startups começaram de forma semelhante – sentimento de frustração compartilhado por muita gente, todos tentando encontrar uma maneira de minimizá-lo.

Embora nenhuma das minhas startups tivesse alcançado sucesso sem a equipe de liderança, o gatilho para iniciá-las foi quase sempre o mesmo. Comecei o Waze porque detesto congestionamentos; o FairFly, porque odeio gastar mais do que o necessário em viagens. O Pontera (anteriormente denominado FeeX) surgiu porque senti que estava pagando muito em taxas em minhas economias de aposentadoria, e o Engie porque me sinto um pateta no mecânico. Falarei mais sobre minhas motivações e o que minhas empresas fazem ainda neste capítulo.

Para mim, a frustração leva sempre ao entendimento de que há um problema. Então, tento descobrir se é um **GRANDE PROBLEMA**, alguma coisa que vale a pena resolver. O problema desencadeia tudo, e, se ele for mesmo significativo e houver sucesso em resolvê-lo, o lucro talvez seja muito bom.

Este capítulo conta a história da criação de muitas das minhas startups, sempre a partir de um problema e sempre mantendo o foco nele. No fim das contas, o processo de criação de uma startup é difícil, lento e doloroso. Precisa-se de paixão suficiente para perseverar nas dificuldades da jornada. Portanto, esteja apaixonado pelo problema que está tentando resolver.

Apaixone-se pelo problema, não pela solução

CRIAR UMA STARTUP ASSEMELHA-SE A SE APAIXONAR

Criar uma startup se assemelha à paixão. No começo, eclodem muitas ideias, até que afinal se escolhe uma e diz: "Esta é a ideia em que vou trabalhar", da mesma forma que se pode viver muitos namoros até encontrar alguém e dizer que é "a pessoa certa".

No começo, gasta-se apenas com essa ideia; é o momento de se pensar no problema, nos usuários, na solução, no modelo de negócios – em tudo. Do mesmo jeito que só queremos estar com determinada pessoa quando começamos a vivenciar uma paixão.

Quando enfim vem a confiança, começa-se a contar a ideia aos amigos, que em geral dizem: "Isso nunca vai dar certo", ou "Essa é a ideia mais estúpida que já ouvi".

Já escutei essas palavras muitas vezes. Acho que hoje bem menos, mas no começo falavam muito. Às vezes, alguém leva a(o) namorada(o) para conhecer os amigos, e eles dizem: "Ah, essa pessoa não é para você".

A reação? Quase sempre se deixam os amigos para lá, porque se está apaixonado por aquela ideia, apaixonado pelo que se está fazendo, e não interessa ouvir mais ninguém.

A boa notícia é que não damos ouvidos porque estamos apaixonados; a má é que não damos ouvidos porque estamos apaixonados.

Agora pense em sua vida e entenda que aí está a realidade, e é relevante em muitos sentidos. Se não ama o que está fazendo, faça um favor a si mesmo e procure alguma coisa que ame, caso contrário, viverá no sofrimento. Você deveria ser feliz!

Às vezes, é prejudicial ignorar as palavras alheias. Talvez amigos, potenciais parceiros de negócios ou investidores tenham algo de fato importante para lhe dizer e você nem mesmo os ouviu! Mas, ao mesmo tempo, é preciso paixão para enfrentar essa jornada. Será uma montanha-russa longa, complexa e difícil. Assim, sem paixão, a coisa vai ficar bem complicada.

Antes de fundarmos o Waze, eu trabalhava como consultor para várias startups. Uma delas era uma empresa de navegação móvel local, a Telmap, que estava criando um software de navegação para celulares, então oferecido como um serviço para operadoras, que ofereciam como um serviço de assinatura paga para os assinantes. A empresa era essencialmente B2B2C (*business-to-business-to-consumer*).[1] A Telmap licenciava mapas de terceiros, como a empresa israelense Mapa e a gigante internacional de mapeamento Navteq. No entanto, ela não tinha informações de tráfego.

Compartilhei minha ideia com o CEO da empresa. A plataforma Telmap me parecia ideal para concretizar a minha visão.

O CEO disse: "Ninguém se importa com informações de trânsito", em uma clara rejeição ao que para mim era uma ideia brilhante. "Eles se preocupam com navegação. Não acho que informações de trânsito serão acionáveis."

Por "acionáveis" ele quis dizer que "nunca seríamos capazes de fazer com que as pessoas usassem isso o suficiente para uma compensação financeira ou para mudança de rota".

Naquela época, a única maneira de usar as informações de trânsito era com codificação de cores aplicada ao mapa – verde significava ausência de trânsito, amarelo, trânsito, e vermelho, trânsito intenso. Mas essa informação não era lá muito útil. Nos trajetos e nos cruzamentos movimentados, há trânsito todos os dias entre as oito e nove horas, e entre as quatro e seis horas da tarde, e na mesma via à meia-noite não há trânsito!

---

1. A operação de venda é realizada primeiramente para uma empresa e, então, para um cliente final. (N.T.)

Apaixone-se pelo problema, não pela solução

Eu era persistente. Quem me conhece sabe que, quando cismo com uma ideia, é quase impossível me dissuadir de persegui-la.

A Telmap tinha cinquenta mil usuários na época, todos em Israel, e todos usando celulares com GPS. Assim, criei um modelo estatístico teórico a fim de mostrar como esses motoristas aleatórios bastariam para gerar informações úteis quanto ao trânsito. Era um modelo muito simples, que se mostrou preciso mais tarde, quando desenvolvemos o Waze.

A matemática se assentava no seguinte: cinquenta mil usuários eram 2% do total de cerca de 2,5 milhões de veículos em Israel (o número de carros e caminhões nas estradas na época). Em uma rodovia, no horário de pico, há entre 1.500 e 2.000 veículos por faixa, então 2% disso é uma amostra de trinta a quarenta veículos por faixa.

Se uma rodovia tivesse três pistas, isso representaria cerca de 90 a 120 veículos por minuto. Se conseguíssemos coletar o tempo todo a localização e a velocidade, teríamos uma amostra grande o bastante para saber as condições do tráfego por ali.

Tentei mais uma vez persuadir o CEO, mas, claro, minhas justificativas não o convenceram.

Acabei desistindo de retomar a conversa, porém, continuei com a intenção de trabalhar nesse projeto até que, cerca de um ano depois (sempre leva mais tempo do que se imagina), como resultado de minha formação e reputação como consultor para startups, um colega me apresentou a dois empreendedores que conhecia: Ehud Shabtai e Amir Shinar.

Ehud e Amir trabalhavam juntos em uma software *house* administrada por Amir. Ehud era o diretor de tecnologia (CTO), mas, em "trabalho noturno", havia desenvolvido um produto chamado FreeMap Israel.

O aplicativo combinava duas partes: navegação e criação de mapas. O app criava o mapa enquanto a pessoa ia dirigindo, e o usava ao mesmo tempo para navegação, rodando em assistentes digitais pessoais (PDAs), pois ainda não havia iPhones. Como o próprio nome sugere, o FreeMap Israel era totalmente gratuito, tanto o aplicativo quanto o mapa.

Ehud enfrentava um problema parecido com o meu: precisava de mapas para o app funcionar, mas era muito caro licenciá-los de terceiros. Essa foi uma questão fundamental para nós, porque sem mapas ficaria impossível conseguir uma massa significativa de usuários que gerariam informações de tráfego utilizáveis. Uma startup, no entanto, não tinha como arcar com os altos preços que as empresas cartográficas cobravam na época.

Conhecer Ehud e Amir representou meu segundo momento mágico: eu soube que tinha encontrado o que precisava para completar minha ambição de um aplicativo diário para "evitar engarrafamentos". A ideia estava lá, mas não tinha como implementá-la. Ehud apresentou as respostas conceituais e tecnológicas para o custo do mapa e uma visão semelhante. Na verdade, ele estava vários passos à minha frente. Eu tinha uma teoria; ele já havia desenvolvido muito do que era necessário. A magia da autoconstrução dos mapas de Ehud, que criavam um mapa "gratuito", era um pré-requisito para o desenvolvimento de um app gratuito, o que incentivaria os usuários a usá-lo em número necessário para gerar dados de tráfego precisos.

Desde o início do Waze, depois que unimos forças em 2007, ficou evidente que criaríamos um aplicativo de mapeamento/condução/tráfego com base no GPS. É lógico que também percebemos a popularização dos smartphones com sistemas operacionais (e, portanto, capacidade de executar aplicativos) e *chipsets* de GPS integrados. No entanto, na época não sabíamos que a Apple revolucionaria o negócio com o lançamento da app Store, em 2008, o que daria ao Waze um impulso estrondoso.

Apaixone-se pelo problema, não pela solução

Havia ainda mais magia no fato de que o mesmo aplicativo que coleta os dados também os usa ao mesmo tempo – é o *crowdsourcing*[2] de tudo!

IDENTIFIQUE UM GRANDE PROBLEMA – UM EM CUJA SOLUÇÃO VALHA A PENA TRABALHAR

Comece pensando em um problema – um GRANDE problema –, alguma coisa que vale a pena resolver e que, se resolvida, tornará o mundo um lugar melhor. Então reflita: quem enfrenta esse mesmo problema? Se a resposta for só eu, nem se preocupe. Não vale a pena. Se você é a única pessoa no planeta com tal questionamento, consulte um psiquiatra – sairá bem mais em conta (e provavelmente será uma solução mais rápida) do que criar uma startup.

No entanto, se muita gente tem esse problema, *converse com o pessoal para entender a* **percepção** *deles sobre o problema. Só depois desenvolva uma solução.*

Seguindo esse caminho, se ao final sua solução der certo, você estará gerando valor, a verdadeira essência da sua jornada.

Entretanto, caso comece com a solução, talvez esteja criando alguma coisa com a qual ninguém se importa, sem dúvida, um elemento frustrante depois de se investir tanto esforço, tempo e dinheiro. Na verdade, a maioria das startups morrerá porque não conseguiu descobrir como adequar o produto ao mercado, o que, em muitos casos, acontece quando o foco é colocado na solução, e não no problema.

Existem inúmeras razões que justificam começar pelo problema, além de incrementar a probabilidade de criação de valor. Outro motivo

---

2. A palavra se refere a um modelo de terceirização aberto e compartilhado cujo propósito é reunir diferentes pessoas em torno da realização de uma tarefa ou da solução de um problema. O termo *crowdsourcing* é a união de duas palavras inglesas: *crowd* (multidão) e *outsourcing* (terceirização). (N.T.)

importante: sua história será muito mais simples e envolvente; as pessoas entendem a frustração e conseguem se identificar com ela.

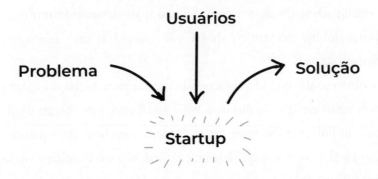

Encontre uma solução para muitos usuários com um problema

As empresas apaixonadas pelo problema se questionam todos os dias: estamos progredindo para eliminar esse problema? Dizem "Este é o problema que resolvemos", ou, melhor ainda, limitam-se a "Ajudamos as pessoas XYZ a evitar problemas ABC"; as empresas focadas na solução começam a história com "nosso sistema…" ou "nós". Se o foco é você, será muito mais difícil conquistar relevância. Se a história for sobre usuários e estiver focada no problema, será bem mais fácil.

POR QUE AS PESSOAS REAGEM COM TANTA INTENSIDADE ÀS IDEIAS DA SUA EMPRESA?

Pessoas ficam apreensivas diante de mudanças. Embora você talvez esteja com a ideia martelando na cabeça por muito tempo e, portanto, já tenha se acostumado ou se adaptado a ela, para outros é uma novidade total. Mais ainda, se você é um empreendedor no início da jornada,

Apaixone-se pelo problema, não pela solução

sem nome reconhecido, a mudança proposta pode soar tão dramática que provocará reação negativa. As pessoas precisam de tempo para se sentirem confortáveis diante de uma novidade.

Criar uma empresa implica um ato de fé. Se não está disposto a sacrifícios – por exemplo, desistir de seu salário, de sua posição –, então não está apaixonado de verdade. Se não quer desistir de um esporte ou de um hobby, não tem espaço para se concentrar em seguir a jornada de uma startup.

Como se sabe quando alguém está pronto para iniciar uma startup? No momento em que se dispõe a fazer sacrifícios, sem dúvida a métrica mais importante. Se você disser "Quero continuar trabalhando no mesmo local, mas, assim que levantar capital, vou me demitir e começar a minha empresa", isso não vai acontecer. Você ainda não demonstra comprometimento suficiente, e, em geral, os investidores vão encará-lo da mesma maneira. Então, por que eles deveriam se comprometer?

QUE PROBLEMA VOCÊ ESTÁ TENTANDO RESOLVER?

O tema principal deste livro é "apaixone-se pelo problema, não pela solução". A definição de um problema é simples. Quando se conversa com alguém sobre ele, a pessoa deve dizer: "Sim, eu também tenho o mesmo problema!". Quase sempre, contarão a própria versão dele e como se frustram. Quanto mais gente falar sobre como encara a situação, mais se saberá que é um problema verdadeiro e que, portanto, a percepção de uma proposta de valor será real.

Agora, se contam a própria percepção do problema e ainda dizem que vale a pena para eles que desapareça, então a coisa é muito grave. Mas, antes de partir para a solução, precisa-se verificar – e depois validar com aqueles que o enfrentam – o nível de gravidade do problema (quanto valor há em resolvê-lo) ou com que frequência é vivenciado.

Assim, se resolver um problema que as pessoas enfrentam todos os dias – e, às vezes, mais de uma vez ao dia, como durante o trajeto de ida e volta para o trabalho –, sabe-se que se está no caminho certo. Quando o Google conversou conosco sobre a aquisição do Waze em 2013, seu CEO, Larry Page, disse que estavam interessados em um "modelo escova de dentes" – algo a ser usado duas ou mais vezes ao dia, exatamente como funciona o Waze.

Os problemas se enquadram em uma matriz com dois eixos: mercado total endereçável[3] [mercado total disponível] e sofrimento.

Matriz de qualificação

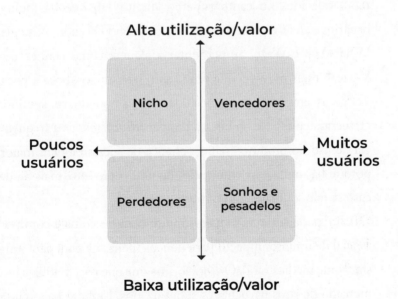

---

3. *Total Addressable Market* (TAM) é uma forma de as empresas medirem o tamanho de seu mercado, o potencial de venda de um produto ou serviço. (N.T.)

Apaixone-se pelo problema, não pela solução

Ao pensar em um problema, olhe para a matriz dois por dois transcrita e imagine duas perguntas:

1. Qual o tamanho do público-alvo? Quantas pessoas enfrentam o mesmo problema? Quantas empresas sofrem com ele?
2. Em seguida, pergunte-se o mais importante: quão *doloroso* é? O sofrimento pode ser medido por um ou por ambos os fatores: intensidade (doloroso, muito doloroso) ou frequência (com que frequência se sofre com isso). Definido o problema, volte para a matriz e veja onde ele se encaixa.

Vejamos cada um dos quatro quadrantes da matriz:

- "Vencedores" fáceis de entender, mas difíceis de encontrar. Estão localizados no canto superior direito, em que há muitos usuários e alta frequência de uso (valor) – tipo Facebook, Google, WhatsApp e Waze. Se perguntar a alguém como conheceu o Waze, é mais provável que tenha sido por amigos, boca a boca. Todas as empresas bem-sucedidas no campo do consumidor cresceram com base no boca a boca entre amigos. Se a frequência de uso do produto é alta, a chance de sucesso é bem maior, porque há muitas oportunidades de usar o produto, mais ainda caso se fale sobre ele com outras pessoas.
- "Nicho" pode ser uma empresa muito bem-sucedida e com potencial de intenso impacto para poucos (pense na cura para uma síndrome médica rara). Ou, então, imagine que você viabilize um mercado de jatos particulares subutilizados. Embora haja muita economia nesse modelo, ele é relevante para um mercado total endereçável muito restrito (e endinheirado). Em síntese, os ni-

chos se dirigem a um pequeno público-alvo, mas com frequência de uso ou valor muito elevado. São empresas muito boas.

- "Perdedores" estão na área da matriz em que existem poucos usuários e baixo uso/valor.
- "Sonhos e pesadelos" são a categoria em que "todos" são o mercado total endereçável, mas com valor ou baixa frequência de uso, por exemplo, serviço de renovação da carteira de habilitação. Embora ir ao Detran (Departamento Estadual de Trânsito) seja sempre percebido como perda de tempo, a frequência, em geral, é de apenas uma vez a cada período de alguns anos. As pessoas querem acreditar em seus sonhos, mas, na realidade, vivem pesadelos, porque não há valor suficiente a ser obtido por meio do mercado total endereçável.

Os problemas podem ser medidos pela frequência de uso, a magnitude da frustração, o custo alternativo ou o tempo economizado. Seja qual for o modelo, pode-se alterar a solução várias vezes durante a jornada, com o objetivo de adequar o produto ao mercado, ou seja, descobrir como criar valor para os usuários.

O tema adequação do produto ao mercado será explorado em detalhes no Capítulo 8.

O problema, não a solução, é quase sempre a principal motivação e propósito para criar uma startup. Claro, existem empresas de sucesso que começaram sem problemas, como as primeiras startups de mídia social, ou empresas de games online, mas minha abordagem se assenta sempre em começar com ele.

Apaixone-se pelo problema, não pela solução

ENCONTRE O *PAIN POINT*[4]

Como saber se vale a pena perseguir um problema?

Sempre começo procurando "a dor", o que, para mim, é motivado sobretudo pela frustração. Sim, pode haver outras causas, mas a frustração se revela um ponto fundamental para o agir. Se me deparo com alguma coisa de que não gosto ou que me irrita, começo a pensar em como resolvê-la.

Minhas frustrações recorrentes mais significativas envolvem perdas de tempo, como esperar na fila (em supermercados, em engarrafamentos, na segurança do aeroporto, no teleférico, em um ponto turístico), e desperdício de dinheiro.

Detesto sentir que estou sendo enganado.

O problema que o Waze se propôs a resolver era como os motoristas poderiam evitar congestionamentos – simples, objetivo e acessível.

A história se assemelha à de outras empresas que criei ou nas quais entrei assim que foram criadas. Aqui estão alguns dos *pain points* que elas abordam:

- **Moovit** – lida com a frustração de esperar um ônibus; é o Waze do transporte público e responde às mesmas perguntas: como faço para ir daqui para lá do jeito mais rápido possível (nesse caso, usando transporte público)?
- **Engie** – lida com a frustração de ir ao mecânico, lugar em que a maioria de nós se sente de alguma maneira entre desamparado e feito de bobo.
- **Pontera** – lida com problemas de planos de aposentadoria. Criamos a FeeX, que em 2022 mudou o nome para Ponte-

---

4. *Pain point* (dor do cliente) é aquele contratempo, preocupação ou problema que seu potencial cliente tem, independentemente de ser real ou uma simples percepção, e indica as necessidades dele. (N.T.)

ra, com base no problema de as pessoas saberem pouquíssimo sobre seus planos de aposentadoria. A maioria não sabe nem quanto está pagando em taxas, nem quanto receberá de aposentadoria. Quando eu era jovem, meu pai uma vez me disse que, quando não se sabe quanto se está pagando, está pagando demais. Acontece que a transparência e a atuação com base nesse conhecimento vão ajudá-lo a se aposentar com mais dinheiro.

- **FairFly** – lida com o maior segredo da indústria de viagens: o que acontece com as passagens aéreas *após* se ter reservado um voo. Ninguém sabe, porque ninguém compara preços depois. As tarifas aéreas mudam o tempo todo – antes de se reservar um voo e também depois; portanto, se o preço cair, será possível remarcar o mesmo voo por um valor mais em conta.

- **Refundit** – lida com reembolso de impostos sobre as compras feitas em uma viagem. Quando se viaja e faz compras na Europa, tem-se o direito de receber reembolso de impostos sobre as compras, e o valor não é insignificante: pode alcançar em média mais de 20% do preço de compra. Mas, ao tentar recuperá-lo, simplesmente não se consegue: longas filas na alfândega, ou ausência dos formulários corretos, ou dificuldade de localizar, por exemplo, em que terminal o reembolso acontece. O resultado é frustrante. Em 90% dos casos, as pessoas não conseguem recuperar o próprio dinheiro.

- **Fibo** – lida com a declaração de imposto, um processo complexo e caro na maioria dos lugares fora dos EUA. Como resultado, muito dinheiro fica para trás. (Lembre-se de que detesto desperdício; dinheiro perdido, sem dúvida, é isso.)

Vejamos com mais detalhes algumas dessas empresas.

Apaixone-se pelo problema, não pela solução

PONTERA: APOSENTE-SE MAIS ENDINHEIRADO

O ano de 2008 foi de baixa e, o que não foi surpresa, por causa da crise econômica; ao receber o extrato anual da minha aposentadoria, descobri que havia perdido cerca de 20% de minhas economias de longo prazo. Pior ainda, descobri que me cobraram 1,5% em taxas de administração por *perder* esse dinheiro.

Fiquei irritado, não tanto porque estava pagando taxas, mas por *desconhecer* que as estava pagando. Perguntei a alguns de meus amigos; também não sabiam. Se ninguém sabe, aí está a definição exata de segredo. Um mercado com segredos, com informações unidirecionais, pede ruptura para que se estabeleça transparência. Então, aprofundando-me na questão, percebi que ninguém entendia o funcionamento da previdência para a aposentadoria ou mesmo o valor esperado de nossas economias na aposentadoria.

A ideia da Pontera surgiu para ajudar na transparência dos planos de aposentadoria e nas taxas. Obviamente, o retorno importa mais do que as taxas, mas, quando se olha para o cenário todo, vê-se que o retorno líquido equivale ao retorno nominal menos as taxas, composto ao longo dos anos até a aposentadoria. Isso corresponde a uma fatia expressiva das nossas economias de aposentadoria.

Começamos em Israel com as taxas e rapidamente atraímos usuários que podiam ver quanto estavam pagando (e como se comparavam a pessoas com perfil semelhante, o que se tornou um "evento desencadeador" para conquista de usuários e tomada de ação). Quando chegamos aos EUA, fizemos várias rodadas de alterações no produto até entendermos o mercado e suas necessidades.

Começamos em Israel com foco nas taxas, não no retorno, porque não havia como comparar os retornos naquela época, e pensamos que desse jeito seria mais fácil comercializar e chamar nossos usuários à ação.

Pensamos em levar o mesmo conceito para os EUA, mas descobrimos que as taxas envolvidas com "held-away accounts"[5], como planos de aposentadoria tipo 401(k)[6] e 529[7] dos EUA, eram apenas a ponta do iceberg. Foram anos tentando descobrir como adequar o produto ao mercado, com a nítida percepção de que a natureza do problema nos EUA é muito diferente. Quando se ingressa em um novo empregador lá, os benefícios em geral incluem um plano 401(k). Pode-se definir a contribuição 401(k) e escolher onde investi-la. Em mais de 80% dos casos, as pessoas mantêm o investimento padrão, decisão que não mudará com o passar dos anos. O padrão quase sempre é de baixo risco/baixo retorno, e, ainda pior, ninguém está gerenciando ou mesmo supervisionando as suas economias de longo prazo mais importantes. Na verdade, as contas padrão 401(k) resultam em retornos muito mais baixos do que as contas gerenciadas, e, como efeito disso, a diferença pode significar se aposentar endinheirado ou não.

A Pontera hoje é uma plataforma para consultores financeiros gerenciarem o 401(k) e outras contas para os clientes, ou seja, faz a ponte para uma aposentadoria melhor (com mais dinheiro).

FAIRFLY: ECONOMIZE DINHEIRO DEPOIS DE FAZER UMA RESERVA

Quando um de meus filhos tinha treze anos, fomos a Orlando em uma viagem de Bar Mitzvah. Afinal, que garoto de treze anos recusa uma visita à Disney World?

---

5. Referência a uma conta de utilizador registrado em uma instituição financeira ou outro terceiro que não o *Bank of America*. (N.T.)

6. O plano foi chamado de 401(k) em virtude do número de seção (401) e parágrafo (k) no Código de Receita Interna (Internal Revenue Code) dos Estados Unidos. (N.T.)

7. Um plano 529 é uma conta de investimento que oferece benefícios fiscais e de ajuda financeira. Os planos 529 são utilizados para pagar cursos superiores e outras formações qualificadas. (N.T.)

Reservei um apartamento em um resort em Orlando por 120 dólares a diária, o que me pareceu um ótimo negócio. Mas, uma semana antes da viagem, descobri, para minha surpresa, que o resort estava quase vazio na época e que o preço caíra para 120 dólares *pela semana toda*. Imediatamente cancelei a primeira reserva e fiz uma nova. Lembrei-me de checar tudo novamente dois dias antes da partida, pois, se continuasse assim, talvez até me pagassem para me hospedar lá, e, sim, dois dias antes da viagem, o valor havia sido mais reduzido: 120 dólares pela semana, *incluindo café da manhã*.

Percebi que essa experiência se aplica também a um exemplo ainda mais comum de mudança de preços após a reserva: passagens aéreas.

FairFly é outro grande exemplo de como transformar a frustração em uma empresa. O que acontece com as passagens aéreas *depois* que se reserva um voo? Na verdade, não se sabe, porque ninguém compara preços após feita a reserva, mas o valor das passagens aéreas continua aumentando e diminuindo o tempo todo. Desde que a queda de preço seja maior que a taxa de cancelamento, vale a pena remarcar o mesmo voo com uma passagem mais em conta.

Quando estava no Waze, precisei agendar uma viagem a trabalho para Nova York; alguns dias depois de feita minha reserva, outro funcionário do Waze pediu para me acompanhar na viagem. Eu disse "claro" e voltei para a Expedia visando reservar a passagem do sujeito.

Para minha surpresa, descobri que a passagem dele custaria mais de 30% a menos do que eu tinha pagado na minha!

Naquela época, eu viajava muito pelo Waze, e outros funcionários também, então o problema não era insignificante. O mesmo vale para a maioria das grandes corporações. Acontece que, dependendo do momento em que se faz a reserva, o preço médio da passagem aérea varia cerca de noventa vezes até o dia do voo.

Talvez a viagem de Bar Mitzvah tenha sido o gatilho para o Fair-Fly, mas foi ao reservar minha viagem para Nova York que percebi que esse problema – vamos chamá-lo de oportunidade – é verdadeiramente sistêmico, não apenas uma ocorrência pontual ou mera coincidência.

REFUNDIT: SIMPLIFICANDO A ISENÇÃO DE IMPOSTOS DAS COMPRAS NA EUROPA

Alguns anos atrás, eu e minha esposa estávamos em Madri. Em nosso último dia na cidade, fomos comprar alguma coisa em uma loja de artigos esportivos. Eu já tinha experiência em solicitar reembolso de impostos quando fazia compras na Europa, e sabia que ali estava um problema que valia a pena resolver. Em busca de comprovação por meio de um usuário inexperiente – minha esposa –, pedi a ela que passasse pelo processo enquanto a acompanhava.

Embora possa parecer que estava dando mais trabalho a ela sem necessidade, não há *nada* mais importante para entender a frustração de um usuário do que observar o desenrolar desse sentimento. E ainda mais quando se trata de um novo usuário tentando passar por todo esse processo pela primeira vez.

Minha esposa perguntou ao proprietário da loja se ele tinha os formulários de impostos de que ela precisava. A resposta foi não, ou pelo menos ele afirmou que não. Ao olhar para a fila atrás de nós, imaginei que o sujeito não queria perder tempo com a minha esposa; desejava vender mais ou atender mais clientes. Ela já estava quase desistindo, como a maior parte das pessoas faria em tal situação, mas insisti que fôssemos a outro setor da loja onde houvesse os formulários corretos.

Levamos apenas cerca de dez minutos para encontrá-los, mas a espera se estendeu por mais de uma hora: enfrentamos uma fila com umas dez pessoas e apenas um funcionário para cuidar da papelada.

Apaixone-se pelo problema, não pela solução

Esperar todo esse tempo para economizar uns quinze euros certamente não valia a pena, entretanto, a experiência foi muito importante para entender todo o desgaste do processo.

Por fim, ela conseguiu.

No aeroporto, passamos pelo segundo processo de solicitação do reembolso do imposto, ou seja, a aprovação da alfândega. Para nossa surpresa, foi tudo muito tranquilo e rápido, mesmo que depois tenhamos visitado mais um escritório, o da Global Blue, empresa que emite o reembolso, onde a fila estava muito longa, nosso tempo era curto, e, enfim, não conseguimos reivindicar o reembolso de impostos antes de nosso voo.

Esse é o problema que a Refundit se propõe a resolver – estima-se que 26 bilhões de euros por ano não sejam resgatados pelos milhões de turistas que chegam à Europa (no período anterior à covid-19).

Já ouvi muitas histórias de gente me dizendo: "Ahhh, você não sabe o que aconteceu comigo…"; "Você não acreditaria na minha história…". Acredito no que me contam.

A essa altura, já deu para perceber que não gosto de deixar dinheiro para trás, nem mesmo de esperar em filas.

FIBO: FAZER A DECLARAÇÃO DE IMPOSTO DE RENDA É COMPLEXO E DISPENDIOSO

Quando falo com pessoas em diferentes partes do mundo, muitas vezes pergunto: "Como é declarar imposto de renda em seu país?". Exceto nos EUA, onde não é tão complicado – levam-se os documentos para o H&R Block[8] mais próximo ou registram-se online usando o

---

8. Empresa que prepara a declaração de imposto de renda tanto nos EUA como em outros países. (N.T.)

TurboTax[9] –, preencher a declaração de impostos é um verdadeiro drama. Sempre ouço o seguinte: ou é complexo, ou é custoso, ou ambos. Sem dúvida, é um grande problema que atinge muitas pessoas no mundo.

Nos EUA, declarar impostos anualmente é obrigatório. Em outros países, não é assim que funciona. Em alguns, a maioria das pessoas não precisa apresentar uma declaração de imposto de renda pessoal, confiando no que lhes é deduzido mensalmente. Em Israel, por exemplo, apenas 5% da população adulta declara imposto de renda. No Reino Unido, cerca de 25%.

Você consegue adivinhar o que acontece? Se não é obrigatório, é complexo e dispendioso, as pessoas simplesmente não o fazem e, por isso, mesmo tendo direito à restituição, como não reclamam, não a recebem.

Em Israel, 80% dos empregados têm direito a reembolso, mas não se preocupam em fazer o pedido. O resultado? Surpreendentes dez bilhões de ILS [novo shekel israelense] nunca são reembolsados. Isso me irrita assim como o problema que a Refundit soluciona. Não só não gosto de deixar dinheiro para trás, como particularmente também não gosto de saber que há muitas pessoas que poderiam aproveitar esse dinheiro!

* * *

Em todos esses exemplos, apaixonei-me pelo problema e surgiu uma história fácil de contar às pessoas, que se identificaram imediatamente. Mas em todos esses casos, levei anos para encontrar a equipe certa – Yoav, Eyal e David em Pontera; Aviel e Ami na FairFly; Ziv na Refundit; e Roi e Dana na Fibo. Então, passado o início da jornada,

---

9. O TurboTax é uma solução de preparação de impostos que ajuda os usuários a obter sua máxima restituição de impostos de declarações de imposto de renda. (N.T.)

Apaixone-se pelo problema, não pela solução

essas equipes nunca desistiram e enfrentaram as montanhas-russas e travessias no deserto dos desafios.

QUANDO O PROBLEMA DESAPARECE

Os problemas em geral não desaparecem sozinhos, mas isso pode acontecer com a *percepção* que se tem deles. O exemplo está na Mego, uma startup que fundei para resolver frustrações com os serviços dos correios.

A Mego nasceu da minha frustração de receber um comunicado me informando que havia uma encomenda à minha espera.

Em grande parte dos EUA, tal situação não constitui um problema, porque o carteiro deixará o pacote na porta da frente, mesmo que não haja ninguém em casa. Caso se resida em um prédio, o pacote quase sempre será deixado com o porteiro. Os pacotes nos EUA são normalmente enviados a um endereço, não a uma pessoa.

Em Israel e na Europa, porém, o pacote é vinculado a uma pessoa específica. Então, se a casa estiver vazia quando o carteiro passar, será deixado um comunicado para que o destinatário vá ao correio. Naturalmente, a agência dos correios em questão está aberta apenas por algumas horas bem inconvenientes, em geral, no horário em que se está no trabalho. Se isso já não fosse desanimador, também sempre há longas filas, e nunca tem lugar para estacionar.

O resultado: quase 100% dos pacotes em Israel não são entregues na primeira tentativa. A situação não muda muito no Reino Unido, onde apenas um terço dos pacotes é entregue na primeira tentativa.

A Mego deu ao destinatário do aviso de chegada uma alternativa: por uma pequena taxa, o usuário poderia escanear o aviso de chegada, o seu documento de identidade, e alguém iria buscar o pacote. O custo: cerca de cinco dólares por coleta.

Iniciamos a empresa em 2016, testando o serviço em Israel. O pessoal adorou. Mas, em 2017, os correios efetivaram várias mudanças que resolveram alguns dos principais problemas. Agora é possível retirar uma encomenda em lojas 7-Eleven locais, ou em depósitos situados em locais estratégicos em todo o país.

Pelo aplicativo dos correios ou por mensagem de texto, é possível fazer uma reserva para um horário específico na própria agência dos correios, o que também resolveu as frustrações dos clientes. E os correios passaram a ficar abertos até tarde da noite (oito horas, e às vezes até meia-noite).

O serviço da Mego ainda tinha valor, mas a percepção do problema desapareceu graças às alterações dos correios. Caso alguém tivesse como base esse problema em 2016, criaria uma empresa, como eu fiz. Em 2017, não. Às vezes é tudo questão de *timing*. Desde então, encerramos nossos negócios.

Além disso, investi em startups das quais não sou o fundador, mas gosto da ideia e do CEO. Minha estratégia comum nesses casos é ingressar no conselho para contribuir com meu tempo e conhecimento. Essas startups incluem SeeTree, Weski, Dynamo, Pumba e Kahun.

MAIS SOBRE ALGUMAS DAS MINHAS STARTUPS

Além das startups que criei a partir de problemas que me despertaram paixão, estou envolvido em meia dúzia de outras, nas quais, em grande parte, entrei muito antes de serem criadas. Na maioria dos casos, ajudei a equipe fundadora ou o CEO a começar, depois investi, e depois os guiei pela jornada e me tornei membro do conselho.

SeeTree é uma delas. Conheço o CEO há quatro décadas e, quando ele estava apenas começando a pensar em iniciar uma startup após uma longa e bem-sucedida carreira, me propus a ajudá-lo. Investi o primeiro dinheiro na empresa e agora estou no conselho de administração (BoD – *board of directors*).

A magia do SeeTree está na área da agricultura e, como o nome sugere, especificamente no mercado de cultivo de árvores, em que ajuda a aumentar drasticamente o rendimento. Os produtores com milhões de árvores e pouquíssima informação com certeza não dispõem de dados interativos sobre o que está acontecendo nas fazendas.

A solução da SeeTree combina drones que as sobrevoam com análise individual para cada árvore no solo a fim de descobrir se há um problema com ela e, em caso afirmativo, determinar um plano de ação para a recuperação. Como resultado, essas medidas maximizam o rendimento da fazenda de árvores em 15% a 20% ano após ano.

WeSki é outra startup em que estou engajado. Fui mentor da equipe no programa Zell Entrepreneurship e permaneci envolvido desde então, em uma longa jornada cheia de altos e baixos – incluindo um quase encerramento, dois anos de interrupção do serviço em razão da covid-19, e muito mais.

A WeSki lida com o meu principal hobby: esquiar. Hoje, quando se tenta organizar férias em áreas para esqui, há duas opções: comprar um pacote pronto ou fazê-lo por conta própria, muitas vezes gastando horas na internet na elaboração de alguma coisa personalizada. A WeSki oferece um serviço do tipo Lego – construa você mesmo –, proporcionando flexibilidade de customização em uma fração do tempo. Caso você esteja na Costa Leste dos Estados Unidos e pensando em passar uma semana esquiando nas Montanhas Rochosas, sugiro que vá à França, usando o WeSki para planejar, e sua viagem será muito melhor e muito mais em conta.

O CEO da **Kahun** é meu amigo desde o ensino médio. O diretor de tecnologia, no entanto, é meu amigo desde o ensino fundamental, passando pelo médio e serviço militar, e trabalhou comigo no Waze.

Ambos têm experiência de peso no mundo das startups de tecnologia e tiveram muito êxito como fundadores de uma startup vendida para a Live-Person. Eles me apresentaram a ideia cerca de dois anos antes de começarem, e concordei que o problema que queriam resolver era real e importante e que, quando estivessem prontos, podiam contar comigo. Levou mais um ano e meio, ou talvez até dois, até começarem oficialmente. Sou o primeiro investidor (por meio do meu veículo de investimento), estou no conselho e sempre disponível para eles. Lidam agora com um problema que é um dos maiores: dados na área médica. Acontece que a maioria dos dados nessa área está em forma de texto, como livros, artigos, pesquisas, e assim por diante. Kahun converte texto em dados e cria um sistema de IA para diagnósticos, pré-triagem de pacientes e auxílio para a equipe médica se preparar melhor.

ENCONTRE SUA PAIXÃO

A paixão por promover uma mudança deve ser maior que o medo do fracasso e do custo alternativo. A isso chamo "zona de empreendedorismo", porque nem toda pessoa com uma grande ideia tem perfil para criar uma startup.

Isso não será igual para todos, mas o denominador comum é dizer: "Não vou continuar o que estou fazendo hoje. Estou disposto a me sacrificar e fazer essa aposta".

Portanto, "custo alternativo" é o preço que se paga para iniciar a jornada, seja recusando outras opções, seja abandonando uma posição atual.

Sentimentos muito intensos criam envolvimento emocional, que, por sua vez, leva à paixão. No meu caso, o gatilho está na frustração ou no desperdício; para outros, pode ser amor, ódio ou vingança.

Nir Zuk, fundador da empresa de segurança cibernética Palo Alto Networks, foi um dos primeiros funcionários da Check Point

Apaixone-se pelo problema, não pela solução

Software, gigante israelense nessa área, mas acabou se desentendendo com a administração e criou uma nova empresa para competir com a antiga.

Se minha paixão é evitar frustrações a todo custo, ele era movido pela vingança. Contam até que tinha uma placa personalizada feita na Califórnia que significava "Check Point Killer": CHKP KLR.

Zuk pode rir por último aqui: em 2021, a Palo Alto Networks tinha uma capitalização de mercado (o valor da empresa) de 52 bilhões de dólares, e em 2020, uma receita anual de mais de quatro bilhões, enquanto a capitalização de mercado da Check Point era de "apenas" quinze bilhões, e a receita anual, de mais de dois bilhões. Em dezembro de 2021, a Check Point saiu do Índice Nasdaq-100, substituída pela Palo Alto Networks.

A forma mais intensa de paixão não está em métodos de ganhar mais dinheiro, mas em transformar o mundo em um lugar melhor.

Pensávamos que a proposta de valor do aplicativo Waze se assentava em encontrar o caminho mais rápido e economizar tempo. Mas não. Era a paz de espírito. Como já disse, as pessoas querem saber o tempo estimado de chegada (*estimated time of arrival* – ETA) ao dirigir de Cupertino a San Francisco. Preocupam-nas menos se será mais rápido na Interstate 280 ou na Highway 101. No fim das contas, para conquistar sucesso, precisa-se conhecer o elemento motivador das pessoas, e, na maioria dos casos, trata-se do envolvimento emocional com o problema, e é bem possível que o valor percebido real seja diferente do valor percebido por você. Por enquanto, encontre um problema que o faça vibrar, um problema pelo qual se apaixone.

IR ALÉM DE UMA "AMOSTRA DE UM"

Apaixonar-se por um problema começa, em geral, com um ponto de vista pessoal; ninguém tentará resolver alguma coisa que não lhe importe. Mas lembre-se: considere a experiência de outros, do povo em geral, por assim dizer.

Como indivíduos, somos uma amostra muito boa... *de exatamente uma única pessoa*. Tendemos a não perceber que existem outros que não pensam como nós. Alguém faz algo de determinada maneira e acredita que é a única possível, ou se apega à própria percepção do problema e imagina que funcionará para todos do mesmo jeito. Não. As pessoas não são iguais. Em geral, não há um único caminho certo.

Se você ouvir a mesma essência do problema descrita por várias pessoas por diferentes ângulos, saberá que é um problema real.

As emoções atuam como um poderoso motivador para a mudança.

Criamos o Engie porque sempre ouvíamos a mesma reclamação sobre o problema: "Que sentimento de impotência!", ou "Parece que estamos sendo roubados, ou nos sentimos uns babacas no mecânico". A menos que se seja um especialista em velas de ignição, níveis de óleo e afins, só restará ficar plantado lá sem ter ideia do que está acontecendo. E não há orçamento transparente. Os reparos podem custar duzentos ou dois mil dólares. Impossível descobrir o preço.

Quer um orçamento? "Vamos abrir o capô. Aí posso dizer." Na realidade, a maioria deles conecta o computador do carro ao computador de diagnóstico. Precisaríamos ir ao mecânico para isso?

Reluta-se em pagar a conta, muitas vezes com um sentimento de estar sendo roubado. Não sempre. A maioria dos mecânicos são profissionais honestos, mas é o sentimento que predomina. De fato, a pesquisa que realizamos para o Engie mostra que cerca de três quartos das pessoas acham que estão sendo enganadas, enquanto, na verdade, cerca de três quartos dos mecânicos são profissionais e honestos. O desafio é descobrir quem é quem no universo dos serviços mecânicos disponíveis. A incerteza agrava o sentimento de impotência.

Apaixone-se pelo problema, não pela solução

Eis uma história que gosto de contar em minhas palestras. Você vai ao mecânico, e ele diz que tem de trocar o carburador. Tudo bem. Só existe um problema: não há carburador no seu carro. Os fabricantes não produzem carros com carburadores há algumas décadas! Isso representa o quão impotentes somos!

Outro problema é a impossibilidade de comparar preços entre diferentes oficinas. Quando seu carro precisa de um novo alternador e não funciona, você não consegue dirigi-lo até a oficina mais próxima. Se não tem como comparar preços, significa que o mercado anda complicado.

Iniciamos o Engie para lidar com esse mercado e com as frustrações decorrentes do conserto de um carro. Criamos um dispositivo que se conecta à porta de dados do computador do veículo do proprietário (todos os carros novos fabricados nos últimos vinte anos têm isso).

Projetamos o conector Engie para se comunicar com um smartphone e fornecer uma descrição em tempo real, em linguagem simples, do problema do carro. A pressão do ar nos pneus está baixa? As pastilhas de freio precisam ser substituídas? Em seguida, exibia-se uma lista de mecânicos disponíveis em determinada área, com um orçamento de preço para o conserto.

O tamanho do mercado de mecânica de automóveis – quanto os proprietários de automóveis pagam anualmente por reparos – está se aproximando de um trilhão de dólares. Com certeza, vale a pena pensar nisso!

Não achávamos que usariam o Engie com tanta frequência porque os carros, felizmente, são bastante robustos, mas descobrimos que o pessoal executava regularmente a função "verificar o carro" no aplicativo só por garantia.

O lado do consumidor do Engie foi incrível, com fidelização muito alta e alta frequência de uso. Na verdade, muito mais do que esperávamos – cerca de cinco a seis vezes por mês. Quando inicialmente tentamos descobrir o modelo de negócios, visamos a um mercado. Assim que o motorista soubesse que havia um problema com o carro, pedíamos um orçamento para o conserto na oficina local onde ele estava. O aplicativo fornecia a vantagem de saber exatamente o que precisava ser reparado. Mas isso não bastava. Era meio difícil para os consumidores renegociarem o orçamento com o mecânico local, mas não o bastante para que mudassem para outro mecânico. Uma investigação mais profunda revelou um mercado muito complexo, com perspectivas diferentes entre consumidores, mecânicos e concessionárias, e cada um com agenda própria. Tentamos um modelo de negócios diferente de diagnóstico remoto para que o mecânico contatasse o motorista assim que houvesse um problema – de forma proativa –, mas já era tarde demais.

Ao final de uma jornada de seis anos, o Engie foi encerrado. Um grande problema e uma história poderosa são excelentes pontos de partida, mas nem sempre bastam para o sucesso. Conseguimos descobrir o PMF para os consumidores, mas não conseguimos descobrir a adequação para um mercado (PMF) ou para uma ferramenta de fidelização.

Estávamos perto do fim de nossos fundos e em diálogo com alguns novos investidores da Ásia. Então, veio a covid-19, e os investidores evaporaram. Não tínhamos recursos para continuar a jornada ou para encontrar outro investidor.

A coisa ocorreu como Michael Jordan disse uma vez: "Nunca perdi um jogo. Só me faltou tempo".

Obviamente, a jornada do Engie, como todas as outras, foi longa, uma montanha-russa de altos e baixos, inclusive com troca de CEOs (que hoje considero um erro), mas o único mergulho de que não conseguimos nos recuperar foi o desaparecimento do investidor que havia dito à empresa que pretendia mesmo investir e depois sumiu. Isso, junto com a falta de apoio dos investidores existentes durante a pandemia, levou ao fim do Engie.

Apaixone-se pelo problema, não pela solução

CAMINHO FÁCIL – NÃO PARA STARTUPS

Não importa o que faça, criar uma startup será uma jornada muito desafiadora, talvez a maior por que você vá se aventurar. Haverá momentos em que virá a pergunta: "Que droga! Por que fui me meter nisso?".

Se não estiver entusiasmado, apaixonado de verdade, não terá energia interior para superar as dificuldades. Mas, caso ocorra o contrário, não pensará em mais nada.

Que tal criar uma startup como um segundo emprego, ou enquanto ainda tem outros compromissos importantes? A resposta é fácil. Para ter sucesso no processo de inicialização da jornada, coloque nela 200% de seu tempo, empenho, atenção, e 0% em todo o resto. Se não for assim, não vai funcionar. Lembre-se, você está prestes a embarcar em uma montanha-russa, uma jornada de pesadelos tão desafiadora que, se não começar com paixão, não percorrerá todos os trilhos.

Se não se apaixonar pelo problema, não conseguirá superar o momento em que parece que nada está funcionando e você está quase desistindo.

STARTDICAS

- Evite a armadilha de se apaixonar pela solução. Em vez disso, concentre-se no problema que está tentando resolver.
- Uma história focada na solução começa com "Minha empresa faz…", ou "Meu sistema faz…". Uma história focada no problema começa com "Resolvemos o… problema". Uma história focada no usuário começa com "O que estamos fazendo por você é….".
- Encontre um GRANDE problema que valha a pena resolver e reflita sobre aquelas pessoas que também o enfrentam. Então converse com elas para entender como veem o problema.

- Prepare-se para ouvir que sua startup "nunca vai funcionar", ou que é "uma ideia estúpida". As pessoas não gostam de mudanças, e sua nova empresa representa uma mudança.
- Como saber se você está pronto para criar uma startup? Quando está disposto a se sacrificar, desistir de seu salário, de sua posição, e talvez até de sua renda, em favor de um futuro vislumbrável.
- Como indivíduos, somos uma amostra muito boa de exatamente uma única pessoa. Somente quando você ouve um problema descrito por várias pessoas por diferentes ângulos sabe que está lidando com um problema real.
- O equilíbrio entre vida pessoal e profissional não existe para os fundadores de uma empresa e, em particular, para o CEO de uma startup. Se você se apaixonar pelo problema, não vai querer (ou poder) fazer mais nada!

CAPÍTULO 2

SAIBA QUE UMA STARTUP IMPLICA UMA JORNADA DE FRACASSOS

Quem nunca errou nunca experimentou nada novo.

Albert Einstein

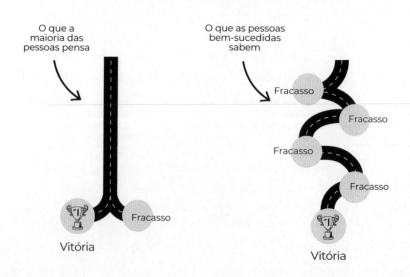

A JORNADA DOS FRACASSOS

Ben Horowitz é um dos investidores de risco mais bem-sucedidos no mundo, sócio da empresa Andreessen Horowitz, do Vale do Silício. Antes de ser tornar investidor de risco, Horowitz atuou como CEO da startup de software Opsware.

Certa vez, perguntaram-lhe: "Você dormia bem sendo CEO de uma startup?".

Ele respondeu: "Ah, sim. Dormia como um bebê. Acordava de duas em duas horas e chorava".

Horowitz experimentou em primeira mão a montanha-russa comum a todas as startups. Há muitos altos e baixos e, embora todas as empresas no mundo passem por isso, a frequência nas startups é muito maior. Podem acontecer até algumas vezes ao dia, chegando ao nível em que eu diria que, se você não gosta de esportes radicais, talvez uma startup não se ajuste a seu perfil.

Afinal, a essência de criar uma startup implica uma *jornada de fracassos*. Você está tentando fazer alguma coisa que ninguém fez antes e, mesmo tendo certeza de que sabe exatamente o que está fazendo, não sabe.

Neste capítulo, vou estabelecer os pressupostos fundamentais da criação de uma startup. Aqui estão os elementos principais:

- É uma jornada (com várias subjornadas).
- É uma jornada equivalente a uma montanha-russa.
- É uma jornada de fracassos, com tentativas e erros contínuos em cada uma das fases.
- Há um longo período sem tração, o deserto que você precisará atravessar.

Impõem-se duas conclusões imediatas tão logo você percebe que a criação de uma startup é uma jornada de fracassos:

Apaixone-se pelo problema, não pela solução

1. Se você tem medo de fracassar, então já fracassou, pois nem sequer vai tentar. Albert Einstein disse que "Quem nunca errou nunca experimentou nada novo"; em outras palavras, caso se aventure na tentativa de fazer coisas novas, você vai fracassar.
2. Para maximizar sua probabilidade de sucesso, fracasse *rápido*!

Se agora concordamos que a criação de uma startup é uma jornada de fracassos, então o melhor jeito de aumentar a probabilidade de descobrir o que funciona está em simplesmente tentar mais coisas, e o melhor jeito de tentar mais coisas é experimentá-las com rapidez e fracassar com rapidez, para que então tenha tempo (e taxa de execução) para tentar a próxima coisa.

Por exemplo, suponhamos que você acredite que um recurso específico vai ajudá-lo e o construa, lance a nova versão e então... a coisa não funciona ou não traz os resultados esperados. Nesse caso, pense logo no próximo recurso que vale a pena tentar e foque-se nele, em vez de tentar otimizar o atual.

Esse processo cria um DNA único para uma empresa (uma cultura de negócios ou um conjunto de valores), no qual cada suposição subjacente é apenas uma hipótese que vale a pena – quanto mais cedo, melhor. Se funcionar, beleza. Se não, vamos para a próxima hipótese.

Ainda que siga esse caminho e empenhe-se em cada nova tentativa com a convicção de que vai funcionar, lembre-se: a jornada será muito longa.

E a parte mais longa acontece quando nada funciona. No início, haverá muita emoção; você está criando algo novo! Você já tem o primeiro usuário ou a primeira versão, talvez o jornal estampe alguma notícia, e parece que está indo na direção certa. No entanto, em algum momento surge a percepção de que a coisa construída simplesmente não funciona. Você tenta de outras maneiras, e ainda assim não funciona.

A longa jornada

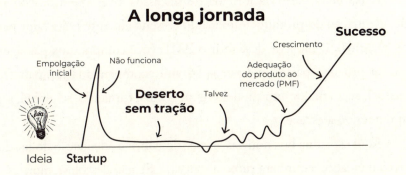

Imagine-se atravessando um deserto interminável, cercado tão somente por areia. Você caminha o dia todo e continua no mesmo cenário. Vai dormir, acorda, e a paisagem de areia persiste, dia após dia. Você não sente progresso algum, mas na verdade está progredindo, um passinho de cada vez, até que, finalmente, sai do deserto (se não tiver morrido antes).

O "deserto sem tração" é o trecho mais longo da jornada, no qual você tenta de tudo e nada funciona. Monta um produto e não funciona. Monta o produto e funciona, mas os usuários não aparecem. Monta o produto, funciona e os usuários estão chegando... mas não vão ficar. Quando startups fracassam, isso ocorre, para a maioria delas, durante essa jornada no deserto.

Ao caminhar por uma paisagem desse tipo – seja real, seja uma metáfora da vida em uma startup –, há duas coisas que você não quer fazer:

1. Não quer mudar de direção para não correr o risco de acabar caminhando em círculos. (Estar perdido no deserto não é o momento de "pivotar".)
2. Não quer ficar sem combustível, ou, no caso de uma startup, sem financiamento. Afinal, ele seria muito caro no meio do deserto.

Apaixone-se pelo problema, não pela solução

A primeira parte da jornada de fracassos é sempre a descoberta da adequação do produto ao mercado (essencialmente criar valor para os usuários). Depois de descobrir o PMF, você compra uma passagem para a próxima parte (que por si só virá acompanhada de mais fracassos), seja criando um modelo de negócios, tornando-se global, seja aprendendo a escalar.

Aqui está uma boa notícia: se você descobrir a adequação do produto ao mercado, caminhará rumo ao sucesso. Se não descobrir, morrerá.

Em cada uma das partes, o elemento mais relevante é a rapidez da recuperação, e, para isso, comece fracassando rápido. Com que rapidez você consegue se levantar para empreitar a próxima ideia/conceito/tese? Empreendedores que incorporam esse método de fracasso rápido maximizam as próprias chances de sucesso.

Quando pivotar? Espero que nunca, porém, se nada funcionar, você não conseguirá descobrir o PMF, e os usuários estarão dizendo que o problema não é real, ou que você tenta criar um valor irrelevante; pois é, chegou a hora de pivotar. Uma pivotagem não significa mais um experimento na jornada; envolve reconsiderar a suposição subjacente. No final das contas, a adequação do produto ao mercado denota que você está criando valor para seus usuários e eles estão voltando. Portanto, descobrir o PMF representa a tentativa de chegar a esse valor para que eles voltem. Pivotagem implica mudar os usuários ou a proposta de valor.

* * *

Vamos dar um mergulho mais profundo no Waze, hoje um grande sucesso, mas cuja trilha significou uma jornada de tentativas e erros em várias frentes – primeiro para adequação do produto ao mercado, depois para o processo de crescimento e, mais tarde, para descobrir o modelo de negócios.

No caso do Waze, porém, perpassa uma mágica que extrapola muito a imaginação.

UMA FOLHA EM BRANCO – A MAGIA DO WAZE

O Waze é hoje o aplicativo de trânsito e navegação mais bem-sucedido do mundo, e, em muitos países, as pessoas nem sequer ligam o carro antes de ligar o Waze. Entretanto, a maioria dos usuários não percebe que *todo* o conteúdo do Waze é **gerado por outros motoristas** que colaboram com tudo, não apenas com informações de tráfego ou radares de velocidade – óbvio –, mas também com *o próprio mapa*. Essa é a magia do Waze.

PÁGINA EM BRANCO

Quando começamos o Waze, **o mapa era apenas uma página em branco**. Não havia nada nele, nem mesmo uma única estrada; resumia-se a uma mera página em branco.

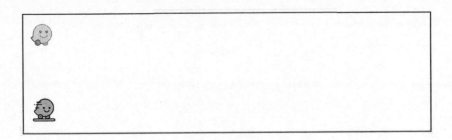

PRIMEIRO MOTORISTA

Então, quando o primeiro usuário dirigiu com o aplicativo, coletamos os dados de GPS do dispositivo dele. Se pegarmos esses dados e os plotarmos na página em branco, vemos o "rastro" do percurso.

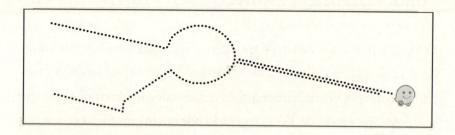

MUITOS MOTORISTAS

Quando há muitos motoristas em um trajeto, os dados de GPS dos dispositivos deles criam alguma coisa que começa a se assemelhar a um mapa.

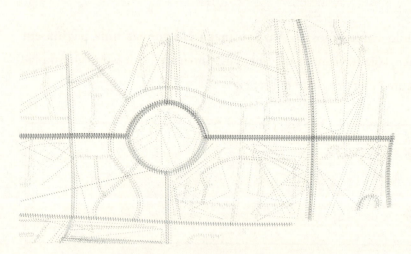

Ao olhar a imagem (que, a propósito, é de rastreamentos de GPS reais em Tel Aviv de 2007), você percebe com facilidade algo no cento que parece uma rotatória, e de fato é.

Observe também a densidade desses traços de GPS e perceba a diferença entre um trajeto principal e uma rua arterial. Se houver uma interseção onde ninguém esteja virando à esquerda, nenhuma conversão nesse sentido será permitida.

Caso existam cem carros indo rumo a uma direção e ninguém dirigindo na outra, é uma rua de mão única. Agora, se houver cem carros dirigindo em uma direção e dois carros dirigindo na outra, essa é uma rua de sentido único em Tel Aviv! Quando fizemos o lançamento global do Waze, descobrimos que a proporção de 2% de Tel Aviv é de fato muito boa em comparação a alguns outros lugares!

Com o *crowdsourcing* de tudo, fornecemos informações relevantes em tempo real para o uso diário das pessoas em seus deslocamentos.

TRANSFORMAÇÃO EM UM MAPA

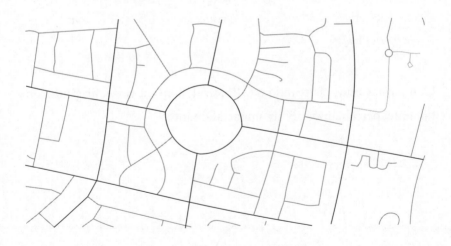

Criamos o software que pega todos esses rastreamentos de GPS de todos os usuários e cria o mapa a partir deles.

EDIÇÃO DE MAPA

Em seguida, habilitamos uma ferramenta de edição de mapas para que os usuários nos forneçam nomes de ruas, pontos de interesse e números de casas.

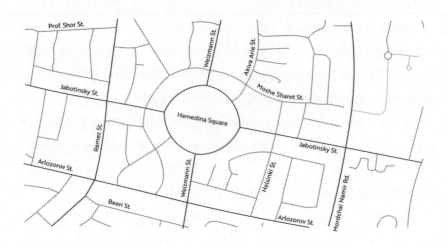

DIREÇÃO LENTA

Como estávamos rastreando o GPS, se alguém estivesse dirigindo lentamente, percebíamos ali um engarrafamento.

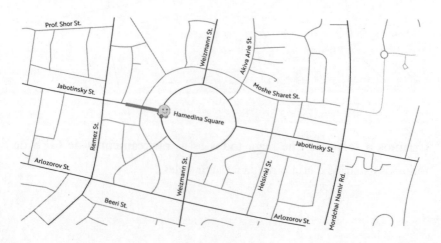

ENGARRAFAMENTOS

Com a presença de muitos motoristas, podemos descobrir onde estão todos os pontos de engarrafamentos e direcionar os usuários a seguir o caminho mais rápido, evitando tais pontos.

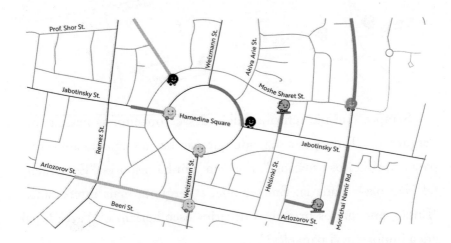

Portanto, o Waze é uma rede social de motoristas na qual todo o conteúdo é criado por eles mesmos.

RADARES COM RESTRIÇÕES DE VELOCIDADE E INFORMAÇÕES DOS MOTORISTAS

Além disso, os motoristas relatavam em tempo real radares de velocidade, acidentes, perigos no trajeto e outras informações importantes para eles.

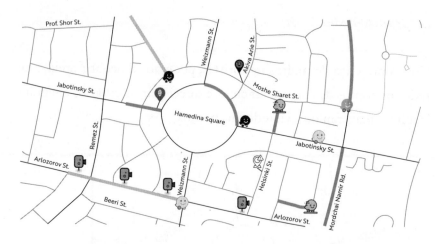

Sempre que me refiro à magia desse conceito, as pessoas me perguntam: "Então, está dizendo que não havia mapa no aplicativo para os primeiros usuários?". E aí vem minha resposta: "Exatamente! Não havia nada lá. Em seguida, a pergunta mais interessante: "Então, por que os primeiros usuários escolheriam o Waze? Qual era a importância para eles?".

A questão-chave não é qual era a relevância para o primeiro usuário, mas *quem* foram os iniciantes? Eles eram amadores entusiastas cujos hobbies eram GPS, GIS (sistema de informação geográfica), mapas e navegação. Eles se preocupavam mais com a promessa e a abordagem inovadora do *crowdsourcing*, e com o controle de seu destino, do que com o estado atual do mapa. Pense nos primeiros usuários da Wikipédia antes que lá houvesse qualquer informação significativa.

"BOM O BASTANTE"

Trabalhamos no Waze durante dois anos antes de ele ser bom o bastante em Israel. Em 2007, trabalhávamos nele como um projeto, ainda não como uma empresa. Em março de 2008, tão logo recebemos financiamento, demos início à empresa denominada Linqmap, nome alterado em 2009 para Waze. Construímos o aplicativo em tempo real em um celular Nokia.

Passamos por inúmeras iterações até que se tornasse "bom o bastante". Um dos melhores jeitos de se chegar a esse ponto é começar com alguma coisa que *não* seja boa o bastante e, depois, iterá-la reiteradamente até que assim fique. Tais repetições se baseiam no feedback dos próprios usuários.

Imagine o seguinte: duas empresas idênticas estão começando no mesmo dia e ainda fazendo exatamente a mesma coisa. Transcorridos três meses de desenvolvimento, uma delas decide que seu produto ainda não está pronto e, portanto, continua a desenvolvê-lo de acordo com o agora planejado para que chegue ao mercado em mais três meses.

A outra empresa, também decidindo que não está pronta, opta por distribuir o produto a usuários reais. Qual das duas alcançará uma posição melhor dentro de três meses? Simples. Não se progride se não se estiver lá fora, ou seja, caso não haja novas informações, não ocorrerá um progresso real.

Mas o que é "bom o bastante"? Se definirmos a adequação do produto ao mercado mensurada por uma e apenas uma métrica – retenção –, o "bom o bastante" acontecerá com uma retenção sustentável e válida (discutiremos o que mensurar e como direcionar métricas no Capítulo 8).

Retomando o Waze, Israel é um país com bastante densidade. Cerca de nove milhões de pessoas vivem em uma área total de cerca de mais de vinte mil quilômetros quadrados, semelhante ao estado de Massachusetts. Além disso, em nossa fase de dois anos de desenvolvimento, fizemos coleta de dados e criação de mapas. E mais, assinamos um contrato com uma empresa de gestão de frota local para que nos fornecesse dados de GPS em tempo real, o que, no dia de nosso lançamento oficial, em janeiro de 2009, tornou as informações de tráfego bastante precisas.

Apaixone-se pelo problema, não pela solução

Tudo isso tornou o Waze "bom o suficiente" em Israel. Vimos que a magia funcionava. O mapa foi criado pelos usuários, o boca a boca funcionou para o crescimento, e a precisão dos dados era boa o suficiente. Estávamos prontos para lançar o aplicativo globalmente.

Durante o resto de 2009, dedicamo-nos a nos preparar (idiomas, servidores, suporte) até o lançamento global do produto, no final do ano. No entanto, a situação no exterior era muito diferente. Presumimos que o Waze funcionaria da mesma forma em outros países, o que não aconteceu.

Ativamos o aplicativo em todo o mundo de uma só vez, mas com um resultado desastroso. Simplesmente não era bom o bastante – na verdade, era péssimo –, exceto em quatro países: Equador, Eslováquia, República Tcheca e Letônia. Em qualquer outro lugar, os usuários baixavam o aplicativo, experimentavam e deixavam para lá.

Quando começamos a operar na América do Norte, caso se tentasse ir de casa para o escritório, em razão dos dados de mapa limitados e com poucos usuários rodando o aplicativo, o Waze fornecia uma rota terrível. Em vez do percurso óbvio (digamos, Highway 101, de Palo Alto a San Francisco), ele sugeria o caminho via East Bay e Oakland, claramente sem sentido.

Como o Waze funcionava por meio da coleta de informações, se ninguém dirigisse em determinada rua, não chegaria nem mesmo até o final do quarteirão, pois não se sabia se havia permissão para dirigir até lá! Usamos, então, um conjunto de dados de base do Serviço Geológico dos Estados Unidos para nossos mapas, mas nos deparamos com informações muito desatualizadas. Além disso, não era navegável, ou seja, não existiam direções no mapa indicando uma via de mão única ou locais com restrições de conversão.

Como o Waze só indica se uma curva é permitida se outros motoristas já a tiverem feito, os dados do mapa estavam bastante incompletos. Os motoristas se frustraram, o que é compreensível. Os usuários do aplicativo tinham uma via diante deles e conseguiam observá-la no mapa, mas o aplicativo não os levava ao percurso óbvio, pois os dados ainda não apareciam lá. Sem dúvida, um resultado terrível. Na verdade, pior do que terrível. Para nosso choque e horror, tivemos mais de 90% de taxa de *churn*[10], ou seja, as pessoas tentavam usar o app, apenas para desistir em seguida.

No negócio de serviços ao consumidor, como já mencionei, a retenção constitui o *único* indicador de adequação do produto ao mercado. Se os usuários voltam, está criando-se valor. Portanto, inviabiliza-se a construção de uma empresa quando a retenção for ruim.

O Waze tentou inúmeras formas de triagem. Capacitamos editores de mapas comunitários nos Estados Unidos, como havíamos feito em Israel, inclusive contratamos nossos próprios funcionários de edição de mapas, que revisavam manualmente as rotas por onde as pessoas dirigiam e as corrigiam todas as noites, para auxiliar os editores de mapas da comunidade. Mudamos o algoritmo do Waze reiteradas vezes.

Houve um período em que queríamos desfazer o ditado de que nunca se tem uma segunda chance de causar uma primeira impressão. Então, assim que a comunidade ou nossa equipe de mapa ratificasse um problema, geraríamos uma mensagem do aplicativo a todos os usuários que tivessem enfrentado esse problema no mapa. Alguma coisa do tipo: "Sabemos que você fez um percurso ruim ontem, mas o sistema está aprendendo o tempo todo e, ao dirigir usando o aplicativo, ele aprendeu um novo caminho, então vale a pena tentar de novo".

Assim, esperando reconquistar a confiança de nossos usuários, presumimos que, como o Waze visava aos viajantes habituais, se o mapa em direção ao trabalho e então para casa estivesse ok, ganharíamos tempo até que ficasse bom o bastante. Percebemos que o "bom o bastante" incorpora uma perspectiva individual: o seu e o meu podem não ser iguais.

---

10. *Churn* refere-se a uma métrica que indica a taxa de cancelamento de clientes em determinado período. (N.T.)

Apaixone-se pelo problema, não pela solução

Nosso objetivo era reengajar o usuário de tal modo que ele nos oferecesse outra chance. Pense nisso: você usou o Waze, se deparou com um péssimo percurso, então acabou dirigindo por seu trajeto regular. No dia seguinte, já *conhecíamos* esse caminho, e tínhamos a sensação de que o app estava se aprimorando. Sem os usuários saberem disso, eles não nos dariam a segunda chance de que precisávamos tão desesperadamente.

A cada duas ou três semanas, lançávamos uma nova versão, tentando torná-la ainda melhor. Vez ou outra, fazíamos uma real descoberta. Em algumas dessas novas versões, dávamos um passinho à frente, em outras, retrocedíamos. Mas, independentemente do caminho, sempre falávamos com os motoristas.

Aí está um dos elementos-chave mais importantes para o sucesso, e vou enfatizá-lo mais uma vez: ouça os usuários/clientes, em especial na fase de adequação do produto ao mercado, e tente entender o que *não funciona* para eles. O feedback do usuário é a única coisa que permite a você se movimentar mais rápido, a única coisa que importa. Mesmo que consigamos medidas muito boas de nosso sistema, se não falarmos com os usuários, podemos até descobrir "o quê", mas não o "por quê". E para alcançar o "bom o bastante", é necessário que se compreenda o "por quê".

Foi o que fizemos. Quando percebemos que as coisas não funcionavam, logo conversamos com os usuários do aplicativo. Eles nos disseram o que não havia funcionado, então, a versão seguinte visava à correção desses problemas. A cada nova empreitada, sabíamos, com 100% de convicção, que a nova versão daria o salto... mas isso *não acontecia*. O caminho era o mesmo: no processo seguinte, ouvíamos os motoristas usuários e entrávamos em outra iteração, mais uma vez munidos da mesma convicção e determinação, e depois tudo de novo e de novo.

Claro que, se soubéssemos qual das mudanças obrigaria o sapo metafórico a saltar para o nível seguinte, nós as teríamos implementado logo no início. Mas não sabíamos. Todas as vezes que pensávamos que sabíamos, descobríamos que não. Com o tempo, o sistema melhorou, novos usuários se inscreveram, e ficou ainda melhor. Passada uma longa jornada de fracassos, iteração após iteração, enfim o Waze decolou.

Conclusão mais relevante: criar uma startup é uma "jornada de fracassos". Você tenta uma abordagem – seja um novo recurso do produto, seja um teste do modelo de preços, seja uma decisão relativa a escalar em um novo território –, vem o fracasso, você caminha para a ideia seguinte até acertar, e aí não muda mais nada.

Quase todo o ano de 2010 foi marcado por iterações, até enfim alcançarmos com o Waze o nível "bom o bastante" nos Estados Unidos e na Europa. A magia aconteceu em uma área metropolitana de cada vez – primeiro em Los Angeles; depois São Francisco, Washington, D. C., Atlanta, nas cidades de Nova York e Chicago. Na Europa, a mesma coisa: primeiro a Itália, seguida pela Holanda, França, Suécia e Espanha.

COMO CONSTRUÍMOS O WAZE

Em 2007, quando começamos a criar o Waze, a primeira versão do aplicativo rodava em um PDA [*personal digital assistants*/assistente pessoal digital]. Você se lembra deles. Não? Bem, muitos anos atrás, existiam dinossauros, depois PDAs, telefones Nokia, e hoje iPhones e dispositivos Android.

Agora, "muitos anos atrás" é pouco mais de uma década. Imagine uma máquina do tempo em que o levarei comigo de volta a 2007. Claro, isso significa que eu teria que deixar para trás iPhone, Facebook, Messenger, WhatsApp, Uber, Netflix e, óbvio, Waze. Você sobreviveria?

Apaixone-se pelo problema, não pela solução

Fantástico quando pensamos nisto: dispositivos e aplicativos que usamos diariamente surgiram há apenas uma ou duas décadas.

Se você usasse aquela máquina do tempo e voltasse àquele período pré-histórico antes do Waze, e eu lhe contasse o que estava prestes a criar, é bem provável que você me dissesse: "Essa coisa nunca vai funcionar". Isso se fosse educado. Caso contrário, poderia dizer algo mais extremo, do tipo: "Esta é a ideia mais estúpida que já ouvi!". Mudanças dramáticas são realmente dramáticas, portanto, a primeira reação é sempre a mesma. Na verdade, foi *exatamente* isso que ouvi ao tentar levantar capital para o Waze.

Pense nas principais empresas do mundo atual, por exemplo, Google, Amazon, Tesla, Facebook, Netflix e tantas outras. Há dez ou vinte anos, a maioria eram apenas startups. Quanta coisa mudou na última década, e a próxima será ainda mais dramática.

Na era pré-Waze, os mundos de navegação e mapeamento eram dissociados. De um lado, havia as empresas que faziam mapas, como a Navteq, nos Estados Unidos, e a Tele Atlas, sediada na Holanda, que se concentrava principalmente na Europa. Naquela época, o processo de criação de um mapa envolvia o uso de veículos de pesquisa dedicados e uma armada de cartógrafos profissionais remunerados, responsáveis por gerar as versões digitais com ferramentas de cartografia de criação de mapas.

Havia dispositivos de navegação como TomTom e Garmin, que permitiam que ela ocorresse passo a passo (usando os mapas mencionados). Também havia empresas de visualização de mapas, como Yahoo, Google e MapQuest, que possibilitavam às pessoas verem e pesquisarem um mapa em busca de direções, mas sem navegação em tempo real. E havia empresas de informações de tráfego, como Traffic.com e Inrix, que coletavam dados de frotas para codificar o mapa com cores (em geral, vermelho, amarelo e verde) e desse modo destacar a ocorrência ou não de tráfego.

E, finalmente, também havia alguns aplicativos móveis – Telmap, Telenav e Networks in Motion –, que permitiam às operadoras de telefonia móvel oferecer a funcionalidade de navegação aos assinantes mediante a cobrança de uma taxa. A AT&T usou a Telenav; a Verizon, a Network in Motion; e a Pelephone, de Israel, fez parceria com a Telmap.

O Waze se destacou como a primeira empresa que combinava todas essas funções em um único produto. E ainda com uma vantagem importante: o mesmo aplicativo e servidor é usado para coletar dados, processá-los, implantá-los e apresentá-los ao usuário. Como o ciclo de feedback ocorre em tempo real, conseguimos nos aperfeiçoar e nos mover de modo muito mais rápido do que nossos concorrentes.

Ehud Shabtai, que se tornaria CTO [gerente de tecnologia] do Waze (já conhecido por nós no Capítulo 1), estava trabalhando em seu aplicativo de navegação e cartografia FreeMap, quando me uni a ele e a seu sócio, Amir Shinar, em 2007.

A história toda começou quando Ehud ganhou de presente de aniversário um PDA que vinha com um software de navegação de uma empresa chamada Destinator Technologies. Isso o ajudou a chegar a lugares que, de outro modo, ele nem mesmo teria ideia de como alcançar. Ehud é um inovador, portanto, não surpreende que tenha se viciado rapidamente no novo brinquedo. No Destinator, havia um SDK (kit de desenvolvimento de software) que permitia aos programadores acrescentar com facilidade funcionalidades ao aplicativo básico. Ehud, um talentoso engenheiro de software, decidiu acrescentar a capacidade de emitir relatos sobre os locais dos radares de velocidade.

Então, enviou uma mensagem para um popular fórum online – Pocket PC Freaks – destinado a usuários de PDA: "Se você tem um PDA com o aplicativo Destinator, faça o download do meu *add-on*, re-

Apaixone-se pelo problema, não pela solução

late quaisquer radares de velocidade que vir e eu lhe enviarei um arquivo atualizado com todos os outros radares de velocidade relatados pelos usuários".

Algumas centenas de pessoas baixaram a extensão do aplicativo, e mãos à obra! Transcorridas apenas algumas semanas, cada câmera de velocidade em Israel já estava registrada no banco de dados. Ehud demonstrou que se poderia acionar o *crowdsourcing* na criação de dados de navegação, e daí veio o conceito de *crowdsourcing* que o Waze acabaria usando.

A fase seguinte do progresso ocorreu quando ele se deu conta de que o conteúdo do mapa é rei[11], e que aqueles que o detêm controlam o próprio destino. Na mesma época, ainda percebeu que, assim como a comunidade fizera *crowdsourcing* dos dados da câmera de velocidade, talvez também conseguissem fazer *crowdsourcing* da criação do próprio mapa. Uma ideia mais simples de falar do que de executar. Mas Ehud era inteligente; sentia-se confortável em pensar fora da caixa.

* * *

Ehud criou o FreeMap recorrendo à magia de uma combinação de algumas funcionalidades: o aplicativo de direção, o aplicativo de mapeamento (na verdade, o mesmo) e um servidor de *back-end*[12] para compilar atualizações de mapas (a princípio, todas as noites). E trabalhou escrevendo a maior parte do código sozinho, vez ou outra usando pacotes disponíveis no mercado.

---

11. Em 1996, Bill Gates iniciou o seu famoso artigo *"Content is King"* (Conteúdo é rei) assim: "Conteúdo é o que realmente vai movimentar o dinheiro na internet, assim como foi na televisão". (N.T.)

12. Responsável por garantir o funcionamento do sistema no que se refere a estrutura, segurança e banco de dados, entre outras aplicações. (N.T.)

De forma bastante simplificada, o FreeMap combinava algumas funcionalidades principais:

- aplicativo de direção e coleta de GPS (rodando em um PDA);
- sincronização de dados e criação de mapas (lado do servidor);
- ferramentas de edição de mapa (lado da web e do aplicativo).

Depois que os dados estivessem sincronizados com o servidor, seriam compilados e compartilhados com todos os outros motoristas que haviam sincronizado os próprios dados de direção.

Os mapas de *crowdsourcing* estavam bem distantes de "bons o bastante", mas na verdade impressionavam quanto a uma prova de conceito de que o *crowdsourcing* de um mapa poderia funcionar. E ainda ganhavam uma grande vantagem no que diz respeito aos mapas tradicionais: atualização nas áreas mais relevantes para os usuários. Uma nova interseção poderia aparecer no mapa no dia seguinte. Só mais tarde, quando começamos o Waze, fizemos o mapa de *crowdsourcing* funcionar em um nível bom o bastante.

* * *

Em maio de 2007, quando encontrei Amir e Ehud e eles me explicaram no que estavam trabalhando, logo pensei: "Uau! Apareceu o elo perdido necessário para construir essa ferramenta de comutação em tempo real, como eu já tinha pensado". Em seguida, expus minha teoria sobre tráfego em tempo real. Afinal, o modelo de Ehud estava dois passos à frente do meu, e ele já havia dado alguns saltos ao provar que o modelo funcionava.

A partir de uma pequena base de apenas algumas centenas de usuários, fomos capazes de provar o conceito, o mesmo usado depois

Apaixone-se pelo problema, não pela solução

pelo Waze, ou seja, realmente se consegue criar um mapa e informações de tráfego inteiramente por meio de *crowdsourcing*.

O Waze não era perfeito. Como já mencionei, não estaria nem perto de "bom o bastante" por mais três anos. Mas a coisa estava funcionando, e imaginávamos que, com mais usuários e ferramentas, de fato ficaria bom o bastante.

Nós três começamos a trabalhar. Na época, Ehud e Amir trabalhavam em uma empresa de software chamada XLNet, onde Amir atuava como CEO, e Ehud, como CTO. Sabíamos que deveríamos começar levantando capital, pois, além de muito desenvolvimento, também precisaríamos de uma equipe superpoderosa.

Naquele maio de 2007, decidimos que caberia a Amir e Ehud cuidarem de P&D, e eu gerenciaria a empresa, captação de recursos, estratégia, recrutamento de equipe e por aí vai. A situação exigiu um salto de confiança de todos nós, aliado ao compromisso de trilhar a jornada. Saí de meu emprego, e os dois seguiram o mesmo caminho tão logo levantamos capital. Aquilo foi essencial para o estabelecimento do Waze, que começou basicamente naquele dia.

Algumas semanas depois, decidimos nos aventurar pela jornada de captação de recursos, comigo atuando como CEO. Levantamos capital apenas em março de 2008, quando iniciamos formalmente o caminho do Waze (ainda que não tivesse esse nome na época).

Durante o tempo inicial na "garagem", até recebermos o financiamento, nossos progressos foram meio lentos. Eu tentava levantar capital (construindo a história, o plano de negócios, e correndo em busca de investidores), enquanto Ehud ainda operava o FreeMap e, conforme necessário, realizava alguns aprimoramentos.

Nos encontrávamos com bastante frequência, às vezes nos escritórios da XLNet, mas mais ainda na sala de estar de minha mãe. Meu pai falecera alguns meses antes; ela se sentia muito solitária, e a casa estava bem vazia. Então, transformamos o espaço em nosso local de reuniões, o que se revelou um bom lugar para uma startup. Não só foi perfeito para nós, mas também funcionou como um significativo apoio ao momento de dor de minha mãe (e ela ainda nos oferecia comida e petiscos ao longo do dia!).

No verão de 2007, iniciamos nossa jornada de captação de recursos. Na primavera do ano seguinte, já havíamos conseguido doze milhões de dólares, mas, claro, depois de outra jornada de fracassos (falamos mais sobre isso no Capítulo 5). Não parece uma grande quantia hoje, mas foi bem robusta em 2008 em Israel.

A IMPORTÂNCIA DO FRACASSO

Fracassar não só é normal, como também é *fundamental* – aí está a coisa mais importante para se entender sobre a criação de uma startup: ao aceitá-lo, maximiza-se a probabilidade de ser bem-sucedido.

O mais importante é a rapidez da recuperação, isto é, a celeridade com que se restabelece. Caso se esteja operando sob o medo do fracasso, a coisa vai desandar.

O superastro do basquete Michael Jordan uma vez brincou: "Tenho uma história repleta de falhas e fracassos em minha vida. E é exatamente por isso que sou um sucesso".

O jogador canadense de hóquei no gelo Wayne Gretzky fez uma observação semelhante: "Você erra 100% das tacadas que não dá".

O ponto central é este: você está tentando criar algo novo que ninguém fez antes e, embora pense que sabe exatamente o que está fazendo, *não* sabe. Portanto, tente de novo, de novo e de novo, até encontrar a única coisa que funciona.

A compreensão de que você está em uma jornada de fracassos é talvez o elemento mais importante, pois o ajudará a se preparar para a vida

Apaixone-se pelo problema, não pela solução

em uma startup. Se acredita que simplesmente pode criá-la e ela funcionará, está bem errado! Serão necessárias dezenas de revisões até que o produto se torne bom o bastante, inúmeros experimentos até acertar, e só depois disso você vai passar para a próxima parte da jornada.

Se vez ou outra você disser a si mesmo "Eu deveria ter feito isso de maneira diferente", aí está o melhor momento para fazê-lo. Se disser "Da próxima vez…", adivinhe só: a próxima vez é agora! HOJE É O PRIMEIRO DIA DO RESTO DA SUA VIDA. Talvez um lugar--comum, mas ainda assim verdadeiro para a sua vida particular e ainda mais para a jornada em uma startup.

* * *

Vejo-me como mentor de muita gente – a maioria dos meus CEOs, meus filhos e, às vezes, outras pessoas –, e há uma boa razão para isso: eu gosto. Talvez meu traço de personalidade mais importante esteja no empreendedorismo, mas o segundo, e bem próximo do primeiro, é o de professor. Gosto de ensinar e, portanto, de aconselhar. Essa combinação é bastante singular, mas me sinto igualmente recompensado se estou elaborando coisas sozinho ou orientando outra pessoa a construí-las.

Aliás, um dos principais motivos para escrever este livro é este: tentar ajudar mais empreendedores a conquistarem o sucesso, e me sinto recompensado quando crio valor para os outros. Embora, em geral, a maior parte das minhas orientações seja sobre vida profissional, por um instante quero que pense em um bem para sua vida pessoal: faça alguma coisa que você ama. Assim, ficará feliz. Caso contrário, chegou a hora de mudar! Você não merece ser infeliz, e, se continuar fazendo coisas de que não gosta, será.

Caso diga a si "Da próxima vez, vou fazer diferente", transforme esse "da próxima vez" em *já*. E isso vale para relacionamentos, criação dos filhos, trabalho, estudos ou um hobby. Se reconhece que alguma coisa precisa ser mudada, que seja *hoje*. É impossível mudarmos o passado, mas somos capazes de promover mudanças hoje que impactarão nosso futuro.

Ensinar tolerância ao fracasso é importante não apenas em uma startup. Se você tem filhos, incentive-os a vivenciar experiências diferentes, ajudando-os a desenvolver autoconfiança. Fracasso e recuperação constituem lições importantes na parentalidade.

REFUNDIT: RECOMECE DO ZERO

Eis aqui uma história sobre fracassar bem rápido e recomeçar uma empresa inteira do zero.

Fundei a Refundit, empresa cujo objetivo é ajudar turistas que visitam a Europa a reivindicar restituições de impostos por meio digital, *duas vezes*. Sem dúvida, um exemplo de uma jornada de fracassos!

Eu trabalhava com uma equipe de empreendedores no Programa Zell de Empreendedorismo da ID. C. Herzliya, uma prestigiosa universidade particular no centro de Israel.

Para mim, o programa Zell representa uma autêntica oficina de startups, e originou a Pontera (anteriormente FeeX), o FairFly, o Engie e a Fibo. O curso dura um ano letivo, aliado aos requisitos curriculares padrão do aluno. Vinte ou mais dos melhores estudantes são selecionados para aprender sobre como criar uma startup. Durante o período acadêmico, eles formam uma equipe e lançam uma empresa.

Terminado o ano, verificamos se estão dispostos a se comprometer, e determinamos não apenas do que estão abrindo mão ao entrar na jornada de criação de uma startup, mas também se a paixão que demonstram por resolver o problema é maior do que o custo alternativo.

Para a Refundit, a primeira tentativa ocorreu durante o Programa Zell, quando percebemos que a jornada se estenderia para além

Apaixone-se pelo problema, não pela solução

do normal, em razão de nossa dependência dos governos europeus na aprovação de um novo método para processar restituições de impostos totalmente digitais. A percepção de um tempo mais longo ergueu uma barreira muito maior (o custo alternativo de repente ficou bastante considerável) e, portanto, a equipe desistiu da ideia na época. Deixei o problema para lá por dois anos, quando me aventurei em uma nova tentativa depois de chamar a atenção do meu amigo Ziv Tirosh.

Ziv dirigia uma empresa bioagrícola – fabricante de pesticidas ecológicos – recém-adquirida por uma companhia chinesa. Ele nada sabia sobre reembolso de impostos. Na verdade, nunca nem mesmo tentara reivindicar seu IVA [*sales tax*, ou taxa de vendas] antes.

– Eu nem sabia que a gente podia fazer isso – disse ele.

– Vá conversar com alguns viajantes da Europa e conheça um pouco da coisa – sugeri.

Ele me procurou uma semana depois.

– Conversei com dezenas de pessoas – afirmou. – Você não acreditaria nas histórias terríveis que elas contaram.

– Confie em mim; acredito em tudo isso! – retruquei.

Ziv então voou para a Bélgica, onde comprou uma bicicleta ergométrica em uma lojinha e tentou reivindicar a restituição do imposto. O resultado? Frustração compartilhada com a minha. E aí surgiu a ferramenta para Ziv se engajar na questão. Pouco depois, recomeçamos a Refundit pela segunda vez, e ele se tornou o CEO.

Por que reiniciei a Refundit? Porque ali está um GRANDE problema para resolver. Noventa por cento das pessoas não obtêm reembolso isento de impostos e não reivindicam um total de quase trinta bilhões de euros só na Europa, para não falar da frustração e sensação de impotência de muitos turistas. Sob a liderança de Ziv, a Refundit está agora no caminho certo para impactar e se tornar bem-sucedida.

Dov Moran, um dos grandes empresários israelenses, inventou o pendrive e, depois, iniciou, financiou e se envolveu com muitas startups. Uma não alcançou sucesso. Uau! Em uma de minhas reuniões com ele, perguntei-lhe: "Como você sabe que chegou a hora de desistir?". Ele pensou por um segundo e então me respondeu: "Nunca. Empreendedores nunca desistem". Acho certo, mas acrescentaria outro ponto de vista: se o problema desaparecer, desista. Se a equipe não estiver certa e você não conseguir mudá-la, desista e recomece. O problema que a Refundit se propôs a resolver ainda estava lá, era GRANDE, e Ziv tinha a equipe certa.

FRACASSO NÃO É MEDALHA DE VERGONHA

Vou começar contando uma história sobre um CEO de sucesso que odiava estar sob os holofotes da imprensa. Um dia, ele concordou em dar uma entrevista e, depois de um pouco de conversa fiada, o repórter perguntou:

– Como virou um CEO tão bem-sucedido?

A resposta:

– Duas palavras: decisões corretas.

E aí veio imediatamente a próxima pergunta:

– Tudo bem, mas como você sabe tomar as decisões corretas?

O CEO respondeu com ainda mais concisão:

– Uma palavra: experiência.

E então a pergunta final:

– Então, como você conquista essa experiência?

O CEO também tinha uma resposta pronta:

– Duas palavras: decisões erradas.

Agora, por que a relevância dessa questão? Porque o medo do fracasso costuma limitar nossa capacidade de tomar decisões, razão pela qual é fundamental não o temer.

Apaixone-se pelo problema, não pela solução

O fracasso não é uma medalha de vergonha no mundo da tecnologia. Na verdade, vale o oposto: na segunda vez, um empreendedor tem uma probabilidade bem maior de sucesso, independentemente do que aconteceu na primeira; portanto, a experiência é o mérito que maximiza a probabilidade.

* * *

Experiência é o elemento-chave. Portanto, não me importo muito com o fracasso. Importo-me com o que se aprendeu!

Experiência e fracasso impactam a empresa como um todo. Os algoritmos do Waze funcionam porque consideram dois anos de falha em cada linha de código. Qual o significado disso? Uma das razões do sucesso do Waze é nossa capacidade de detectar congestionamentos mais rápido do que qualquer outro. Costumo dizer às pessoas que, como coletamos os dados de rastreamento do GPS em tempo real, mostramos a diferença entre um veículo parado no trânsito e outro parado em uma loja 7-Eleven. E, portanto, detectamos congestionamentos com base em um único veículo.

Mas, na realidade, foi extremamente complexo o desenvolvimento desse recurso (detecção de congestionamentos com base em um único veículo). Tentamos de inúmeras maneiras, e não funcionava.

Também tentamos observar a diferença de rastreamento (entrar em um posto de gasolina *versus* ficar preso no trânsito), e não funcionou. Queríamos que apontasse os pontos de congestionamentos, mas não deu certo.

Calculamos a média de alguns veículos, mas também não funcionou, e mais, perdíamos dessa forma o elemento determinante de "veículo único".

Tentamos perguntar aos motoristas se eles estavam parados no trânsito, o que foi de fato útil, mas não o bastante.

Buscamos normalizar os dados, também em vão.

Tentamos usar outros dados como suporte da decisão; outro fracasso.

Até que, finalmente, uma combinação de todas as coisas que não funcionaram nos permitiu avançar. Uma jornada de fracassos permite a você determinar o rumo a seguir quando percebe *o que* não funciona e, sobretudo, *por que não funciona.*

Startups que vivenciaram um caminho de fracassos e conduziram muitos experimentos por um longo período de tempo entendem por que estão fazendo as coisas de determinado jeito.

STARTUPS QUE NÃO DESCOBREM A ADEQUAÇÃO DO PRODUTO AO MERCADO SIMPLESMENTE MORREM

Nunca se ouviu falar de uma startup que não descobriu a adequação do produto ao mercado, porque elas morrem de forma imperceptível. Algumas podem até pensar que a descobriram, mas não o fizeram. Lembre-se, há apenas uma métrica para você determinar se atingiu seu PMF: RETENÇÃO. Todo o resto – clientes dispostos a pagar e parcerias com terceiros – é ótimo, mas, caso os clientes não fiquem com você e não sigam usando seu produto, você não criou valor para eles e a empreitada vai morrer.

Empresas fortes lançam produtos e os encerram o tempo todo. O Google é famoso nesse sentido: Google+, Hire by Google, Google Hangouts, Picasa, Google TV, Google Reader e Google Wave. Eles sempre realizam experimentos e tomam decisões baseadas nos dados.

Descobrir a adequação produto/mercado é difícil. Talvez seja mais fácil para empresas já estabelecidas, como o Google, que dispõem de mais tempo, mais recursos e acesso ao mercado, conseguindo, então, estender sua jornada. Além disso, para a equipe empenhada em tentar coisas novas em uma grande empresa, o preço do fracasso é mínimo, por isso a frase clássica costuma ser: "Ei, eu ainda tenho um emprego no Google" (ou em qualquer outra empresa).

No entanto, as startups que não descobrem a adequação do produto ao mercado simplesmente evaporam. Só depois de descobrir o PMF você estará na *runway*,[13] ou na pista para decolagem (antes, ficará apenas taxiando, principalmente no solo).

Existem quatro elementos que maximizam a probabilidade de obter a adequação do produto ao mercado:

- Fracassar rápido para conquistar mais tempo/*runway* para mais experimentos.
- Ouvir os usuários.
- Focar-se no problema.
- Tomar decisões difíceis, se necessário.

LANÇAR UM PRODUTO ANTES QUE ESTEJA PRONTO

Sempre conheço gente que está criando um produto. Muitas vezes, tais pessoas me dizem que seu aplicativo ou software estará pronto em seis meses. Eu retruco: "Você está totalmente errado. Lance seu produto hoje, mesmo que não esteja pronto, porque assim aprenderá muito mais rápido". Só aprendemos quando temos usuários e feedbacks verdadeiros.

---

13. Aqui se faz uma analogia: *runway*, a pista de pouso e decolagem, é a área de que o avião dispõe e da qual necessita para ganhar velocidade e conseguir decolar sozinho; em uma empresa, o termo significa o tempo que ela tem para começar a gerar sobra de caixa. (N.T.)

Ao usarmos o feedback logo na etapa inicial, acabamos desenvolvendo uma abordagem muito diferente, um caminho com certeza muito mais eficaz do que criar o produto para autossatisfação e só depois buscar o feedback. Com o produto "pronto", relutamos mais em promover alterações.

Também é possível que, caso tenhamos investido pesado no produto, nos apaixonemos pela solução. Errado! Apaixonar-se pela solução implica perder a prática de ouvir os usuários, e ouvi-los é o único jeito de progredir na jornada rumo à adequação produto/mercado.

Na verdade, o melhor momento para lançar um produto é aquele em que se fica constrangido com a qualidade dele. Sim, o produto tem de ser tão ruim que o feedback vai deixá-lo depressivo. Mas lembre-se, você aprenderá mais rápido. Fará circuitos mais curtos, mesmo no começo.

Talvez você, muito preocupado com a questão, diga: "Mas se eu lançar um produto medíocre, vou perder usuários!".

A minha resposta: "Quais usuários? Você ainda nem tem!". Portanto, não há problema em decepcionar usuários inexistentes.

Quando você enfim descobrir a adequação produto/mercado, depois de muitos experimentos, os usuários surgirão. E se não descobrir, bem, pouco importa.

A função dos primeiros usuários é norteá-lo. Eles lhe mostrarão aonde ir com o produto (e aonde não ir). Se estão desapontados, aos gritos ou agitados, sem problema. O papel que cabe a eles é tão somente apontar a direção certa.

Quando o seu produto finalmente se tornar bom o bastante, os usuários nem mesmo se lembrarão do descontentamento.

Outro dia, um empresário me abordou; ele tentava construir um site dedicado à vizinhança para compartilhar cortadores de grama, furadeiras elétricas e coisas do gênero.

Apaixone-se pelo problema, não pela solução

– Vamos construir todo o sistema usando inteligência artificial – reverberou o sujeito.

– Pode parar por aí – afirmei. – Seria melhor começar uma coisa pequena e se mexer rápido. Por enquanto, crie um grupo de WhatsApp para troca de produtos e preste atenção no feedback. Você não precisa desenvolver um servidor *back-end* completo e fazer toda a IA sozinho por ora. Somente depois de receber o feedback deve começar a criar o produto.

O pessoal envolvido me ouviu e começou um grupo no Facebook e no WhatsApp para emprestar/trocar itens na cidade natal. Acabaram sem sucesso, pois havia uma suposição subjacente que se mostrou incorreta: os criadores presumiram que precisavam de massa crítica, isto é, de pessoas próximas dispostas a compartilhar.

Nem está aí o fato mais importante. Na verdade, as pessoas relutavam em compartilhar objetos usados com frequência, e nem sequer havia demanda suficiente para aqueles usados com pouca frequência, ou então eram muito caros para serem compartilhados (havia um pedido de uma moto aquática Sea-Doo, e ninguém se dispunha a trocá-la).

O resultado foi este: mesmo sem criar um sistema de IA para demonstrar coisa alguma, eles conseguiram descobrir aquilo de que precisavam... e muito mais rápido (em semanas, e não anos). Ouvir os clientes acaba sendo o *único* jeito de progredir.

Certa vez, ouvi uma história sobre o começo da Dell, que não era diferente da maioria das empresas de computadores. Em uma das primeiras reuniões do fabricante, o CEO, Michael Dell, perguntou à sua equipe:

– O que vamos fazer nesta empresa?

Um dos sujeitos escreveu no quadro branco: "Vamos fazer duas coisas: 1) Construir computadores e 2) Vender computadores".

Michael caminhou até o quadro, olhou-o por um tempo e, então, simplesmente inverteu a ordem de apresentação.

– Ainda vamos fazer duas coisas – disse ele. – Primeiro, venderemos computadores; depois os fabricaremos.

Quando se tem no *mindset* fracassar rapidamente, toda ideia é uma hipótese que precisa de validação.

Na verdade, quando você pensa em um problema que gostaria de resolver, como primeiro passo valide se ele é comum e se você compreende a percepção que *outras pessoas* têm dele (usuários ou clientes em potencial), assim desconsiderando a "amostra de uma única visão".

Portanto, em vez de começar a construir seu software, simule-o no início. Dê um *back-end* manual para que possa testar a proposta de valor e o feedback dos usuários antes de investir muito capital.

Quando lançamos o Mego, aplicativo que ajuda a eliminar a fila do correio para receber uma encomenda, demos o maior golpe: não desenvolvemos nada. Nem uma única linha de código. Nada de aplicativo, nada de servidor de *back-end*, nada de infraestrutura.

Em vez de criarmos um aplicativo para escanear a nota recebida dos correios e o documento do cliente, fizemos um grupo de WhatsApp e o divulgamos no Facebook. Caso a pessoa precisasse de alguma coisa nesse sentido, ela entraria em contato conosco no WhatsApp. Fazíamos tudo manualmente, o que nos permitia avaliar a demanda do mercado com antecedência e rapidez.

Resumindo a essência do aplicativo, o usuário nunca saberia que alguém estava lendo os detalhes e agendando manualmente uma coleta, no lugar de um software automatizado. E sejamos francos: o pessoal pouco se importa.

Quando começamos a FeeX (em 2022 chamada Pontera), o plano era que se fizesse o upload de um documento, e então o software OCR (reconhecimento óptico de caracteres) traduziria a imagem em texto. Para testarmos o conceito, lançamos um site às pressas e fizemos todo

Apaixone-se pelo problema, não pela solução

o OCR de modo manual, isto é, um documento chegava, alguém em nosso escritório o lia e transcrevia o que estava na imagem.

Fizemos a mesma coisa para a Refundit – lemos e digitamos manualmente os dados, muito antes mesmo de avaliarmos o desenvolvimento da eventual funcionalidade de OCR.

Essa abordagem vale para cada parte da jornada – mercado, crescimento, modelo ou desenvolvimento de negócios. Embora a maioria dos exemplos compartilhados neste capítulo se refira à adequação do produto ao mercado, a ideia se expande para qualquer parte da jornada.

Quando alguém cria sua estratégia *go-to-market* [GTM], ou seu plano de atrair usuários, geralmente vejo alguns pontos em comum: "Vamos fazer relações públicas", "Vamos anunciar no Google", "Vamos usar o Facebook para atingir nosso público-alvo, pois sabemos que é composto por mulheres de trinta a quarenta anos formadas em X ou Y".

Acho de verdade que todas essas ideias são muito legais na condução de experimentos que valem a pena, no entanto, assim que se descobre que não funcionam, são necessárias mais ideias alinhadas para o caminho de tentativas. O mesmo ocorre no desenvolvimento de negócios: se você acha que, por meio dele, vai atrair muitos clientes (ou usuários), precisará experimentar muitas ideias (e muito mais do que pensa) até encontrar aquela que de fato funciona.

Com o Moovit, ao procurarmos um parceiro de desenvolvimento comercial para promover o aplicativo, pensamos que o melhor seriam as próprias operadoras de ônibus. Já tínhamos visto esse processo de boca a boca e o trabalho de captação de usuários pagos, mas buscávamos outros mecanismos de crescimento.

Por fim, fechamos um acordo com a operadora de ônibus Metropoline, em Israel, que adesivou cada assento de todos os veículos de suas frotas. Às nove da manhã, os adesivos foram "ativados", e então liguei para nosso gerente de operações.

– O que aconteceu? Algum aumento nos usuários?

– Até agora, nada – respondeu. – Vamos dar um tempo de algumas semanas.

– Não – retruquei. – Se nada aconteceu hoje, então não tem nada lá. Vamos ver de imediato uma mudança. Não precisamos esperar. Se a coisa não está funcionando, e pouco importa todo o nosso trabalho ou a complexidade da criação, é hora de deixá-la de escanteio.

Isso parece muito diferente do experimento de adequação produto/mercado, mas é mesmo? Isso ainda é sobre fracassar rápido; entender que os resultados provavelmente serão óbvios, mesmo que se tenha investido muito esforço. Portanto, seja uma nova versão de um aplicativo, seja uma nova campanha, a mensagem mais importante envolve estar sempre pronto para o próximo experimento.

Fazer experimentos implica um gostinho de cada parte da jornada de fracassos. Teste se suas suposições subjacentes estão corretas. Colete informações antes de se comprometer com a codificação, o que talvez elimine um ano inteiro de desenvolvimento da jornada. Se levantou dinheiro ou ainda está procurando, isso não é uma vantagem insubstancial.

ROADMAP: FRACASSAR RÁPIDO!

Depois de aceitar que o fracasso é normal, inevitável e, na verdade, precisa ser buscado, o melhor jeito de maximizar essa realidade está em *fracassar rápido*, retomar as rédeas da situação e partir para uma nova tentativa. Essa é a única maneira de fomentar o número total de iterações e, portanto, a probabilidade de sucesso.

Roadmap significa uma lista de experimentos até que se encontre a única coisa que de fato funciona.

Apaixone-se pelo problema, não pela solução

O plano *go-to-market*, o plano de conquista de usuários e a visão de se tornar global se resumem a meros experimentos até que se acerte cada um.

Assim, caso você esteja considerando vinte recursos diferentes, precisará executar vinte experimentos diferentes. E adivinhe: vai parar tão logo uma coisa funcione.

A maioria dos empreendedores pensa que seu produto ou aplicativo precisará de muitos recursos. Ocorre o contrário: quanto mais recursos se acrescentam, mais complexidade se cria.

O MAIOR INIMIGO DO "BOM O BASTANTE" É O "PERFEITO"

Quanto tempo você deve reservar para sua jornada de fracassos? Anos! Não por estar fazendo alguma coisa errada, mas por dois elementos transformarem uma startup em sucesso: pura sorte e acerto nos experimentos. Se você acertar logo na primeira tentativa, conseguirá seguir mais rápido. E a sorte sempre ajuda.

Voltaire escreveu: "O ótimo é inimigo do bom".

Eu modificaria um pouco a frase, levando em conta o universo das startups: "O maior inimigo de 'bom o bastante' é o 'perfeito'". Bom o bastante em geral basta para conquistar um mercado.

Presuma por um instante que existe no mercado um produto bom o bastante medido pela retenção, e isso significa que as pessoas o estão usando e voltando. Agora você está criando um produto melhor, perfeito, e tem como maior desafio convencê-las a mudar. A maioria não vai, pois o que têm hoje é bom o bastante.

Todos na empresa devem se nortear pelo *mindset* agilidade, não apenas a equipe de P&D ou de desenvolvimento de produtos.

Sempre precisamos tentar o novo e, ao mesmo tempo, estar prontos para o fracasso, o que vale para indivíduos e também para organizações. A característica mais relevante de um empreendedor é bem simples: "Vamos tentar e ver se a coisa funciona".

MEDO DO FRACASSO NO ASPECTO SOCIAL

O medo do fracasso muitas vezes tem raízes culturais. Em alguns países, ele não é aceito, e, como resultado, existem menos empreendedores per capita do que em outros países.

Por exemplo, em Israel, onde se aceita o fracasso, há cerca de uma startup para cada 1.400 pessoas, enquanto na Europa há uma startup para cada vinte mil pessoas. No Vale do Silício, o medo do fracasso é mínimo, e, como consequência, existem mais empreendedores per capita.

Em uma cultura norteada pelo medo do fracasso, menos pessoas se dispõem a tentar; a situação se inverte em um local onde o medo do fracasso é pouco e, portanto, mais pessoas estão dispostas a tentar. Aqui está a simplicidade da equação: um indivíduo vai escolher o caminho do empreendedorismo se a paixão for mais intensa do que a combinação entre medo do fracasso e custo alternativo.

Cresci em um lar em que, quando eu vinha com uma ideia, mesmo maluca, contada ao meu pai, ele dizia: "Por que não tenta?". Se não funcionasse, a reação aparecia desprovida de qualquer julgamento: "O que aprendemos?". Crescer em um ambiente desse tipo minimizou meu medo de fracassar, mas havia algo mais que isso.

Imagine que você simplesmente tente mais coisas e, se elas não derem certo, tente outras. Com certeza, isso ajudou bastante a construir minha autoconfiança e habilidade para acreditar em mim mesmo. Portanto, faça certo e nunca se esqueça: sem julgamento.

Obviamente, só esse elemento não cria um empreendedor. É necessário mais: curiosidade, inteligência, atitude de não assumir nada como garantido e, muito provavelmente, personalidade encrenqueira (os

Apaixone-se pelo problema, não pela solução

professores do ensino médio me odiavam; o número de vezes que me expulsaram da aula perde apenas para o número de aulas que eu matei).

Lembre mais uma vez: caso tenha medo do fracasso, então, ele já ocorreu, pois você não vai trilhar essa jornada. Não importa se está criando uma startup ou dedicando-se a algo que lhe causa medo.

Palestro em muitas conferências e eventos, alguns dirigidos a empreendedores. Em três ou quatro casos diferentes na América Latina, me perguntaram: "O que faremos para nos tornar como Israel, a 'nação das startups', com tantas delas per capita?".

O "o que fazer" é bastante simples, mas começa com a percepção de que tudo levará uma ou duas décadas, e ainda exigirá perseverança nas decisões e na ação. Afinal, você está diante de uma mudança cultural sistêmica para minimizar o medo do fracasso, e o processo vai demandar uma campanha pública, regulatória e social que estimule os empreendedores.

Aqui estão alguns aspectos importantes para essa campanha:

- Criar a regulamentação necessária para os empreendedores. Se um americano investe na minha startup em Tel Aviv, inexistem impostos para os investidores em Israel. Mas, se o investidor colocar o seu dinheiro em uma startup brasileira, ele precisará pagar impostos no Brasil. Poderia ser ainda pior: o investidor corre o risco de ser responsabilizado em caso de falha.
- Promover na mídia o estímulo ao empreendedorismo. A mensagem deve ser que empreendedores são verdadeiros *heróis*, na medida em que tentam mudar o mundo. O ponto central não envolve quem é bem-sucedido, mas quem tenta.
- Organizar programas de mentoria para orientar os empreendedores.

- Criar um fundo estadual/governamental/público para apoiar os empreendedores. Por exemplo: adequar o investimento em dólares para novas startups, de modo que, se conseguirem levantar capital, o governo equiparará isso e, como resultado, tornará o ecossistema mais lucrativo para os investidores.
- Estimular mais pessoas a se tornarem engenheiros, incluindo aí jovens. Permitir que imigrantes engenheiros comecem a trabalhar em empresas tecnológicas locais.

Lembre-se da equação: *um indivíduo vai escolher o caminho do empreendedorismo se a paixão for mais intensa do que a combinação entre medo do fracasso e custo alternativo.*

Startups são um organismo totalmente diferente de empresas já estabelecidas ou de organizações governamentais quando se fala em fracasso. Nas governamentais, por exemplo, ninguém vai demiti-lo se não promover mudanças. Pelo contrário, caso tente alguma coisa nova e falhe, aí, sim, poderá ser demitido.

Empreendedores, por outro lado, intentam cada novo esforço com o mesmo entusiasmo, com o "conhecimento" e a crença de que agora vai dar certo. Pouco importa o número de vezes que tenham tentado, sempre estão convictos de que naquele momento a coisa vai funcionar.

Aí está o alimento da jornada de fracassos – a paixão, o entusiasmo e o falso "conhecimento" de que é agora. Essa crença é o elemento--chave da natureza das startups.

E como é possível saber quais experimentos executar e quando? Conforme veremos no próximo capítulo, o pontapé inicial é sempre a determinação da adequação do produto ao mercado. A partir daí, acrescentam-se crescimento, escala e modelo de negócios.

Preparar-se para o fracasso – e que ele venha logo – é o conceito mais importante a ser internalizado enquanto se cria um negócio. Di-

Apaixone-se pelo problema, não pela solução

gamos que apenas 10% das suposições funcionarão, até que, enfim, uma terá êxito, e isso é tudo de que se precisa, isto é, uma mudança de _mindset_.

FRACASSO É UM ACONTECIMENTO, NÃO UMA PESSOA

Suponha por um instante que você planejou uma coisa que não funcionou. Se perguntar "Quem é o responsável?", então está em vias de colocar a culpa em uma pessoa. Essa abordagem nem estimula a jornada de fracassos, nem o incentiva na realização de mais experimentos.

Em vez disso, se perguntasse "O que aconteceu e o que podemos aprender com isso?", criaria um DNA muito diferente para sua empresa.

Perguntar quem é o responsável incorpora no DNA da empresa o medo do fracasso, sinalizando a todos que o cercam que, se você tentar algo novo e falhar, será responsabilizado, e não de um jeito positivo.

Na realidade, o processo deve ser norteado pelo oposto: quem ousa vence!

Caso consiga incorporar no DNA da sua empresa a convicção de que o processo é uma jornada de fracassos, sempre alguém dirá: "Ei, tenho uma nova ideia. Vamos tentar?".

Este é o tipo de comportamento que você busca: você quer encorajar as pessoas a ouvirem até que implementem novas ideias, mesmo se – _especialmente_ se – falharem. O mais importante é alguém decidir tentar algo novo.

CELEBRAR O SUCESSO

Durante uma longa jornada de fracassos, lembre-se sempre de celebrar. Sempre que conquistamos um pequeno sucesso, vamos celebrá-lo! O mesmo para o primeiro funcionário, o primeiro usuário, a primeira versão, o primeiro escritório, o primeiro tudo. Então, celebremos o décimo funcionário, o décimo usuário, o centésimo usuário, mil usuários, e por aí vai.

É ainda mais importante celebrar um grande acontecimento que parece negativo. Por exemplo, uma pessoa o processa por violação de patente, o que significa que alguém se importa com o fato de você estar começando a causar impacto. Não veja a situação apenas como um processo "negativo" de patente; encare-a por outro lado: alguém acha que você está fazendo alguma coisa certo, ou acha que é necessário brecar o ritmo que você vem seguindo.

Outra celebração: se o sistema fracassar e os usuários estiverem esperneando, significa que eles *existem* e que o que você está fazendo é importante.

Melhor ainda é quando as pessoas se aproximam e lhe agradecem pelo que fez por elas. Você sabe que criou valor quando elas reconhecem que foram beneficiadas. Você sabe que criou alguma coisa que está funcionando.

O MOMENTO DO SAFÁRI

É muito importante entender como construir o DNA certo do rápido fracasso em uma startup. Talvez a próxima (e última) história o ajude nesse sentido.

Uma vez, dois israelenses se aventuraram por um safári na África. Se você já fez um safári, sabe que o pessoal costuma passar as noites em um tipo de alojamento que os protege da vida selvagem.

Mas esses dois sujeitos transbordavam confiança. Depois de passarem três anos em unidades de combate no exército, o alojamento lhes parecia pouco interessante. Acomodados em uma cama confortável e protegida, a adrenalina era inexistente. Então, decidiram montar uma barraca e passar a noite fora do alojamento.

Apaixone-se pelo problema, não pela solução

Na madrugada, acordaram com o rugido de um leão. O animal parecia muito próximo, e ambos se deram conta de que a ideia de dormir ao ar livre talvez tivesse sido um enorme erro.

A barraca ficava a apenas algumas centenas de metros do alojamento.

– Vamos correr – disse um dos dois caras.

– Vamos; é uma ótima ideia – retrucou o outro israelense, e logo começou a calçar os tênis.

– Você é maluco? – o primeiro sujeito perguntou. – Acha que consegue escapar daquele leão?

O outro respondeu:

– Não, não, não; quero escapar de você.

Cometer erros rapidamente significa que você é mais rápido que o mercado e que a concorrência, quem quer que ela seja (ou o que quer que seja).

A abordagem "fracassar rápido" não é sobre qual tese ou experimento funcionou. Trata-se, na verdade, de fazer mais experimentos e, como resultado, maximizar a probabilidade de sucesso (ou seja, encontrar aquilo que funciona). Lembre-se das palavras de Albert Einstein (adoro repetir esta citação porque é muito importante): *"Quem nunca errou nunca experimentou nada novo"*.

O outro lado: se você tentar coisas novas, irá falhar. E está tudo bem!

STARTDICAS

- Se tem medo do fracasso, então você já falhou, porque não vai tentar. Está muito preso à sua zona de conforto, e isso vale para indivíduos, organizações e até países.
- Cometa erros com rapidez para aumentar as suas chances de ser bem-sucedido. Quanto mais rápido fracassar, mais experimentos poderá realizar dentro do mesmo orçamento e das mesmas restrições de tempo. A jornada dos fracassos vai durar anos.
- O seu *roadmap*, o plano de marketing, *tudo* se resume a uma série de experimentos que você vai tentando até encontrar a única coisa que funciona. Se não der certo, passe para o próximo.
- Fracasso é um acontecimento, não uma pessoa. Esse é o único jeito de uma organização aceitar o fracasso e incentivar uma recuperação rápida para o experimento seguinte.
- Na segunda vez, um empreendedor tem uma probabilidade bem maior de sucesso. Envolva-se com alguém que já criou uma startup antes como seu guia e mentor.

CAPÍTULO 3

ABRACE A DISRUPÇÃO

Não há chance de o iPhone conquistar uma participação significativa no mercado.

Steve Ballmer, CEO da Microsoft, 2007

E m 2007, o CEO da Microsoft, Steve Ballmer, teve seu primeiro iPhone. No tradicional estilo tempestuoso, criticou o novo produto da Apple, em especial ao compará-lo com o que a Microsoft oferecia. Sobre o iPhone, disse: "Sem chance. É um produto subsidiado de quinhentos dólares. Eles talvez até ganhem muito dinheiro. Mas se olharmos de verdade para o 1,3 bilhão de telefones vendidos, prefiro ter o software [da Microsoft] em 60%, 70% ou 80% deles a ter 2% ou 3%, números que a Apple pode conquistar".

A bravata de Ballmer é típica de quando aparece algo disruptivo: a princípio, descarta-se o produto como irrelevante, até que o mesmo produto devore a fatia de mercado de quem fez pouco caso dele.

Citando outro executivo da Microsoft, o ex-CEO Bill Gates: "Estamos subestimando o futuro distante e superestimando o futuro próximo".

A razão é simples: entre o agora e o futuro distante, acontecerão tantas revoluções que temos dificuldades até mesmo de imaginar. Se pudéssemos, nós mesmos as criaríamos.

A jornada do produto disruptor é sempre a mesma: no início riem dele, depois o ignoram, e então ele vence.

Bem, nem sempre vence, mas, se não tentar, com certeza não conseguirá êxito!

Este capítulo aborda a perspectiva da disrupção – como o mercado mudará se você for bem-sucedido e quão grande será seu impacto. Analisaremos como a disrupção é encarada por um inovador, por uma indústria existente (que não a vê chegando), e o que ela é. O mais importante sobre o assunto é que a disrupção *não* tem a ver com tecnologia, mas com mudança de comportamento e, dessa forma, mudança do equilíbrio do mercado.

No que talvez seja o exemplo mais famoso de rejeição por falta de informação, em 2000 uma novata iniciante chamada Netflix abordou a gigante da indústria de vídeo Blockbuster, na época avaliada em seis bilhões de dólares, que tinha lojas que se espalhavam por todos os cantos, mais do que a Starbucks hoje. A Netflix, por sua vez, com apenas dois anos de existência, estava a caminho de perder 57 milhões de dólares apenas naquele ano.

Reed Hastings, CEO da Netflix, fez uma oferta com a certeza de que o chefe da Blockbuster, John Antioco, não recusaria: comprar a empresa por cinquenta milhões de dólares. A equipe da Netflix desenvolveria e administraria a Blockbuster.com como o braço de locação de vídeo online da empresa. Antioco disse não e declarou com confiança: "A Netflix é um negócio de nicho muito pequeno". Em uma reunião de gerenciamento interno da Blockbuster, a equipe encerrou a discussão com as palavras: "Tudo o que eles podem fazer, faremos ainda melhor". O resto, como dizem, é história.

A Netflix entrou na Bolsa em 2002. Em 2010, a Blockbuster declarou falência. E na década seguinte, a Netflix não apenas era sinônimo de streaming de vídeo, mas também virou um estúdio de cinema

Apaixone-se pelo problema, não pela solução

completo, com um valor de mercado de 250 bilhões de dólares em 2021, cerca de quarenta vezes mais do que a Blockbuster em seu auge.

A história da Netflix é um tanto incomum, considerando-se que efetivaram a disrupção em seu próprio mercado já existente. Nos primeiros anos, a Netflix enviava DVDs pelos correios dos Estados Unidos. Eles haviam basicamente hackeado o sistema – o correio podia entregar os pacotes em 24 horas pelo preço de um selo comum. Ao adotar um modelo de streaming, o preço fica ainda melhor!

Outra história se refere à Kodak.

Steve Sasson, engenheiro da Kodak de 24 anos, criou o conceito da câmera digital em 1973. Quando o apresentou para a equipe de gestão da empresa, o CEO, Walter Fallon, disse: "Isso é bem bonitinho, mas não conte a ninguém". Fallon percebeu que a tecnologia sem filme da Sasson tinha o potencial de atuar como um disruptor do negócio principal da Kodak? Parece que sim, até porque a administração da Kodak entrou no modo reacionário, focando-se sobretudo nas falhas do que Sasson inventara. Era muito pesada, a resolução, baixa, e demorava muito tempo para processar cada foto. No entanto, não se pode impedir uma revolução matando o mensageiro! A Kodak tinha uma patente para sua tecnologia de câmera digital, que expirou em 2007, mas guardou-a por anos. "Estamos na indústria de papel e química", repetia a empresa; uma câmera digital seria irrelevante para o negócio principal da empresa. Concorrentes mais ágeis passaram a perna na Kodak. Então, os smartphones comprometeram até mesmo o ritmo deles. Enfim, a Kodak entrou com pedido de falência em 2012.

No início, o Google enfrentou muita dificuldade para levantar capital. Os cofundadores da empresa, Sergey Brin e Larry Page, queriam, inclusive, retomar seus estudos em Stanford.

Então, em 1998, abordaram o Yahoo (mais precisamente, a divisão Excite@Home do Yahoo) e propuseram-lhe que adquirisse a empresa, então conhecida pelo nome de seu algoritmo-base, PageRank, por apenas dois milhões de dólares. Não dois bilhões. Não dois trilhões. Só dois milhões.

O Yahoo recusou. Duas vezes.

Na segunda vez, em 2002, o valor já tinha saltado para cinco bilhões.

Ponto de vista da disrupção

Blockbuster, Netflix	*"A Netflix é um negócio de nicho muito pequeno."* **CEO da Blockbuster, 2000**
Microsoft, iPhone	*"Não há chance de o iPhone conquistar qualquer participação significativa no mercado."* **CEO da MSFT, 2007**
Kodak	*"Isso é bem bonitinho, mas não conte a ninguém."* **CEO da Kodak**
Yahoo!, Google	Recusaram comprar por dois milhões de dólares

A justificativa do Yahoo: não queriam um mecanismo de busca enviando tráfego para sites de terceiros, como o PageRank fazia. Queriam que os usuários permanecessem no Yahoo. Quando perceberam a importância da receita de publicidade paga por terceiros, já era muito tarde.

O Yahoo adquiriu outro mecanismo de busca, o Inktomi, na tentativa de derrubar o Google, mas, com uma execução negligente, acabou vendido para a Verizon, braço de internet da AOL. O preço: 4,48 bilhões de dólares.

Olhando hoje para o resultado, talvez se afirme que foi um grande erro. Mas ninguém sabe o que teria acontecido caso dissessem sim. Presumimos que tudo permaneceria igual, o que, no entanto, não é necessariamente verdade.

Ouvi a mesma coisa depois de o Google adquirir o Waze, em 2013, por 1,15 bilhão de dólares. Muitas vezes me questionaram se foi a decisão correta. A empresa não valeria muito mais se a tivéssemos

Apaixone-se pelo problema, não pela solução

mantido e vendido anos depois? Minha resposta é simples: existem decisões certas e existem decisões NÃO tomadas, afinal, quando se toma uma decisão e se escolhe um caminho, ninguém sabe como as coisas seriam por outro caminho.

O Waze hoje, com mais de trezentos milhões de dólares em receitas e cerca de um bilhão de usuários em todo o mundo, valeria mais do que em 2013, quando a receita era de apenas um milhão e cerca de 55 milhões de usuários? Óbvio que sim, mas não sabemos se, sem essa decisão, ele teria se tornado o que é hoje.

Portanto, em vez de se pensar no que aconteceria com o Yahoo se tivesse aceitado adquirir o Google por dois milhões de dólares (ou anos depois por cinco bilhões), a pergunta é: "Será que o Google teria se tornado o que é hoje sob o comando e a visão do Yahoo?".

Não sabemos e, portanto, qualquer ideia questionando a decisão se torna irrelevante. Existem decisões certas ou decisões NÃO tomadas, simplesmente porque não podemos prever o que teria acontecido no caminho que não percorremos.

O QUE É DISRUPÇÃO?

As pessoas falam o tempo todo sobre tecnologia disruptiva, pensando que ela desaloja os líderes de mercado ao criar alguma coisa que não existia antes.

Entretanto, disrupção tem pouco a ver com tecnologia; *tem a ver com mudar o comportamento e o equilíbrio do mercado – ou seja, a maneira como fazemos negócios.*

Disrupção

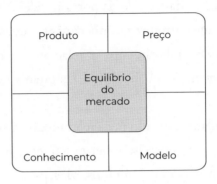

Pense no Gmail. Antes de o Google lançar o serviço de e-mail, precisávamos pagar uma caixa postal online. Pagávamos uma assinatura mensal ao nosso ISP (provedor de serviços de internet) para acessar a internet e ainda uma assinatura adicional para ter uma caixa postal para e-mail. Então, o Google trouxe o Gmail, que no início não era tão bom, mas, depois de algumas iterações, tornou-se bom o bastante E GRATUITO. Ninguém pode competir contra o que é bom o bastante E gratuito.

Minha primeira conta de e-mail foi no Yahoo. Depois, com a chegada do Gmail, migrei para ele, mantendo o mesmo e-mail.

Por que estou contando essa história toda?

Meu endereço eletrônico de e-mail do Yahoo data de 1995 e, alguns anos atrás, quando alguém pediu meu e-mail e dei o do Yahoo, a reação foi: "Conheço apenas duas pessoas que ainda usam o e-mail do Yahoo, você... e minha avó".

O Google provocou a disrupção do e-mail do Yahoo, o que pode ocorrer também ao se oferecer um novo produto (derivado de uma nova tecnologia), um novo modelo de negócios (aluguel de patinetes elétricos sob demanda, como Wind, Bird ou Lime, para que não se precise comprar um), ou, no caso do Gmail, um novo preço.

Apaixone-se pelo problema, não pela solução

O Gmail não está sozinho. O Uber fez o mesmo no negócio de táxis. Qual a sofisticada tecnologia por trás dele? Nenhuma. Resume--se a simplesmente introduzir conhecimento antes indisponível. No caso do Uber, esse conhecimento se relacionou a oferta e demanda: quem precisa ir aonde e quais motoristas estão na área no momento para conduzi-lo?

Essa visibilidade tem sido mais relevante para o motorista do que para o cliente, que não precisa saber exatamente onde está o veículo, apenas que ele chegará em X minutos. Mas, para o motorista, é crucial a localização confirmada do cliente, o que significa ele não ter de circular, esperar e perder tempo.

O Airbnb também incomodou o setor hoteleiro. Com milhares de propriedades inundando o mercado, os hotéis precisaram se empenhar para competir, reduzindo preços, oferecendo mais comodidades e, por exemplo, incrementando o buffet de café da manhã. Similarmente ao Uber, não há nenhuma tecnologia radical no Airbnb. De novo, é introdução de transparência entre oferta e demanda, criando um mercado mais simples.

A verdadeira disrupção do iPhone não ocorreu pelo aparelho em si, embora seja incrível, mas sim pelo ecossistema: a app Store, sua comunidade de desenvolvedores e a liberação de espaço na loja. Esse modelo começou antes do iPhone, com o iPod, pois era possível pagar e baixar uma única música.

Até agora, mencionamos três grandes exemplos de disrupção: gratuidade (Gmail), mercado (Uber, Airbnb) e ecossistema (Apple). Existem outras categorias, mas, no final das contas, cada uma delas criou um mercado que abarca uma ordem de grandeza maior do que aquilo que já existia.

EMPREENDEDORES COMO CRIADORES DE PROBLEMAS

Disruptores são sempre novatos e, por essa razão, os únicos que, sem terem nada a perder, aceitam correr mais riscos. Os já estabelecidos e, em particular, os líderes de mercado não promovem disrupção, na medida em que têm muito a perder.

Mas o verdadeiro motivo nem é esse. Para a disrupção de alguma coisa, precisamos admitir o erro naquilo que estamos fazendo no momento. Se para as pessoas isso é difícil, imagine então para as organizações. Em geral, chega-se ao impossível. Ninguém gosta de admitir que está errado. Se uma pessoa propõe uma ideia disruptiva, a gestão responderá com "Isso nunca vai funcionar". É uma "limitação no DNA" da disrupção, e não o fato de uma organização ter muito a perder, que limita a inovação.

Organizações que desejam promover disrupção não conseguem fazê-lo internamente. O caminho a seguir está em investimentos em novas organizações ou em startups em seus próprios mercados.

Empreendedores, na maioria dos casos, são criadores de problemas; não tomam nada como garantido; não são "bons funcionários corporativos". Como Steve Sasson, engenheiro da Kodak, comentou quando o encarregaram daquilo que resultou na primeira câmera digital: "Foi um projeto apenas para evitar que eu criasse problemas fazendo outra coisa".

Os criadores de problemas quase nunca se ajustam ao DNA das grandes corporações e, em muitos casos, simplesmente vão embora. Por quê? Talvez por estarem tentando fazer alguma coisa diferente ou por alguém apenas querer se livrar deles.

Demitiram-me de todos os lugares onde trabalhei. No fim, sempre havia o jeito como eu queria fazer as coisas (que obviamente achava

Apaixone-se pelo problema, não pela solução

certo) e o jeito de a organização fazê-las. Então, em alguns casos, tudo acabava mais ou menos assim: "As coisas são feitas assim", e eu dizendo que não fazia sentido e que deveríamos fazer diferente. Aí estava quase sempre o começo do fim.

Fiquei muito tempo na Comverse Technology – onze anos –, e também me demitiram. Um pouco depois, um dos executivos da empresa conversou comigo:

– Nem imagino como deixamos partir uma de nossas mentes mais criativas.

– Não deixaram; vocês me demitiram! – retruquei.

Enquanto a empresa crescia, estive firme lá, e a organização sabia lidar com os encrenqueiros. Mas, assim que o crescimento da Comverse estancou, não havia mais espaço para pessoas como eu.

Meu avô teve um *único* emprego durante toda a vida. Hoje nos movemos rapidamente. Os onze anos na Comverse foram o período mais longo em um mesmo lugar até agora na minha carreira, e provavelmente não terei mais períodos como esse. A maioria das organizações descobrirá como se livrar do pessoal que cria problemas, e, de modo geral, eu diria que a maioria delas deve se livrar de três tipos de pessoas: vítimas, dramáticos e inconformistas (embora acredite que a maioria das empresas nasça *por causa* desses últimos).

UM MERCADO MAIS AMPLO

Aqui vai a boa notícia: podemos definir disrupção como uma "mudança no equilíbrio do mercado". Agora, por definição, o novo mercado é muito mais amplo e melhor que o anterior, caso contrário, o equilíbrio não se alteraria. Esta é a beleza da disrupção: **a oportunidade é muito maior do que a ameaça.**

Depois que a Uber começou a disrupção do negócio de mobilidade pessoal sob demanda, o mercado cresceu dez vezes, e há espaço para Uber, Lyft, DiDi (China), Grab (Sudeste Asiático), Cabify (Europa) e 99 Táxi (América Latina). Acontecem três vezes mais corridas de serviço regular de táxi hoje do que antes do Uber. Assim, enquanto todas as empresas de táxi do mundo tentavam lutar contra a entrada do Uber no mercado, na realidade, a oportunidade era maior do que a ameaça para os táxis regulares.

No setor de turismo, a venda de pacotes online deu uma guinada semelhante, o que desconcertou os agentes de viagens; antes eles simplesmente podiam dizer "Aqui está sua passagem", e pronto. Inexistia comparação de preços. Antes da internet, como poderia haver? Mas agora há.

Visibilidade, talvez mais do que qualquer outra coisa, cria disrupção. A informação está disponível para todos. A princípio, talvez se receie de que a lucratividade do negócio caia, mas a visibilidade quase sempre cria um mercado mais amplo do que antes, com uma demanda bem maior.

MERCADOS ONDE FALTAM INFORMAÇÕES

Alguns mercados estão simplesmente clamando por disrupção, sobretudo aqueles com assimetrias de informações e carregados de regulamentações que não funcionam.

Pense em lugares onde você não sabe quanto ou o que está pagando.

Os serviços médicos nos EUA são cerca de cinco vezes mais caros do que na Alemanha. E não por serem melhores. Simplesmente é assim que funciona. Claro que aí está uma indústria que clama por disrupção.

O CEO da TomTom, Harold Goddijn, uma vez me disse: "Se o seu mercado tem chance de sofrer disrupção, sofrerá". O elemento

Apaixone-se pelo problema, não pela solução

fundamental é se a pessoa será uma vítima ou aproveitará o mercado recém-expandido.

O comentário de Goddijn veio durante os primeiros dias do Waze, quando eu tentava envolver o CEO da empresa de mapeamento e navegação em uma permuta. Ele queria nossos mapas da América Latina, e minha oferta em 2010 foi muito simples.

– Ótimo – falei. – Vamos fornecer mapas da América Latina se você nos fornecer os mapas dos EUA ou da Europa, lugares onde os nossos ainda não são bons o bastante.

O CEO, depois de pensar um pouco, falou:

– Não, nossos mapas nos EUA e na Europa são muito mais valiosos do que os mapas da América Latina.

E eu retruquei:

– Beleza. A Europa e os EUA são muito mais importantes para nós, mas e para você? Se não trocarmos, estará perdendo toda a América Latina.

O segundo diálogo do Waze com a TomTom ocorreu em 2012. Já tínhamos avançado muito nos EUA e na Europa, e a TomTom perdera seu maior cliente, o Google, nos EUA. E então nos pediu informações de tráfego.

– Tudo bem; nos dê seus mapas e nós lhe daremos nossas informações de tráfego. – Estendendo a oferta, propus: – Também podemos fornecer atualizações de mapas e, portanto, mantê-lo relevante nessa área, se nos fornecer os rastreamentos de GPS em tempo real para que melhoremos nossas informações de tráfego.

Após pensar no assunto, o CEO da TomTom recusou mais uma vez.

– Se lhe dermos nossos mapas e você for um app gratuito, estaremos causando disrupção em nosso próprio mercado.

Argumentei:

– Seu mercado consumidor nem mesmo existe mais, com o Waze e o Google Maps gratuitos. Vai morrer de qualquer jeito.

– Eu sei – disse o CEO com relutância, concordando com minha avaliação. – Mas não somos NÓS que o estamos matando.

Eles não estavam sozinhos. Depois que percebemos como o Waze funcionava, ficou claro que mais usuários criavam dados melhores, e dados melhores retêm mais usuários – um círculo virtuoso. E a questão mais importante dizia respeito a como acelerar o efeito *flywheel*[14] trazendo mais e melhores dados.

Embora o Waze crie seus próprios mapas, o processo leva tempo. Se pudéssemos confiar nos mapas existentes e apenas atualizá-los, seríamos mais *rápidos*. Esse foi o tópico de muitas conversas de desenvolvimento de negócios que mantivemos com cartógrafos pequenos ou locais ao redor do mundo. Nossa parceria com a Location World na América Latina foi uma delas.

Os diálogos eram sempre iguais. Eu contava o que o Waze estava fazendo, explicava sobre a criação do mapa por meio do *crowdsourcing* das informações e depois apresentava uma proposta.

Os comentários não variavam muito: "Por que você não nos dá seu mapa, e nós lhe forneceremos atualizações constantes deles, além de compartilharmos as receitas com a venda tanto dos mapas quanto das informações de tráfego?".

Normalmente, fazíamos essa abordagem em lugares onde nossos mapas ainda não eram bons o bastante. Afinal, se já fossem, não precisaríamos mais dos mapas de outros.

O feedback inicial quase não mudava. Recusavam, pois tinham um ativo, e nós, não – e nosso sistema ainda nem era comprovado.

Eu dizia:

---

14. Basicamente, o *flywheel* é um modelo adaptado pela HubSpot para explicar o impulso que se ganha ao alinhar toda a organização para oferecer uma experiência positiva ao cliente. (N.T.)

Apaixone-se pelo problema, não pela solução

– Vocês têm razão. Nossos mapas não eram bons o bastante no Equador, na Letônia, no Chile, na Colômbia, em Israel, na Itália, na Malásia e em vários outros países, mas agora são. A mesma coisa vai acontecer por aqui, e então esta oferta não será mais necessária.

E com mais argumentos, dizia:

– Com o tempo, não serão capazes de competir com os grandes (Nokia e TomTom) e, com certeza, nem com o Google, que pode alocar muito mais recursos neste projeto do que vocês. Somos o seu futuro em termos de atualização de mapas.

E quando a coisa não funcionava, tentava de outro jeito.

– Olha, temos duas opções aqui. Na primeira, minha tese funciona e o Waze faz sucesso. Nesse caso, você só vai sobreviver por meio da cooperação. Na segunda, minha tese não funciona e o Waze fracassa aqui, e isso pouco importa, porque não vai fazer diferença. Você realmente quer estar numa situação em que se torna irrelevante no mercado, mas poderia ter feito algo em relação a isso?

Acabamos conquistando muitos parceiros, inclusive na Índia, no Brasil, no restante da América Latina e na Europa. Além disso, milhares de empresas de gestão de frotas se inscreveram; a troca era: "Forneça para nós dados de GPS e obtenha dados de informações de tráfego". Em alguns casos, isso não funcionou, mas acabaram nos vendendo dados brutos, que convertíamos nas tão valiosas informações de tráfego. Esses dados brutos eram literalmente centavos (um GPS ativo de um veículo custa entre um e cinco centavos de dólar por veículo por mês).

DISRUPÇÃO DO WAZE

No começo, as empresas de mapas e navegação existentes descartaram o Waze.

Diziam: "Seu produto não é bom o bastante". Ou, de acordo com um funcionário de desenvolvimento de negócios da TomTom: "Você não tem o mesmo mecanismo de validação que nós". E ouvi coisas semelhantes da Nokia.

Na realidade, queriam dizer que, como os mapas do Waze são criados por *crowdsourcing*, não havia como saber se alguém havia inserido dados errados neles.

No entanto, eu tinha uma resposta: "Se for uma área problemática com muita gente, eles vão descobrir o problema e consertá-lo. Por outro lado, se for uma área rural e quase sem uso, ninguém se importará com o erro".

E eles insistiam: "É por isso que seu produto nunca será bom o bastante!".

A DISRUPÇÃO DO DISRUPTOR

Mesmo o Waze pode sofrer disrupção algum dia, afinal, é um aplicativo para motoristas. Se os carros autônomos virarem rotina e não existirem mais motoristas, o Waze se tornará desnecessário!

Qual é hoje a opinião da TomTom sobre o Waze? Encontrei o CEO da TomTom alguns anos atrás, e ele me chamou, ainda que em tom de brincadeira, de "filho da puta".

– Não está mais com raiva? – perguntei a ele.

A resposta:

– Se a disrupção tiver que acontecer nesse mercado, ela vai acontecer, e estou feliz que tenha sido você. Agora o mercado está mais amplo, e, de fato, você nos ajudou a focar não em tentar competir com um aplicativo de celular, nem mesmo com outros dispositivos de navegação.

De fato, ao olhar para o mercado atual, todos na área de navegação estão faturando mais do que antes. O aplicativo do Waze para celular,

Apaixone-se pelo problema, não pela solução

por exemplo, mesmo funcionando muito bem, não atende completamente o público; muita gente quer que o Waze rode em telas grandes do carro. E tal reinvindicação cria um mercado maior para todos. Hoje existem mais carros com sistemas de navegação do que nunca.

Para as empresas cujos mercados podem sofrer disrupção e que desejam se engajar na mudança e estar prontas para a disrupção (ou, em outras palavras, aumentar a probabilidade de criar alguma coisa que será sustentável no futuro), a percepção de que "Se a disrupção tiver que acontecer no seu mercado, ela vai acontecer" os coloca em uma posição muito mais forte daqui para a frente.

Há duas questões importantes para que esse futuro aconteça.

- O que vai tornar a minha empresa irrelevante daqui a cinco anos? Se você conseguir uma resposta, então outra pessoa também vai, e já estão criando uma startup que de fato o tornará irrelevante. Portanto, comece a trabalhar na nova direção disruptiva *já*.
- Quais são seus ativos que, se utilizados de maneira diferente, talvez se tornem ainda maiores do que os atuais? Se algum deles puder ser utilizado de maneira diferente para incrementar seu negócio, comece agora mesmo, mas o desmembre ou o faça fora de sua organização principal. Só há dois métodos:
  » Desmembrar uma empresa.
  » Investir em uma startup externa capaz de atender a essa necessidade.

Vamos a alguns exemplos.

Digamos que você tem uma cafeteria local, em uma área onde existem outras cafeterias, mas considera seu café expresso melhor. Você ganha dinheiro vendendo-o; as outras cafeterias, no entanto, fornecem aos clientes vales-brinde ou cartões de fidelidade do tipo a cada 10 cafés, ganhe 1.

E se você mudar completamente o seu modelo de negócios e vender uma assinatura – um pacote "beba todo o café que quiser"? Isso se chama disrupção por meio de um modelo de negócios. O pessoal que adora tomar café virá até você (embora possa ou não comprar outras coisas da cafeteria).

Você também já percebeu que tem muita gente que chega ali para trabalhar, ficando muito tempo diante de apenas uma bebida, às vezes ocupando uma mesa por horas seguidas.

Seu pensamento é óbvio: "Preciso desse lugar para outros clientes. Esse pessoal tem de comprar mais, então vou limitar que fiquem aqui só por uma hora".

Sugiro que encare a situação por outro ângulo.

Você tem clientes que vêm para fins específicos. Caso decida transformar sua ideia em um novo modelo de negócios, estará desejando que eles desapareçam. Mas e se acrescentasse mesas e cadeiras melhores e até mesmo uma "cabine telefônica" privada, além de uma impressora, basicamente tudo para criar um "escritório sob demanda"?

Tente diferentes modelos de negócios. Por exemplo, uma taxa fixa diária ou mensal. Forneça aos clientes um ponto de energia e internet rápida, e terá encontrado uma maneira diferente de usar seus ativos para faturar.

POR QUE EMPRESAS JÁ ESTABELECIDAS NÃO PODEM MUDAR?

Por que as empresas já estabelecidas não promovem disrupção de seus próprios mercados? Quero acreditar que elas têm muito a perder, mas vamos olhar a coisa mais de perto. Imaginemos que estão pensando em seu próprio negócio, mas não é o negócio em si, é a organização.

Existem três desafios para a empresa:

Apaixone-se pelo problema, não pela solução

- **DNA** – corporações maiores têm menos riscos em seu DNA. Ninguém vai ser demitido por fazer a escolha óbvia.
- **Falta de empreendedores** – lembre-se, os empreendedores tendem a ser criadores de problemas e, portanto, não duram muito em grandes organizações. Então, ou você já se livrou deles, ou simplesmente foram embora.
- **Ego** – digamos que você tem um negócio de um bilhão de dólares em três regiões geográficas, e duas linhas de produtos, e sua equipe de liderança superior consiste em cinco líderes (executando cinco P&Ls – demonstrativos de lucros e perdas). O que vai dizer a eles? Que pretende criar outra divisão na empresa para construir seu próprio futuro e que isso importa mais do que a linha principal de negócios da empresa? Ou vai dizer que está construindo outro P&L que dará prejuízo nos próximos cinco anos? É um dilema de liderança: se decidir que a nova divisão é mais importante, terá problemas com a parte existente da organização. Se decidir que não, a nova divisão sangrará dinheiro até morrer em algum momento no futuro (e tarde demais).

Lembro-me de uma conversa com o CEO de uma empresa; ele achava que seu mercado sofreria disrupção e que o que oferecia seria irrelevante em cinco anos.

– Excelente – afirmei. – Você pode começar a mudança agora.

Fiquei surpreso quando ele retrucou:

– Impossível. Não consigo que a gestão faça algo nesse sentido.

Eu até me ofereci para ajudar. Estava pronto para conhecer a gestão, mas ele explicou:

– Você está louco! Vai dizer a eles que morrerão se não mudarem. O povo vai surtar. São líderes muito respeitados, e daí você chega para dizer que não existirá futuro sem mudar de direção. Impossível mesmo

Ele perguntou se eu tinha alguma outra sugestão.

Respondi:

– Claro! Vá ao presidente e peça demissão.

A TELMAP PERDE A OPORTUNIDADE DE FAZER UMA OFERTA... QUATRO VEZES

Quando, pela primeira vez, estávamos arrecadando dinheiro para o Waze (nossa *seed round* – rodada-semente), entrei em contato com a equipe da Telmap. Não pela empresa, mas por causa do principal investidor. Estávamos pensando, por sabermos que apreciava a área, que poderia ser um investidor relevante também para nós.

O sujeito era o acionista majoritário da Telmap, além de acionista majoritário da Mapa, o cartógrafo local em Israel. Então, encontramos a equipe da Telmap junto com seu investidor e o CEO da Mapa. Imaginávamos que ela estaria interessada em investir, mas descobrimos que apenas tentava descobrir se éramos competitivos para eles.

Mais tarde, soubemos que a Telmap estava pensando em nos oferecer um milhão de dólares pelo conceito e por nós três (isso foi em 2007, antes mesmo de criarmos a empresa). Naquela época, poderíamos ter dito sim se a oferta nos permitisse concretizar nosso sonho.

Essa foi a segunda vez que abordei a Telmap. A primeira ocorreu um ano antes, quando ofereci ao CEO a oportunidade de incluir informações de tráfego de *crowdsourcing* em seus mapas, e ele recusou dizendo que as informações de tráfego não eram iterativas e, portanto, ninguém se importava com isso.

Nosso terceiro encontro ocorreu em 2009, depois que lançamos o Waze em Israel e já contávamos com algumas dezenas de milhares de usuários. Na época, a Telmap tinha mais de 150 mil assinantes por meio de operadoras móveis locais. Entramos em contato com eles com uma

Apaixone-se pelo problema, não pela solução

oferta. "Que tal compartilhar conosco os dados de GPS de seus usuários, e nós fornecermos informações de tráfego?", propus, baseado em nossas conversas com a TomTom. Porém, o Waze ainda era muito jovem, e a Telmap não enxergava evolução futura. Novamente disseram não.

A Telmap não nos considerava um concorrente porque, embora nossos mapas em Israel fossem em grande parte bons o bastante e atualizados, em muitos outros casos isso não acontecia, e ainda havia uma falha bem onde ficavam os escritórios da Telmap. Ocorreu o seguinte: perto dos escritórios da Telmap (em Herzliya, Israel), havia um entroncamento em T, e a Telmap era o primeiro prédio à esquerda desse T. Como ainda não tínhamos acrescentado todos os números das casas daquela rua, fizemos um cálculo aproximado de que o escritório deles ficava cinquenta metros à direita do T. Então, quando o pessoal usava o Waze para chegar à Telmap, a mensagem era: "Vire à direita", em vez de "Vire à esquerda".

"Não é bom o bastante. Tem de ser perfeito", disse-nos o CEO, justificando sua decisão.

Em 2010, tivemos nossa conversa final.

Estávamos começando a olhar para o mercado internacional, e a Telmap tinha alguns clientes no México. Como pensávamos em uma expansão para lá usando a base instalada da Telmap, fomos a ela consultar uma possível cooperação. Estavam interessados, mas com uma condição: parem de competir conosco em Israel.

Em outras palavras, não permitiriam que brincássemos em nosso próprio quintal.

Naquela época, tínhamos mais usuários em Israel do que a Telmap, e crescíamos rapidamente (enfim, éramos "bons o bastante"), enquanto a Telmap sangrava usuários.

Claro, não concordamos com essa condição.

Quando se cria alguma coisa completamente nova, a princípio as pessoas riem, depois ignoram, até que finalmente você vence (ou eles perdem, dependendo da perspectiva).

Essa reação acontece com quase todos os disruptores tecnológicos do mundo. A primeira reação é sempre "Isso nunca vai funcionar". Não importa se é a BMW falando sobre a Tesla, a Microsoft criticando o primeiro iPhone ou a Blockbuster acreditando que fariam qualquer coisa melhor que a Netflix. Quem já está estabelecido simplesmente não acha que um produto novo vai acontecer... até que seja tarde demais.

CONGESTIONAMENTOS – AINDA CLAMANDO POR DISRUPÇÃO

Uma última observação sobre disrupção e Waze. Iniciamos a jornada do Waze visando solucionar problemas de trânsito e ajudar os motoristas a evitar congestionamentos. Isso foi em 2007. No entanto, ainda hoje continuamos presos no trânsito, mais do que em 2007. Então, até certo ponto, fracassei em minha missão (ou talvez seja melhor dizer que não a concluí).

Há pouco tempo, recebi uma denúncia de que o Waze na verdade cria *mais* congestionamentos, ao capacitar motoristas a dirigir, inclusive aqueles que têm medo. Se for esse o caso, estou ainda mais feliz com a criação do Waze. Com certeza, empoderar pessoas é muito mais gratificante do que economizar tempo!

Isso significa que as corporações existentes estão condenadas? Claro que não. Elas estão evoluindo. Pense, por exemplo, na Microsoft. O DOS gerava dinheiro para eles, depois o Windows, depois o Office, e hoje ela está muito diferente. Será que conseguem surfar em uma onda de disrupção? É muito mais difícil, mas possível, caso se desmembrem ou invistam em disruptores.

Apaixone-se pelo problema, não pela solução

STARTDICAS

- A disrupção tem a ver não com tecnologia, mas com a mudança do equilíbrio do mercado, e com a forma como nos comportamos ou fazemos negócios.
- Gratuidade é a maior disrupção de todas.
- Os disruptores são quase sempre novatos. Os já estabelecidos não promovem disrupção, pois têm muito a perder.
- A disrupção é positiva; a oportunidade é muito maior que a ameaça.
- Os disruptores ouvem o mesmo feedback reiteradas vezes: "Isso nunca vai funcionar".

CAPÍTULO 4

TRABALHE EM FASES

A principal coisa é manter a principal coisa como a coisa principal.

Stephen Covey

S e você não descobrir a adequação do produto ao mercado, vai acabar ficando de fora. Mas espere aí, se não levantar capital, nem mesmo conseguirá viver, e se não tiver um modelo de negócio, ninguém vai investir. De que adianta alcançar o produto/ mercado se é incapaz de atrair usuários? Este capítulo tenta ordenar as diferentes fases de uma startup e, em particular, como e quando passar de uma para outra. Para cada uma delas, a palavra-chave é FOCO: você precisa lidar com uma fase apenas não lidando com mais nada.

A "FASE COMPLETA"

Quando você começa os ciclos de "paixão", pensa em seu novo empreendimento sob várias perspectivas: o problema, a solução, o mercado, o modelo de negócios, o financiamento e o plano/estratégia de *go-to-market* (GTM). Está tudo organizado mentalmente para que o plano seja traçado.

Apaixone-se pelo problema, não pela solução

Daí, começa a se reunir com o pessoal.

A princípio, são amigos e talvez colegas ou empresários, o que denomino de "fase completa" – o comecinho em que você tenta captar tudo na mente (a empresa, a equipe, o produto) e, como resultado, seu foco se dispersa por todos os lugares.

Embora já tenhamos estabelecido a suposição subjacente de que muitas (se não a maioria) das pessoas que você conhece neste momento dirão que a ideia não vai dar certo, elas podem ter raciocínio próprio. A coisa vai soar como:

- "Eu não tenho esse problema"; isso é bom, pois funciona como uma amostra de uma única pessoa. Mas, em muitos casos, os receptores irão abstrair e depois generalizar o problema, de modo que a frase acaba soando como "Ninguém tem esse problema", ou "Não conheço uma única pessoa que enfrente esse problema".
- "A solução não incorpora o problema – ela precisa ser X, Y ou Z", ou "Não é tão simples assim".
- Quanto ao modelo de negócios, você ouvirá inúmeras críticas do tipo "Eu não pagaria por isso", ou com abstração e generalização: "Ninguém vai pagar por isso".
- "Já conheci startups que estão fazendo exatamente a mesma coisa".
- "O Google pode fazer tudo isso de um jeito bem rápido", ou "Meu amigo é o engenheiro-chefe da XYZ e lá já estão trabalhando na mesma coisa".

Então, o próximo passo é encontrar mais suporte para a afirmação em que trabalha, abordar cada uma das objeções e validar o problema, a solução, o mercado, o modelo de negócios e a concorrência. Nesse momento, você acha que sua história está pronta e que vai encontrar investidores.

Criei muitas startups e, portanto, digo com convicção que essa quase sempre é a mentalidade. Você valida um pouco, conquista as respostas principais e passa para a próxima parte da validação. Continua tudo na teoria, e sabemos que a diferença entre "na teoria" e "na realidade" é bem maior na realidade do que na teoria.

Então, ainda mentalmente, você já obteve excelentes respostas para muitos dos desafios de adequação do produto ao mercado, plano *go-to-market*, modelo de negócios, escala, crescimento, globalização etc., mas ainda não validou nada disso.

É aí que chega a hora de encontrar investidores, e eles bagunçam tudo, dizendo coisas como: "Não achamos que esse modelo de negócios vai funcionar; é melhor deixarmos tudo pra lá".

Talvez estejam certos, talvez errados. Não importa. As palavras que você ouviu são completamente diferentes do que eles desejavam dizer.

Por exemplo, você ouviu "Depois de descobrir o modelo de negócios, diremos sim", mas não disseram isso. Apenas falaram um sonoro não. Ou dirão "Você ainda nem tem usuários; vamos esperar", mas as palavras lhe soarão como "Mostre-nos mil usuários e diremos sim".

O desafio é não distorcer a interpretação. Eles estão dizendo não; você, no entanto, está ouvindo "Se nos mostrar usuários, ou usuários pagantes, ou uma versão funcional neste e naquele mercado, diremos sim". A consequência acaba sendo a incerteza do seu plano. Se disserem que não acreditam no modelo de negócios, você precisa provar isso agora? Ou deve manter o plano de primeiro promover a adequação do produto ao mercado? Ou, se comentarem sobre a inexistência de mercado em Israel, você deverá começar na Califórnia? Mudar seu plano?

É aqui que vem a confusão. Então, no que trabalhar?

No produto?

Na captação de usuários?

Na validação do modelo de negócios?

Apaixone-se pelo problema, não pela solução

Na amostragem de que a concorrência não é tão assustadora?

Mergulhar com todo o ímpeto em uma dessas áreas? Trabalhar todas em paralelo? Caso tenha de escolher uma, qual seria?

E aflora um cenário ainda pior: você já levantou uma rodada *pre-seed*, ou seja, um investimento-semente, ou mesmo *seed* (primeiro investimento inicial), e está trabalhando na adequação do produto ao mercado. Ainda não chegou lá, mas acha que está bem perto.

Encontra investidores para maximizar seu *seed* capital, os quais fornecem todos os tipos de informações sobre modelo de negócios, concorrência, crescimento e globalização, e você acha que precisa atender às preocupações deles.

NÃO!

Seu trabalho é a entrega de resultados, um produto ou serviço que esteja gerando valor, e não fazer os investidores felizes.

Mas, opa! Se você entregar, eles não vão ficar felizes?

Diga a eles: "Este é o meu plano, a adequação do produto ao mercado, o modelo de negócios, o crescimento, e, em cinco anos, nos tornaremos globais". Convença-os mostrando saber o que está fazendo, e assim eles ficarão felizes se você cumprir aquilo que projetou.

A "fase completa" termina quando você está convicto de seu plano, inclusive do tempo e da sequência das fases e, em particular, de qual será priorizada. Portanto, nada deve tirar seu foco. Você já reuniu feedback para suas suposições subjacentes e convenceu-se do jeito que a coisa vai funcionar. Pouco importa se está certo ou não; nessa fase, basta a convicção.

Lembre-se: você trilha uma jornada de fracassos e validará as suposições subjacentes mais tarde. Agora está tentando chegar a um nível de conforto em muitos aspectos – validação do problema, percepção da solução, modelo de negócios, plano *go-to-market*, concorrência, orçamento etc. – para desse modo poder responder ao primeiro e ao segundo nível de perguntas.

Se alguém lhe perguntar sobre a concorrência, cite de três a quatro concorrentes em potencial e aponte por que você é diferente (não melhor, mas diferente). Ou se alguém lhe perguntar sobre o modelo de negócios, diga que tem uma tabela de Excel onde registra uma previsão de cinco anos e, no final das contas, ganhará um dólar por usuário por mês. Não precisa executar nada. Apenas crie apresentações, planilhas do Excel e outros documentos de suporte.

Vez ou outra, você validará as coisas com seus usuários.

Por exemplo, se acredita que pode atrair usuários para uma solução de estacionamento via Facebook em Timbuktu, tente. Coloque um anúncio lá como se já fosse um produto e verifique a reação das pessoas (poupando seu tempo de pesquisa de onde fica Timbuktu: é no Mali, na África subsaariana, e existem usuários do Waze lá).

FOCO É O ELEMENTO-CHAVE

O plano é simples: atenha-se às fases e aja de acordo com elas.

Em 2009, nos primeiros dias do Waze, estávamos em busca da confirmação de nosso modelo de negócios. Na época, tínhamos a impressão de que estaríamos vendendo dados, mapas e, sobretudo, informações de trânsito, que sem dúvida são imprescindíveis na mobilidade.

Encontrei muitos engenheiros-chefes municipais a quem perguntei: "E se pudéssemos lhe dizer quanto tempo leva para virar à esquerda em cada semáforo da cidade, todos os dias da semana e todas as horas do dia, em tempo real, e você ainda pudesse reajustar o sistema de controle de tráfego e melhorar em muito o tráfego na cidade?".

Em outros casos, fiz reuniões com empresas de logística e disse: "Nossas informações de tráfego vão ajudá-los a melhorar seu tempo

Apaixone-se pelo problema, não pela solução

e eficiência de combustível, permitindo-lhes fazer 15% mais entregas por caminhão".

Uma empresa em Israel gostou da ideia.

"E se instalarmos o Waze em um tablet especial que será usado por nossos caminhoneiros?", perguntaram.

Bem, em 2009, o que eu chamava de tablet era, para ser mais preciso, um PDA rodando o sistema operacional Windows Mobile.

Também achamos a ideia legal, e, portanto, o negócio estava quase pronto. Melhor ainda: não precisaríamos fazer nada por eles. Apenas habilitamos para o PDA o recurso de não inclinação, para que a exibição permanecesse horizontal, mesmo que o dispositivo estivesse na vertical, e eles nos pagariam anuidade por caminhão. Não era muita grana, mas ainda assim foi muito bom: dez dólares por caminhão por ano.

Para uma empresa com cinco mil caminhões, são cinquenta mil dólares por ano.

Até aí, parecia incrível. A empresa iniciou (literalmente) o test drive. Dois dias depois, disseram que não havia funcionado.

– O que não funciona? – perguntei.

– O Waze leva nossos caminhoneiros por estradas em que caminhões não podem circular – foi uma das respostas. Ou: – A rota não tinha espaço livre para passar pelo viaduto. Precisamos do seu mapa para incluir esses dados.

Voltamos à prancheta de projeto e percebemos que nosso modelo seria incapaz de fornecer esses dados. Somos um aplicativo de transporte público, e as informações de *crowdsourcing* que interessavam aos caminhões não eram as mesmas com as quais os passageiros se importavam.

Em nosso diálogo com a empresa, respondemos que não poderíamos atender ao que pediam, pois não tínhamos os dados. Foi uma interação desafiadora: nosso modelo de negócios implicava vender mapas e dados de tráfego, e ali estava um cliente de verdade, disposto a pagar muito dinheiro exatamente por isso.

A empresa de logística agiu com persistência, sugerindo um preço de assinatura anual dez vezes mais elevado, e ainda assim recusamos.

Então, apareceram com uma oferta intrigante: "Se você conseguir criar um algoritmo de viagens de agente de vendas [uma parte do programa que trata de rotas com várias paradas, caso um vendedor precise visitar vinte lugares diferentes em um dia], vamos dobrar o valor".

Custaria um milhão de dólares por ano, e, como Israel é um país muito pequeno, percebemos que seríamos capazes de mapear sozinhos todas as passagens superiores e inferiores e obter as restrições de proibição a caminhões de outras fontes. Achamos que o algoritmo do agente de vendas seria feito em pequena escala (com um máximo de vinte paradas por dia).

Convocamos uma reunião de gerenciamento e nos perguntamos: "Devemos seguir em frente?".

Uma voz disse:

– Não é um grande problema e custa um milhão de dólares por ano.

No entanto, outra voz se pronunciou:

– Nossa missão é ajudar passageiros a escapar dos congestionamentos e, portanto, vamos nos focar em resolver o problema deles. Neste momento, entramos na fase de nos tornar globais, e não de ganhar dinheiro.

Passamos por alguns dias de discussões, nas quais dizíamos coisas do tipo: "Opa, esta é apenas uma empresa de caminhões; existem quatro milhões de caminhoneiros nos Estados Unidos, e, se todos pagarem de cem a duzentos dólares por ano, estaremos num excelente negócio".

Apaixone-se pelo problema, não pela solução

O contra-argumento: "Se mudarmos a proposta de valor ou o público-alvo, então esta é uma nova empresa ou um pivot, o que significa que não acreditamos mais no problema que estamos tentando resolver".

Por fim, acabamos dizendo não – não aos caminhoneiros, não aos ciclistas, não aos pedestres, não ao transporte público, não a tudo que não se referisse a passageiros. O um milhão de dólares por ano do acordo que poderíamos ter em 2009 foi mais alto do que as receitas do Waze em 2009, 2010 e 2011, e aproximadamente da mesma ordem de grandeza das receitas que tivemos em 2012 e 2013.

Contei essa história por muito tempo para as pessoas, que sempre me perguntam: "Por que não as duas coisas?". E a resposta é muito simples: **foco**.

Para uma startup ser bem-sucedida, ela precisa fazer uma e apenas uma única coisa certa e, a fim de maximizar a probabilidade de fazê-lo, precisa dizer não a todo o resto. O foco se refere não apenas ao que estamos fazendo, mas também ao que *não* estamos fazendo! Essas são decisões complicadas de nos posicionarmos com um não.

A principal coisa é manter a principal coisa como a coisa principal.

Qual é a etapa mais importante em uma empresa? Desenvolvimento de produto? Levantamento de dinheiro? Captação de usuários? Desenvolvimento de negócios?

A resposta: cada um desses aspectos é o mais importante até que seja concluído, e então *não* é mais.

Foco significa fazer uma coisa de cada vez.

Quando se está arrecadando fundos, nada mais é mais fundamental do que isso. No dia seguinte ao depósito do dinheiro no banco, a arrecadação se torna irrelevante (até a próxima rodada).

Quando se está criando um produto pela primeira vez, a pessoa mais importante da equipe é o líder do produto. Assim que ele estiver pronto e você atingir a adequação produto/mercado, talvez nem precise mais da mesma organização, pois a empresa muda para marketing ou criação de negócios. Embora, por um segundo, eu diria que o desenvolvimento de produtos é uma história interminável – e é verdade –, a fase principal de alcançar a adequação do produto/mercado e, portanto, criar valor para os usuários ou clientes ocorre no desenvolvimento do produto.

A situação é a mesma fora do universo tecnológico. Depois de descobrir como andar de bicicleta, as rodinhas simplesmente deixam de ser importantes.

TRABALHE EM FASES

O foco direcionado é chamado de "operação em fases". Primeiro decida em que focar, o que implica decidir sobre o MIT (a coisa mais importante, na sigla em inglês). Se você não o descobrir, será incapaz de passar para a próxima fase. Estratégia e liderança se relacionam à decisão sobre o MIT e a execução, a entregá-lo.

Como exemplo, vamos nos deter na arrecadação de fundos, quase sempre a etapa mais desafiadora para uma startup. Se fracassar aqui, provavelmente vai sumir do mapa (bem, sua empresa vai), pois é uma etapa muito diferente de qualquer outra da vida de uma empresa. Necessita-se de tanta atenção e energia que se torna complicado fazer outras coisas durante esse período. Há uma descarga de adrenalina superalta que então termina. Vez ou outra, tendemos a pensar nesse processo como zero ou um, mas muita coisa também acontece no meio – por exemplo, levantar menos dinheiro do que o desejado.

Angariar recursos para uma startup é um processo semelhante a abastecer o carro para uma viagem. Se não houver combustível suficiente (ou nenhum), nada feito.

Mas a viagem não tem como objetivo o reabastecimento; o objetivo é chegar a algum lugar. Encher o tanque é apenas um mal neces-

Apaixone-se pelo problema, não pela solução

sário. E assim que se tem combustível, ninguém mais se preocupa com isso por um tempo.

A mesma coisa ocorre durante a fase de captação de recursos da jornada inicial: você estará correndo de um investidor para outro – ouvindo um monte de não, não e não –, até que, antes mesmo que perceba, já tenha investido de seis a nove meses nesse processo. Enfim, consegue fechar um negócio, e, no dia seguinte, tudo o que passou nesse tempo todo, incluindo a carga emocional, não importa mais. Chegou a fase de seguir em frente e criar o produto.

Outro jeito de ver o trabalho em fases se assemelha a dirigir um carro com câmbio manual. Caso não se pressione a embreagem ao mudar de marcha, o câmbio vai protestar. Do mesmo modo, em uma startup é necessário o reajuste de tudo. Primeiro, definir a nova prioridade, a nova coisa mais importante; segundo, decidir o que fazer com as pessoas e seus papéis.

COMECE COM A ADEQUAÇÃO DO PRODUTO AO MERCADO

A estratégia de uma startup sempre começa com a adequação do produto ao mercado, e vou reafirmar uma coisa: se você a descobrir, vai seguir em frente; caso contrário, vai desaparecer. Feito isso, a ordem das fases pode variar, lembrando que cada uma delas leva cerca de dois a três anos, embora algumas, depois de atingirem o PMF, possam ser feitas em paralelo.

É possível descobrir a escala antes de descobrir a adequação do produto ao mercado? Bem, imagine que você consiga atrair milhões de usuários, mas seu produto não cria valor para eles. Nesse caso, apenas se agitarão.

Você consegue descobrir um modelo de negócios antes da adequação do produto ao mercado? Não. Mesmo que convença alguém a pagar pelo produto, caso não lhe entregue um valor consistente, ele acabará abrindo mão da coisa, cancelando o pagamento, e por aí vai.

* * *

Cada fase demanda uma parte diferente da organização, portanto, um membro diferente da equipe será o mais importante em cada momento. Por exemplo:

- Se você está tentando descobrir como monetizar, o diretor de receita será a figura mais importante.
- Se estiver trabalhando na expansão, o diretor de marketing será fundamental.

Depois de concluída uma fase, o cargo antes importante talvez nem mesmo seja exigido na empresa, ou esteja em outro nível de relevância. E, portanto, essa pessoa poderá fazer a transição para uma nova função.

As transferências de fase envolvem tensão, pois o MIT está mudando. Uma consequência inevitável desse processo é o fato de algumas pessoas se tornarem mais importantes para a empresa e outras menos, ainda que apenas um dia antes todas estivessem profundamente envolvidas no que era o MIT da startup.

Quando abordava o tema, o pessoal tinha reações do tipo: "O que quer dizer com de sete a dez anos para descobrir as fases? Achei que o período seria muito mais curto, e meu plano de negócios sugere que ganharei cem milhões de dólares no quinto ano". Hum, pense em todos os gigantes da tecnologia que começaram nas quatro décadas anteriores, Google, Amazon, Netflix, Tesla, Facebook e mais ou me-

Apaixone-se pelo problema, não pela solução

nos cinquenta outros. Em seguida, considere o valor combinado de todas essas empresas de tecnologia tão bem-sucedidas. Quanto disso surgiu na primeira década? Quatro por cento. A maior parte do valor, 96%, foi gerada depois que descobriram o PMF, o modelo de negócio e o crescimento.

FASE DE ADEQUAÇÃO DO PRODUTO AO MERCADO (PMF)

Vale a pena reiterar: a fase mais importante na evolução da empresa é o PMF. Se você cria valor para os usuários, está no caminho certo; se não o fizer, vai desaparecer.

O PMF é medido por uma métrica-chave: retenção. Vez ou outra, você terá outros indicadores-chave, como usuários ativos mensais (*monthly active user* – MAU) ou ainda outras.

Durante essa fase, empenhe-se com toda a força na criação de valor para os usuários; nada mais importa. Muito pouco existe para ser feito em outras frentes, como desenvolvimento de negócios ou marketing. O resultado é uma organização muito enxuta e um orçamento pequeno. Todo o *roadmap* do produto durante essa fase se concentra em melhorar a retenção (e provavelmente a conversão no caminho para a retenção). Em razão da extrema relevância dessa etapa, dedico um capítulo inteiro a ela (Capítulo 8).

MÚLTIPLOS MITS DE UMA SÓ VEZ

É possível ter vários MITs na mesma fase. PMF é o elemento-chave, claro, mas talvez não seja o suficiente; pode-se precisar descobrir retenção e conversão em paralelo. Ou precisar levantar mais dinheiro *antes* de atingir a adequação do produto ao mercado. Ou alcançá-la em um país de origem, mas outros territórios apresentarem desafios únicos que exigem adequações ou um redesenho completo (pense em um aplicativo na China *versus* nos EUA).

No entanto, tentar trabalhar em várias fases ao mesmo tempo é quase sempre receita para o desastre, sobretudo nas etapas iniciais de uma empresa, embora, às vezes, seja um mal necessário. A situação implica o gasto de muito dinheiro em diferentes tarefas enquanto ainda não há PMF. Caso não se esteja operando em fases sequenciais, a grana talvez acabe muito cedo, além de existir a pressão para fortalecer a organização – marketing, vendas, suporte.

Portanto, aumentamos não apenas os gastos, como também o compromisso de gastar, e pode ser muito difícil ir mais devagar.

Assim, pense, se antes você contava com dez pessoas na empresa, agora tem vinte, e a taxa de queima mensal [*burn rate*] dobrou. Também reduziu em 50% o tempo de duração do seu dinheiro. Se isso ocorrer antes que descubra a adequação do produto ao mercado e precisar voltar ao básico, vai constatar que já gastou a receita [*run rate*] que possuía.

Se você não trabalha em etapas, então está desperdiçando dinheiro para nada, e não fazendo progresso. Lembre-se mais uma vez: se não tiver adequação do produto ao mercado, é bem provável que não consiga levantar mais capital. Se, na rodada *seed*, bastava que os investidores gostassem do CEO e da história, à medida que a empresa amadurece, você também precisa que seus investidores acreditem que o CEO é capaz de *entregar* a história.

Não é mais sobre a história; é sobre progresso.

Uma observação importante: se você não conseguiu descobrir a adequação do produto ao mercado, é possível levantar outra rodada *seed* (não uma rodada da série A ou B). Em seguida, converse com clientes em potencial, explique-lhes o que você vai fazer e quanto vai cobrar. Em geral, você sente quando alguma coisa está nos trilhos. Entretanto, é errado seguir em frente e *construir* algo nessa fase.

CUIDADO COM CONTRATAÇÕES ANTECIPADAS

Se você está na fase de adequação do produto ao mercado, não tem motivos para contratar um diretor de marketing ou um diretor executivo. Afinal, seria perda de tempo e desperdício de talento contratar alguém bom quando ainda não há nada para fazer. Eles simplesmente irão embora ou, pior ainda, vão cumprir os próprios objetivos!

Por exemplo, o vice-presidente de desenvolvimento de negócios se envolverá com empresas que fornecem resultados dos quais você não precisa naquele momento, o que vai desacelerar o alcance da adequação do produto ao mercado.

Imaginemos que esse mesmo vice-presidente traga um parceiro de distribuição que atrairá milhões de usuários. O que vai acontecer depois? Muito provavelmente, tais usuários acabarão desistindo do produto, porque ele nem mesmo existe, e o parceiro de distribuição se aborrecerá bastante.

A situação se agrava ainda mais quando já existe uma equipe fundadora. Pergunte-se: precisamos mesmo dessa função agora? Em muitos casos, haverá investidores pressionando-o a agir rápido, com a contratação de muita gente. Mas contrate apenas aqueles de que precisa e saiba exatamente o que espera que entreguem nos próximos noventa dias.

O momento mais perigoso para uma startup é *pensar* que descobriu a adequação do produto ao mercado quando isso ainda não aconteceu. Sem perceber a situação, você diz "Certo, é hora das vendas" e parte para o desenvolvimento da organização de vendas na startup: contrata um vice-presidente de vendas, um diretor executivo e uma grande equipe de vendas.

O resultado? Você está com uma taxa de queima três vezes maior do que antes, e seu dinheiro vai sumir bem rápido. Aí, com os clientes insatisfeitos porque o produto não é bom o bastante, você volta para P&D [pesquisa e desenvolvimento]. E então, o que faz com a organização de vendas que demorou seis meses para construir, que está custando dois terços do seu capital e que não deseja vender seu produto devido à insatisfação dos clientes?

Instala-se um círculo vicioso: você está gastando demais, não há produto algum para os vendedores venderem, e o dinheiro acaba logo. Quando percebe o drama da situação, quase sempre é tarde demais para tomar medidas que coloquem o bonde nos trilhos.

Faça iteração após iteração de seu produto antes de contratar um único vendedor. Até lá, o CEO fará algumas vendas para envolver o mercado e obter feedback, mas, para uma organização de vendas ou, ainda mais importante, para a máquina de vendas (a equipe de vendas e o mecanismo de vendas), ainda é muito cedo. O PMF deve ser alcançado primeiro.

Os primeiros cinco ou mais acordos de negócios (sobretudo para produtos B2B) feitos por uma startup costumam ser concluídos pelo CEO. *Somente* depois que as vendas iniciais estiverem em pleno vigor você deve considerar a criação de uma organização de vendas para reproduzir o processo.

O MIT varia de acordo com a fase em que se está. Se você precisa contratar dois engenheiros craques para criar seu produto, contratá-los é o MIT.

SIMPLICIDADE É A CHAVE

Atingir a adequação do produto ao mercado gera valor. Mas, como observei antes, não se precisa de fato criar alguma coisa para chegar a esse ponto. Faz pouco tempo, ouvi a afirmação de que 78% dos americanos

Apaixone-se pelo problema, não pela solução

não vão completar uma transação caso precisem baixar um aplicativo. Suponhamos que os dados sejam tendenciosos. Ainda assim, cada passo a mais adiciona complexidade, o que cria mais barreiras para os usuários, e você acabará perdendo-os.

Converse com clientes (e potenciais clientes), pois lhe dirão se o que a empresa pretende realizar é um problema tão importante para eles que pagariam para resolver. Essa é a melhor indicação sobre se vale a pena resolver um problema.

Por exemplo, os congestionamentos constituem de fato um grande problema. Se eu lhe disser de antemão que consigo resolvê-lo, sem nem mesmo apresentar um produto, você dirá um sonoro sim.

O elemento mais desafiador é garantir que o *acesso* ao valor seja simples. O fato de um produto fazer X, Y ou Z não significa que os usuários consigam descobrir como fazer tudo isso. O produto pode ser complexo demais.

Alcançar a simplicidade vai exigir iterações. Talvez você pense que seria uma boa ideia requerer o registro antes de usar o produto. Afinal, deseja captar os dados do usuário para fins de marketing e publicidade. Mas, caso perca 50% de usuários porque eles não sabem em que estão se registrando, ou mesmo porque ainda não se sentem à vontade para compartilhar informações pessoais (ou *quaisquer* outras), ou apenas porque o processo é longo, com certeza você não criou um produto simples de usar.

Se é um produto B2B e você acabou de fechar um acordo com um cliente por cem mil dólares, talvez não haja problema em ter um treinamento no local para explicar como a coisa funciona. Mas para todos os outros, sobretudo no espaço do consumidor, predomina a simplicidade. Se não for assim, ninguém usará o que você criou.

Imagine-se abrindo a embalagem de um celular novo dez anos atrás. Lembre-se de que primeiro você via um enorme manual, embaixo do qual estava o aparelho.

Agora imagine-se desembalando um iPhone hoje. Não existe manual. Aí está a simplicidade!

(Mais sobre o assunto sob o ponto de vista dos usuários no Capítulo 7.)

Admito que a mudança de fase pode ser um processo frustrante, na medida em que você acabou de atingir seus objetivos, tem um produto que agrega valor e todos se sentem felizes. E então precisa arregaçar as mangas e começar tudo de novo. Mesmo que todos estejam muito satisfeitos com o que você conquistou até agora, esse clima de contentamento corre o risco de se tornar irrelevante na próxima fase da jornada.

Entender o modo de gerenciar tais transições em geral significa a diferença entre sucesso e fracasso.

NÃO SEJA COMO O BUMP

Em 2009, o Bump, um produto para dispositivos móveis, tornou-se um dos aplicativos que se expandiram com mais rapidez. Em 2011, o Bump chegou ao oitavo lugar dos aplicativos gratuitos para iPhone mais populares de todos os tempos na lista da Apple. Grandes investidores como Sequoia Capital e Andreessen Horowitz aderiram a ele, listado entre os "cinquenta melhores apps para Android" na revista *Time,* em 2013. Nesse mesmo ano, registrou um total de 125 milhões de downloads.

Apesar de todo o sucesso, no início de 2014, o aplicativo foi descontinuado e desapareceu completamente dos iPhones e Androids. Por quê? Muito simples: não atingiu a adequação do produto ao mercado. Era um app enganosamente envolvente: permitia a troca de informações de contato (assim como fotos) "batendo" fisicamente em dois celulares juntos. Um produto atraente, fácil de usar, divertido. Uma versão posterior permitia o compartilhamento de fotos com um computador batendo o celular no teclado. Mas inexistia qualquer motivo para continuar a

Apaixone-se pelo problema, não pela solução

usá-lo, afinal, tinha uma utilidade bastante limitada; aqui, para efeito de comparação, assemelhava-se a um mágico de um truque só: fazia apenas uma coisa (muito bem, admito, mas não era o bastante).

A favor do app houve a divulgação. Viralizou bem rápido, o que, no entanto, não compensou a imperfeição do produto.

O Google acabou adquirindo o app em 2014, e a equipe mudou para o gigante dos mecanismos de busca a fim de trabalhar em novos projetos por lá.

Por que o Bump era tão atraente para VCs[15] de *Tier 1*?[16] Bem, já sabemos que a criação de uma startup constitui uma jornada de fracassos, e que cada uma das fases enfrentará um fracasso diferente. Agora, pense nessa jornada como escalar uma montanha. Chegar ao topo é difícil, e você vai tentar de várias maneiras diferentes até conseguir. E só então perceberá que o caminho todo foi apenas uma montanha em direção ao cume, isso, é claro, depois de subir até o primeiro pico. Em seguida, você reorienta seus esforços, escala mais e se dá conta de que ainda há outra montanha, muito mais íngreme e mais difícil de ser escalada.

Ainda que seja essencial descobrir a adequação do produto ao mercado, a fase mais difícil de todas é descobrir o crescimento, ou seja, como atrair usuários. Aqui está a atratividade do Bump: eles descobriram como trazer usuários (até certo ponto, alcançaram o cume por um caminho diferente). A suposição subjacente era que conseguiriam descobrir o valor, mas a distribuição viral foi encarada como um golpe de sorte, e eles não seguiram adiante.

---

15. *Venture capital*, ou capital de risco, é uma modalidade de investimento com expectativa de crescimento rápido e rentabilidade alta. (N.T.)

16. A certificação do *Tier 1*, basicamente, avalia a capacidade da empresa de ser aceita nos financiamentos de bancos e agentes financeiros. (N.T.)

Uri Levine

A CRIAÇÃO DE UM UNICÓRNIO: AS ESTRELAS SE ALINHAM

Para liderar o mercado e ser uma empresa unicórnio, alinhe todas as estrelas.

Produto necessário e usado

Mercado amplo

LTV alto (modelo de negócios funcional)

Descoberta do crescimento de usuários e globalização

Fator X (equilíbrio)

Parece bem simples, mas na verdade é muito complexo, pois, quando você começa, todas as estrelas estão bagunçadas.

Produto necessário e usado

Mercado amplo

LTV alto (modelo de negócios funcional)

Descoberta do crescimento de usuários e globalização

Fator X (equilíbrio)

137

Apaixone-se pelo problema, não pela solução

Alinhar todas essas estrelas se torna um desafio porque cada uma delas é complexa e demanda muito esforço, o que, em muitos casos, por si só desencadeia uma jornada de fracassos.

O alinhamento deve ser feito um a um. Cada estrela representa uma etapa da jornada de fracassos. Estabilize uma e depois passe para a próxima. Enquanto isso, continue observando as estrelas anteriores para garantir que não se desalinhem.

NÃO PASSE para a próxima estrela até completar a adequação do produto ao mercado.

Quais fases priorizar? Quais deixar para depois? Quando eu era jovem, meu pai certa vez me disse que uma revolução só se justifica por um motivo: a vitória.

A maioria dos serviços ao consumidor tentará descobrir o próprio crescimento depois do PMF. Se forem bem-sucedidos, estarão aptos para levantar capital com base no crescimento e provavelmente se tornarão unicórnios bem rápido. Caso contrário, continuarão tentando descobrir o próprio modelo de negócios para que assim alimentem o crescimento com dinheiro.

As empresas *business-to-business* precisam descobrir o modelo de negócios *antes* do crescimento. Até certo ponto, e em alguns casos, tal modelo pode fazer parte da adequação do produto ao mercado.

Se a principal métrica para os negócios B2C [*business-to-consumer*] é a **retenção**, para o B2B é a volta do cliente para comprar pela segunda vez. Tal comportamento indica mais engajamento; por exemplo, comprar após um teste ou renovar o contrato por mais um período. **Renovações** de engajamento sinalizam a descoberta da adequação do produto ao mercado e equivalem à retenção.

Quanto ao aspecto globalização, depende de onde você começa. Se estiver em um grande país, com um amplo mercado, como Estados Unidos, Rússia, Brasil, Japão, China, Alemanha, Indonésia ou Índia, não pense na estratégia de expansão para além de onde se encontra, pelo menos não de imediato. O mercado é amplo, e, a qualquer momento nos próximos cinco anos, a resposta para a pergunta "Aonde devo ir?" ainda será "Aqui mesmo".

No entanto, se a sede de sua empresa fica em Israel, Suécia, Estônia, Holanda ou em quaisquer outros países pequenos, lide com a globalização mais cedo. Afinal, não lhe resta muita escolha em um mercado pequeno, ou seja, você precisa pensar em globalização desde o primeiro dia. Como resultado, em vários casos, startups de pequenos países se tornam globais com mais rapidez.

O alinhamento das estrelas é um processo lento e trabalhoso. É impossível pegá-las todas de uma vez; descubra uma e só então passe para a próxima.

Além disso, durante o processo de alinhamento, lembre-se de que as estrelas se movimentam o tempo todo. Depois de mudar de marcha e focar a empresa em uma nova parte da jornada, é bem provável que ocorra alguma degradação do nível de serviço ou da satisfação dos usuários como resultado do empenho de reorientação.

Porém, a boa notícia é que isso será em menor escala, e, mesmo que alguns usuários desapareçam, não serão muitos.

Situação semelhante também pode acontecer no processo de se tornar global. Se você for para um novo mercado dramaticamente mais amplo do que o original, esse não mais será o foco, e talvez acabe perdendo a tração nele.

FREQUÊNCIA DE USO

Para produtos de consumo, quando já feita a adequação do produto ao mercado, a próxima fase é o crescimento. O elemento-chave para o sucesso está na frequência de uso. Se ela for de algumas vezes por

Apaixone-se pelo problema, não pela solução

mês ou mais, devem-se buscar 30% de retenção de usuários, passados três meses.

Isso significa que, de todos os clientes que usaram o produto pela primeira vez em janeiro, 30% deles ainda devem continuar usando-o até o mês de abril. Caso se esteja perto disso, abre-se espaço para melhorias e pode-se muito bem chegar lá.

No entanto, 3% apenas implicam uma longa jornada pela frente. Embora seja possível movimentar e cortar os números da maneira que se queira, o blefe com os usuários é inviável. Caso não se entregue valor, eles não voltarão.

A frequência de uso é relevante por vários motivos. Primeiro, se as pessoas estão usando um produto com regularidade, é óbvio que se está criando valor para elas e, portanto, é provável que se tenha uma retenção mais alta e uma chance maior de descobrir a adequação do produto ao mercado. Segundo, talvez o crescimento também seja resolvido, pois o boca a boca, toda vez que alguém usa o serviço, se revela uma oportunidade de contar a outro sobre ele.

Por exemplo, você está no carro acompanhado de alguém que o vê usando o Waze e pergunta: "O que é isso aí?". Vem a explicação, e a pessoa é fisgada. Usar o Waze sempre que se dirige abre muitas oportunidades de compartilhamento.

Com o Moovit ocorreu a mesma coisa. O pessoal estava esperando em um ponto de transporte público e alguém que usava o Moovit dizia: "O ônibus vai chegar daqui a três minutos". E vinha a pergunta inevitável: "Como você sabe?".

Se a frequência de uso for elevada, depois de descoberta a adequação do produto ao mercado, a próxima fase é sempre o crescimento.

No entanto, se for baixa, será necessário passar para a fase referente ao modelo de negócios, deixando a de crescimento para depois. Por quê? Você precisa sempre atrair usuários. Mas o boca a boca não aconteceu.

Levará um longo tempo para atingir o crescimento, e você provavelmente não terá verba suficiente para alcançar esse ponto (com boca a boca e frequência de uso, em menos tempo se atinge crescimento).

Caso se tenha mais três anos de financiamento, o crescimento poderá ocorrer, mesmo com frequência de uso baixa. Sem boca a boca possível, talvez seja necessário pagar para conquistar usuários. Mais provavelmente, ainda haverá de doze a dezoito meses de caminhada e, portanto, tempo para descobrir o modelo de negócios, levantar mais capital e em seguida chegar à fase de crescimento.

Pense em como ouviu pela primeira vez alguma coisa sobre Waze, Google, WhatsApp, Facebook, Uber ou qualquer outro app que você usa regularmente. Em mais de 90% dos casos, a resposta é "alguém me contou". Aí está o poder do boca a boca, lembrando que ele vale apenas para serviços ou aplicativos usados com muita frequência.

CRIAÇÃO DE VALOR NO B2B

Vou definir "modelo de negócios" da seguinte maneira: *pelo que o cliente lhe paga e quanto?* Em geral, ambos os aspectos precisam estar vinculados ao valor criado. Como regra geral, deve-se conseguir alguma coisa entre 10% e 25% do valor criado.

Por exemplo, imaginemos que você ajude as empresas a economizar dinheiro. Economizando um milhão de dólares por ano, espera-se que o acordo seja entre cem mil e 250 mil dólares. O modelo em si (o que os clientes estão pagando) deve ser simples o suficiente para explicar e, com sorte, aumentar com o tempo (em termos de usuários, uso etc.).

Descoberta essa parte, deve-se vinculá-la ao modelo de negócios.

Apaixone-se pelo problema, não pela solução

- Se este for o modelo, o mercado é amplo o suficiente?
- É rentável?
- Faz sentido econômico (também chamado economia unitária/ *unit economics*)?

O comprador se norteia pela seguinte fórmula: *a relação entre valor e preço é razoável?* Se sim, eles devem concordar em experimentar o produto.

Como se quantifica isso? Pergunte-se: o que você promete fazer pelos clientes? Ganhar dinheiro para eles? Economizar? Reduzir o tempo de mercado? Tudo isso tem valor.

A plataforma FairFly, como software B2B, faz exatamente isto: ajuda os agentes de viagens a avaliar e monitorar os gastos nesse aspecto e, portanto, economizar até 10% do orçamento previsto. Se pensarmos em uma grande corporação, isso talvez signifique centenas de milhões de dólares no orçamento anual de viagens e, portanto, dezenas de milhões de dólares em economias (valor criado pela FairFly).

Não apenas a proposta de valor é muito simples, mas também o modelo de negócios: se fazemos você economizar X dólares, dê-nos parte disso.

Caso se esteja criando um sistema de software de *back-end* que aumentará as vendas de um cliente em um milhão de dólares, então é possível receber de 10% a 20% como taxa de serviço.

Talvez você pense que o preço em uma escala variável seja benéfico para conquistar novos clientes. Por exemplo, em especial no início da jornada, você pode se sentir inclinado a oferecer a um cliente um preço que aumenta dependendo de quanto economizou para ele.

Os CEOs dirão: "Legal. Compartilhamos riscos. Porém, se você não criar valor, não vai ganhar nada". Mas o CFO [*chief financial officer*] do potencial cliente adotará uma postura bem mais cautelosa.

"Você está dizendo que não vou saber quanto lhe pagar no próximo mês? Não, quero uma taxa fixa. Quero saber que todo mês eu lhe pago X e pronto. Se economizarmos mais ou fizermos mais negócios, aí poderemos renegociar o acordo."

Cada acordo será diferente do outro quando se está no mundo B2B, embora, depois de um tempo, vejam-se os mesmos tipos de negócios aparecerem. Alguns terão taxa fixa, outros, risco/recompensa, e outros, um mínimo ou um limite. O modelo se simplifica com o tempo, ainda que sempre com variantes. Portanto, você fará negociações em que perderá dinheiro, mas esperamos que elas aconteçam cada vez menos.

Acordos B2B são negociados um de cada vez, ao contrário dos produtos B2C disponíveis no mercado.

FASES E UNICÓRNIOS

Quanto tempo leva para se tornar um megassucesso – um unicórnio avaliado em um bilhão de dólares ou mais?

Em dezembro de 2020, a publicação israelense de negócios *Calcalist* reuniu uma lista com unicórnios de Israel e mostrou que o tempo médio para se alcançar tal estágio é de treze anos. Quase ninguém o faz em menos de dez. Mesmo as empresas mais bem-sucedidas demoram um longo tempo para resolver todas as fases. Observe os exemplos:

- A Microsoft levou cinco anos para descobrir a adequação do seu produto ao mercado. A empresa foi lançada em meados da década de 1970, mas só se consolidou em 1980.
- A Netflix demorou dez anos para descobrir a adequação do produto ao mercado.

Apaixone-se pelo problema, não pela solução

- O desenvolvimento do Waze começou em 2007 (ou 2006, caso se volte ao FreeMap). Quando descobrimos a adequação do produto ao mercado? Não até o final de 2010, o que significa que aconteceu relativamente rápido – apenas três anos e meio.

E se você não quer virar um unicórnio, pode fazer tudo isso em menos tempo? Infelizmente, não. Sempre vai demorar. Nem mesmo havíamos descoberto o modelo de negócios do Waze quando fomos comprados pelo Google. Assim, embora nossa jornada como empresa independente tenha terminado depois de apenas seis anos (ou cinco e um quarto, se contarmos desde nossa criação oficial até a data de aquisição), se caminhássemos sozinhos, teríamos levado ainda muito mais anos para descobrir o modelo de negócios.

No dia da aquisição, a receita do Waze totalizava cerca de um milhão de dólares por ano. Em 2020, saltou para mais de quatrocentos milhões (para colocar as coisas em perspectiva, o Google chamaria isso de 0,4 bilhão).

Por que demorar de dois a três anos por fase? Em razão da jornada de fracassos. Você traz sua hipótese, testa, se der certo, genial, talvez até consiga reduzir o tempo das fases. Mas quase sempre são necessárias várias tentativas para chegar lá.

Existe um jeito de acelerar as coisas? Sim. Medir rápido! Então se saberá. Se você analisar suas métricas antes de qualquer experimento durante toda a jornada de fracassos, saberá. Descubra o que precisa medir para ter as ferramentas em mãos antes mesmo de criar seu produto.

Lembra como meu pai costumava dizer que a única justificativa para iniciar uma revolução é a vitória? É verdade. As pessoas só respeitam alguém se a revolução funciona. No entanto, não sabemos de antemão o que vai acontecer. Para ganhar forças e continuar perseverando, *acredite* que está em uma causa nobre. E o mais legal é que você maximiza bastante a probabilidade de sucesso da próxima revolução caso o tente na de agora.

SPAMOFF: UM ESTUDO DE CASO SOBRE SUCESSO

Alguns anos atrás, meu filho Ido fundou uma empresa em Israel chamada Spamoff. Claro que o orientei e investi na companhia, cujo objetivo era acabar com o spam que recebemos por meio de mensagens de texto SMS. Entramos na jornada com a corda toda. Aqui está uma injustiça que somos capazes de corrigir!

Construímos uma plataforma para alavancar a legislação recém--aprovada em Israel, que tornava ilegal o envio de mensagens de spam, permitindo ao destinatário processar o remetente em mil NIS[17] (quase trezentos dólares) *por mensagem*, sem a necessidade de provar danos.

Como em muitos casos em que as autoridades tentam prestar um serviço ao público, ele era muito complexo. Nossa plataforma simplificou o processo e permitiu aos israelenses que recebiam mensagens de spam por SMS entrarem com uma ação quase de imediato. Para isso, bastava que enviassem um print da tela da mensagem, e o sistema enviava um formulário ao juizado de pequenas causas. No início, fazíamos parte do trabalho manualmente, pois ainda estávamos desenvolvendo a plataforma e comprovando o conceito.

Lançamos o serviço em 2015 por meio de uma página no Facebook em que oferecíamos aos seguidores a oportunidade de utilizá-lo. A reação foi gigantesca, com muita gente pedindo para abrir um processo por meio da Spamoff. Pouco tempo depois, o Geektime, um site israelense

---

17. Novo shekel israelense ou novo shekel israelita é a moeda corrente oficial de Israel. Às vezes o nome é semiaportuguesado como shequel, ou aportuguesado como siclo ou xéquel.

Apaixone-se pelo problema, não pela solução

de tecnologia, encontrou nosso serviço e publicou um artigo que nos trouxe milhares de usuários de uma só vez, um número que, na época, significava muito mais do que poderíamos digerir, ou seja, era ainda muito cedo para nós. No entanto, sabíamos que o interesse estava lá.

Houve resistência imediata a nossa startup. Os *spammers*, claro, não gostaram do modelo. Se antes enviavam milhões de mensagens por dia, e enfrentavam umas dez ações judiciais apenas, nós entramos com duzentas ações *no primeiro mês*, e depois houve um tsunami, chegando a mil por mês. Isso estremeceu o modelo de negócio dos *spammers*.

E ainda enfrentamos um novo tipo de resistência que não prevíamos: os tribunais e os juízes ficaram sobrecarregados. Mil reivindicações por mês representavam cerca de 15% a 20% do montante de trabalho do tribunal, isto é, de repente, o sistema judiciário teve de investir de 15% a 20% de seus casos para lidar com *spammers*.

Com esse percentual das ações em tribunais de pequenas causas sendo geradas por uma máquina – a nossa –, os juízes, sentindo-se sobrecarregados, encontraram todos os tipos de motivos para rejeitar as ações com que entrávamos, alegando, inclusive, que o fato de o processo ter sido automatizado tornava-o distorcido (a propósito, um expressivo volume dos processos foi resolvido fora do tribunal, então o excesso nem se mostrou tão negativo quanto pensaram na época).

Tentamos lutar, mas não dispúnhamos de todos os recursos necessários. Teria sido um longo processo, e, de fato, uma das reivindicações chegou até a Suprema Corte de Israel, quando enfim vencemos. Entretanto, já era muito tarde para nós. Não nos restou escolha a não ser desativar o Spamoff.

Esse é um bom exemplo de empresa que trabalhou em fases, ainda que em um percurso onde isso não bastava. A Spamoff se deparou com alguns obstáculos relevantes: a regulamentação e o sistema de justiça.

Se você me perguntar hoje, quando já sei um monte de coisa, se deveríamos ter começado o Spamoff, a resposta é sim. Era uma batalha que valia a pena enfrentar.

O que faríamos de diferente? Provavelmente teríamos engajado o sistema legal de *antemão* e tentado construir o serviço junto com eles.

Apesar de tudo, a Spamoff foi um grande sucesso, e hoje há apenas 10% dos spams de SMS de antes no país. Só me arrependo de ter perdido dinheiro, pois fui o único investidor.

MUDANÇAS DE FASES NA AMÉRICA LATINA

Quando o Waze começou a se expandir para fora de Israel, foi um pesadelo no começo. Ganhamos força em poucas regiões, com destaque para a América Latina, sobretudo por termos um grande parceiro no Equador, o que nos levou à Colômbia, à Venezuela e ao Chile. Estávamos promovendo o BlackBerry, o smartphone mais comum na América Latina na época.

Nosso parceiro era a Location World, especializada em telemática para carros conectados, que ainda contava com recursos de mapeamento, o que de imediato aumentou a precisão de nossos mapas na região. Se não fossem eles nos propiciarem o salto para o futuro, poderíamos ter desaparecido.

Nosso acordo com a Location World determinava que faríamos os mapas e eles os comercializariam. Assim, lidaram ativamente com o crescimento de negócios para nós.

Porém, ao mudarmos nosso modelo de negócios e começarmos a vender anúncios para ganhar dinheiro, o Location World ficou irrelevante. Eles não entendiam muito do assunto e, embora estivessem dispostos a tentar, e tivessem sido fantásticos nos primeiros dias de criação de dados e usuários, estávamos procurando um parceiro experiente na área.

Apaixone-se pelo problema, não pela solução

Eles reclamaram:

– Nos sentimos meio como um burro que levou uma carroça morro acima e, agora que você está numa descida suave, diz que não precisa mais da gente porque a carroça pode seguir sozinha.

– Agradecemos muito tudo o que fizeram – retruquei. – Mas pense nisso sob um ângulo diferente. Nossa carroça consegue descer *mais rápido* do que o burro. Se você não se afastar, será atropelado! – E propus um arranjo alternativo: – Sente-se na carroça conosco. Você, com as ações da empresa, será bem-sucedido.

E, de fato, ao longo dos anos de engajamento com o Waze, eles ganharam muito dinheiro, e a amizade se manteve.

Talvez você pense que os EUA são o mercado mais importante, mas, quanto à dimensão da época, a América Latina foi para o Waze (e também para o Moovit) muito mais próspera.

Resumo da ópera: as diferentes fases devem acontecer no momento certo. Em 2010 a Location World foi fundamental para o sucesso do Waze. Eles se tornaram bons parceiros em 2011 e menos relevantes em 2012. À medida que a empresa progredia, a importância deles foi se reduzindo tanto que se tornaram desnecessários. Pode ocorrer o mesmo com um funcionário, um grupo, um gerente ou um fundador, e é provável que também aconteça ao engrenar mudanças.

A STARTUP COMO UMA ORQUESTRA

O maior desafio para um CEO é ter a certeza de que a organização esteja mudando junto com as fases. Dessa forma, ele atua como um maestro de orquestra, ou seja, cada participante da orquestra inicial – vendas, marketing, desenvolvimento de produtos – tem uma importância peculiar, realizando o que lhe cabe no momento certo.

Começa-se com o piano, depois vêm alguns violinos (agora o piano não mais domina a paisagem sonora), em seguida talvez bateria e trombetas. Durante o intervalo, o pianista volta para casa, pois o piano inexiste no restante do evento. Em uma organização amadurecida, todas as peças estão no lugar, funcionando em harmonia. Cada músico sabe que é apenas uma parte do todo.

A inaptidão de se movimentar de uma fase para a próxima, de fluir com as mudanças intensas, de equipar a orquestra nos momentos certos visando criar o ritmo certo é uma das principais razões do fracasso de startups.

QUAL O MOMENTO DE PROMOVER MUDANÇAS?

Prepare-se para mudanças quando qualquer uma das seguintes situações acontecer:

- as métricas estão certas;
- o objetivo de retenção é alcançado na adequação do produto ao mercado;
- o ciclo de vendas é abreviado com a descoberta do modelo de negócios;
- o custo de captação do usuário é reduzido para zero ou muito abaixo do valor vitalício de um usuário, em prol do crescimento.

Quais os números certos? Discutiremos esse assunto nos capítulos de adequação do produto ao mercado, crescimento e modelo de negócios. Por ora, aja de acordo com os números, e não com um pressentimento, e leve a empresa a promover mudanças quando os números estiverem certos. Já vi muitas companhias passando para a próxima etapa muito cedo... e também tarde demais.

Apaixone-se pelo problema, não pela solução

STARTDICAS

- Qual é a fase mais importante em uma empresa? Todas, uma de cada vez.
- Startups e empreendedores de sucesso trabalham em fases, em geral uma de cada vez. A adequação do produto ao mercado sempre é prioritária.
- Cada fase leva de dois a três anos. Depois da adequação do produto ao mercado, vêm a expansão e a monetização (plano de negócios).
- Não tente trabalhar em várias etapas ao mesmo tempo, quase sempre é receita para o desastre. Você vai gastar dinheiro à toa e não vai progredir.
- Comece decidindo o MIT – a coisa mais importante. As transferências de fases são particularmente bem complicadas, porque está mudando o MIT.
- Lembre-se: nem todos os funcionários, incluindo os fundadores, passarão para a próxima fase.
- Tenha cuidado para não contratar antes da hora. Caso contrário, sua equipe talentosa, sem nada para fazer, irá embora.
- Avalie: conseguir que o primeiro cliente compre pela segunda vez vale como uma excelente indicação de adequação do produto ao mercado.
- Cobre de 10% a 25% do valor que fornecer aos clientes.

CAPÍTULO 5A

EMBARQUE NA MONTANHA-RUSSA DA CAPTAÇÃO DE RECURSOS

Se criar uma startup é deslizar pelos altos e baixos de uma montanha-russa, captar recursos equivale a deslizar por uma montanha-russa no escuro – nem sequer se sabe o que está por vir.

A reunião de "todos os parceiros" com a Vertex Ventures foi marcada para uma quinta-feira de manhã no final de novembro de 2007, uma das muitas que o Waze teria com investidores, e a terceira com a Vertex, uma clara indicação de interesse por parte deles.

Apaixone-se pelo problema, não pela solução

Buscávamos nossa primeira rodada de financiamento para o Waze, que até aquele momento ainda não fora concebido como uma empresa e não tinha funcionários remunerados. Eu me mantinha em tempo integral na missão de captar recursos, afinal, precisávamos de dinheiro para contratar pessoas e dar partida no início de nossa jornada.

Essa reunião com a Vertex seria a primeira com a presença de todos os parceiros. Antes, havíamos nos encontrado apenas com Ehud Levy, nosso contato principal, e com alguns outros membros da equipe.

Ehud mostrava muito entusiasmo com o que estávamos criando, mas precisava vender nosso produto aos colegas, em particular a Yoram Oron, o gestor de fundos e o único tomador de decisões ali.

Já tínhamos recebido dezenas de "nãos" de outros VCs. Àquela altura, os motivos eram tantos que eu nem tinha mais certeza de quem havia dito o quê, e muitos deles, quando de fato existiam, eram irrelevantes ou demonstravam desconexão com a história que estávamos contando. Mas outros faziam sentido.

Em referência às principais companhias que criavam mapas de GPS da época, diziam: "Você acha que uma pessoa dirigindo o próprio carro é capaz de criar um mapa melhor do que o Navteq ou o Tele Atlas?". E também: "Se você não sabe onde fica minha casa, nunca será bom o bastante".

E por aí seguiam os comentários: "Como saber se alguém não passou informações incorretas? Você não precisa de alguém para validar?"; "Os usuários nunca vão compartilhar suas localizações por questão de privacidade"; "Por que o mundo precisa de outro aplicativo de navegação?".

E dirigidas diretamente a mim: "Por que você acha que é o cara certo para liderar essa coisa toda?".

Um dos principais fatores na tomada de decisões de VC é a "perspectiva do usuário". É muito improvável que os parceiros de uma empresa de capital de risco invistam em algo que acham que eles próprios não usariam. Para muitos dos investidores que conhecemos, era bem complicado digerir o conceito de *crowdsourcing*.

Embora a compreensão de ideias como "NÓS somos mais inteligentes do que EU" e "a sabedoria do coletivo" tenham sido bem aceitas, a ideia de alguém contribuir ativamente por meio de um aplicativo quando o mapa e o app em si não eram bons o bastante não soava bem.

Precisávamos criar um "efeito UAU" para Yoram achar que estava funcionando "como mágica". Mesmo que ele não acreditasse que contribuiria ativamente para o mapa, precisávamos que acreditasse que outra pessoa o faria.

E então nosso UAU surgiu.

Eu disse aos meus parceiros: "Vamos garantir que as casas de todos os sócios estejam no mapa; assim, se nos pedirem para navegar até elas, vamos conseguir". Eu esperava que eles de fato perguntassem, mas, caso não o fizessem, eu daria uma forcinha, por assim dizer, nessa direção. Planejava perguntar a Ehud Levy durante a reunião onde ficava a casa dele e depois mostrá-la no mapa. Esperava que, depois disso, alguém mais quisesse também tentar.

Liguei para Ehud Levy e lhe pedi uma lista de endereços dos parceiros da Vertex. Quando me perguntou por quê, disse que queria ter certeza de que nossa demonstração ocorresse na vizinhança de um deles; queria transmitir confiança.

Expliquei-lhe ainda que o endereço mais comum para o pessoal testar era o da própria casa ou do escritório, e prometi apagar os dados.

Naquele mesmo dia, Ehud me enviou a lista e simulamos a criação de um trajeto e um mapa perto da área onde cada um dos parceiros morava. Criamos várias sessões de edição de mapas que geraram informações para a vizinhança próxima às residências deles.

Dessa forma, não apenas o número da casa de cada um dos sócios aparecia no mapa, mas também várias outras na mesma rua, na se-

Apaixone-se pelo problema, não pela solução

guinte, e por aí vai. Sabíamos que estávamos prontos para a pergunta: "Minha casa está no mapa?".

Chegamos cedo para montar a apresentação. Sempre preparo meu cenário: sento-me onde está a tela, para que as pessoas olhem para mim enquanto falo e, principalmente, para que eu as observe mesmo quando estiverem atentas à apresentação dos slides.

Começamos mostrando o mapa/navegação na tela grande.

– Então, você está dizendo que minha casa está no mapa? – Yoram Oron, o gestor de fundos, me perguntou, exatamente como eu esperava.

– Bem, não sei onde você mora, mas me diga o endereço e vamos descobrir – respondi.

Não era bem uma mentirinha, pois realmente não sabia onde ele morava. Mas sabia que a casa estava no nosso mapa.

Digitamos o endereço. E lá, como em um passe de mágica, surgiu a residência na tela.

Os parceiros olharam para o mapa, mas eu analisava o rosto de Yoram, e a expressão dele mudou assim que viu a casa; os cantos da boca se contorceram. Ali estava, exalando puros cifrões.

E então entendi que o negócio era nosso.

Uma semana depois, recebemos um *term sheet* da Vertex no valor de dois milhões de dólares.

Mas a coisa não terminou ali. Ainda se passariam três meses para que fechássemos o negócio, e, nesse período, outros dois investidores já haviam assinado, e o investimento saltou para doze milhões.

Se criar uma startup é deslizar pelos altos e baixos de uma montanha-russa, captar recursos equivale a deslizar por uma montanha-russa no escuro, e fechar um negócio então é como uma montanha-russa no escuro deslizando para trás! Se gostei do passeio? Gosto de velocidade e de esportes radicais, mas, nesse caso específico, o que aprendi seria inestimável para as dezenas de empresas que fundei depois do Waze.

Se for a primeira vez que você estiver buscando financiamento, este capítulo é para você. A captação de recursos difere muito de qualquer outra coisa que já viu antes. Imagine que você precisaria de cem encontros para achar a pessoa "certa". Em captação de recursos, é isso que acontece. Você precisará ser extraordinário; este capítulo lhe dirá como se tornar um empreendedor extraordinário.

Pense no seguinte: no fim das contas, um investidor vai investir em uma startup nova e em um empreendedor de primeira viagem apenas se gostar do CEO e da história. Portanto, conte uma que brilhe!

CONTE UMA BOA HISTÓRIA

Depois que adquiriram o Waze, em 2013, eu estava em uma reunião com um sócio de uma das principais empresas de capital de risco de Israel. Perguntei a ele qual o tempo necessário para alguém decidir se gosta ou não do empreendedor.

– Quer a resposta verdadeira ou a certa? – questionou.

– A verdadeira – respondi. – Já ouvi inúmeras vezes a "certa".

Estávamos sentados em uma salinha de reuniões. Ele olhou para mim e, em seguida, para a porta. Olhou para mim de novo e depois de volta para a porta.

– Rápido assim – ele disse. – Antes mesmo de se sentarem.

A primeira impressão que se desencadeia nos outros é assim mesmo. Depois, bastam alguns minutos para solidificá-la ou mudá-la.

Agora, se for esse o caso, conte uma história cujo início seja o ponto mais forte. Caso contrário, quando chegar a ele, talvez já tenham se decidido!

Em várias ocasiões, questionei investidores quanto a empresas em estágio inicial: "Por que decidiu investir nesta ou *naquela* startup?".

Apaixone-se pelo problema, não pela solução

A resposta não mudava: "Eu conhecia o CEO de uma startup anterior". Ou: "Gostei da história e também do CEO".

Daí, observamos duas conclusões básicas:

1. ***Gostei da história:*** você precisa **APRENDER como contar uma boa história**, assentada em envolvimento emocional, não em fatos. Lembre-se, está tentando que o investidor queira seu produto, como fizemos com o "passe de mágica" da Vertex.
2. ***Gostei do CEO:*** esteja no seu melhor, e a aparência importa, *sim*. **O CEO vai para a primeira reunião SOZINHO**, sem mais ninguém ali com ELE para dividir atenção.

Certa vez, um colega me relatou esta valiosa história sobre narrativas:

– Um amigo meu foi correr na praia ontem à noite e, depois de uns oito quilômetros, pensou que seria uma excelente ideia tomar banho no mar Mediterrâneo. Era tarde, praia vazia, uma ótima oportunidade para nadar pelado e se refrescar. Tirou as roupas, até o relógio, e entrou na água. De repente, depois de alguns minutos, se deparou com um tubarão. Então, puxou uma faca e esfaqueou o animal...

Aí o interrompi.

– Espere um minuto, de onde ele puxou a faca?

– Você quer uma história ou fatos? – respondeu.

Essa narrativa ilustra um aspecto importante: se você contar fatos, levará seu público a pensar; se contar histórias, o levará a imaginar e sentir. Se quer que invistam, é necessário que imaginem, que se envolvam emocionalmente com a história.

Como contar uma história que seja mesmo boa? Você está tentando criar envolvimento emocional e levá-los a imaginar que fazem parte da cena, portanto, precisa ser autêntica. Inventar um "caso de uso" – uma parte comum dos planos de negócios e documentos de marketing que descreve em detalhes quem serão os usuários de um produto e exatamente como o usarão – não rola.

Contar o caso de uso de outra pessoa ainda pode gerar a verossimilhança de que você precisa, mas o mais importante é levar o interlocutor (nesse caso, o investidor) a acreditar que faz parte da história (ou seja, fazê-lo pensar: "Isso pode acontecer comigo"). Ele precisa "sentir" a história, mesmo que não seja exatamente verdadeira.

ZEEK: COMEÇOU COM UM MICRO-ONDAS

Quando estávamos criando a Zeek, uma startup que ajudava os clientes a aproveitar ao máximo um crédito de loja, queríamos apresentar vários casos de uso. Mas cabe destacar que, embora os casos possam atuar como ferramentas muito úteis, também podem ser bem impessoais. Não são histórias.

Eu era o presidente da Zeek, e Daniel Zelkind, o cofundador e CEO. Daniel me perguntou como converter os casos de uso de sua nova empresa em histórias. Inventei uma: em casa, na nossa cozinha, temos um nicho feito sob medida para um forno de micro-ondas. Há uma moldura de madeira ao redor do forno, e é possível ver apenas a porta e as teclas de controle.

Um dia o micro-ondas pifou, e minha esposa (agora ex-esposa) me disse que precisávamos com urgência de outro. Como entendi o imediatismo por um lado e o tamanho do micro-ondas por outro, medi com todo o cuidado o nicho antes de comprar um novo. Tive muita sorte e, na primeira loja, já consegui encontrar o último aparelho disponível do tamanho que precisava. Assim que cheguei em casa, desembalei-o, removi a moldura do armário, tirei o forno pifado e instalei o novo. Em seguida, recoloquei a moldura, guardei o micro-ondas antigo na caixa nova e levei-o para a lixeira. Por fim, verifiquei se o novo esta-

Apaixone-se pelo problema, não pela solução

va funcionando. Mas só nesse momento percebi que a porta do forno era um pouquinho mais larga que a moldura.

Enquanto eu contava essa história, usava minhas mãos para demonstrar a largura da moldura, o jeito como carreguei a caixa pesada até a lixeira e até o tamanho do gato de rua que espantei do local. Nesse momento, esperamos que você comece a imaginar que faz parte da história e que ela pareça autêntica; você compartilha minha frustração.

No entanto, a história não acaba assim. Quando fui devolver o micro-ondas à loja, o vendedor, pouco prestativo, disse que não havia aparelhos do tamanho de que eu precisava, mas que ficaria feliz em me dar um crédito na loja.

Argumentei: "O que vou fazer com o crédito? Quero um micro-ondas que caiba no espaço. Você não tem um e não existe nada aqui que eu precise comprar".

Acabei comprando um em outra loja, e agora tenho dois micro-ondas: um em casa e outro que é um "crédito em loja".

Considere todo o contexto – o sentimento de impotência, a percepção de que perdi tempo e dinheiro, a reação esperada de minha esposa –, e você terá uma história completa que explica por que precisamos de um mercado para créditos em lojas.

A Zeek nasceu assim.

A história funcionou por causa da riqueza de detalhes. De fato, ao lê-la aqui impressa, vejo que os detalhes criam a autenticidade necessária (ao contar a história, pule alguns deles se achar que a mensagem já foi transmitida).

E mais, o sentimento de frustração inerente à narrativa fez com que parecesse autêntica e criasse envolvimento emocional. É fácil imaginar-se na mesma situação. Na verdade, Daniel até me perguntou o que minha esposa tinha dito depois do fiasco do micro-ondas, e daí percebe-se que a história pareceu tão real que ele esqueceu que eu havia inventado tudo.

Daniel começou a recorrer à mesma narrativa em todas as abordagens que fazia. Acho que em algum momento até acreditou que acontecera com *ele*, tanto que a história virou um bumerangue para mim.

Eu havia feito uma apresentação para Daniel usar na empresa de capital de risco Sequoia. Ele se encontrou com um dos sócios, Gili Raanan, que eu conhecia do tempo que estivemos juntos na unidade de inteligência 8200 do IDF (Israel Defense Forces) e, posteriormente, em vários outros lugares, incluindo a diretoria do Moovit.

Eu já contara a Gili a história do micro-ondas. E Daniel também a contou.

Enquanto conversávamos sobre a proposta, Gili me disse: "Foi bem engraçado; seu CEO contou exatamente a mesma história de micro-ondas, e ainda mexia as mãos do mesmo jeito!".

Não importa de onde vem a história. Se o CEO pode se jogar de cabeça nela para torná-la autêntica e criar um verdadeiro envolvimento emocional visando a que os investidores se imaginem na narrativa – talvez por frustração, talvez por raiva, talvez por vingança –, isso fará toda a diferença.

Lembre-se: investidores também são usuários. Se você é um investidor e acha que não vai usar o produto que um empreendedor está lançando, não investirá nele.

Então, quando você, empreendedor, estiver elaborando sua história, veja se consegue de antemão saber mais sobre o investidor com quem vai se encontrar. Se o seu produto for um software para crianças, pergunte a ele se tem filhos e qual a idade. Talvez tenha sobrinhas e sobrinhos. O investidor deve imaginar alguém conhecido usando o produto.

Apaixone-se pelo problema, não pela solução

HISTÓRIA DA REFUNDIT

A história da Refundit é ainda mais interessante que a da Zeek, pois aborda um tipo diferente de frustração: a tentativa de receber um reembolso de imposto (em geral chamado de *TAX FREE*) ao viajar para a Europa.

Conforme observamos no Capítulo 1, as pessoas que moram em países não pertencentes à UE, mas que a visitam, têm direito a receber de volta qualquer IVA [imposto de valor agregado] pago sobre produtos adquiridos enquanto estavam lá. Mas, em 90% dos casos, elas não conseguem recuperar o próprio dinheiro. Talvez existam longas filas na alfândega, talvez a loja não tenha os formulários corretos, talvez o balcão do aeroporto esteja fechado. Tem sempre alguma coisa que não funciona no processo.

A Refundit simplifica tudo, bastando usar um app para escanear os recibos e, depois, apresentar passaporte e cartão de embarque para receber o dinheiro de volta.

Quando conto essa história para os investidores, eles sempre externam a própria frustração com o processo. Costumam compartilhar comigo piadas sobre o que lhes aconteceu. E foi exatamente assim com Ziv, CEO da Refundit, quando conversou com usuários e tentou comprar uma bicicleta em Barcelona.

Esta é a parte mais importante sobre contar uma história: ouça o feedback e, depois que o investidor estiver envolvido, destaque e fortaleça essa conexão.

Por exemplo, um investidor uma vez me disse: "Eu nunca paro na restituição de impostos, mas minha esposa para". Use esse feedback e retruque alguma coisa do tipo: "Caramba, isso é ainda pior! Pelo menos para ela há um motivo e, com sorte, conseguirá algum reembolso, mas você fica lá esperando sem fazer nada. Perda de tempo. A Refundit pode salvar esse tempo e ainda a frustração de esperar sua mulher".

DEMOS E APRESENTAÇÕES DE SLIDES

E se você estiver nervoso ou achar que não é um bom orador? Apresenta ao investidor uma demonstração em vídeo de como seu produto funciona quando você fizer sua apresentação? Não! Isso vai irritá-lo, e você perderá noventa segundos de chance de contar sua história ao vivo e em cores. Que tipo de primeira impressão isso causa?

No entanto, vídeos são muito importantes quando se envia a história por e-mail. A maioria dos investidores que você vai conhecer não são os únicos tomadores de decisão; eles têm uma organização para apoiá-los. Quando bem elaborado, um vídeo talvez se torne a melhor maneira de compartilhar informações.

Vamos falar um pouco dessas demos do YouTube de noventa segundos, que estão se tornando cada vez mais comuns. Percebi que muitos usam "música de elevador" para recheá-las, em vez de contar a história em palavras. Aí está uma terrível perda de tempo e oportunidade. Alguém lhe deu noventa segundos de atenção e você tocou música de elevador? Quando as pessoas me enviam vídeos desse tipo, quase sempre lhes pergunto quem os fez. Diante da resposta, digo que deveriam demitir o responsável!

Uma demo ao vivo cria um cenário completamente diferente. Você está presente lá, e tem um ouvinte capaz de ver, sentir e conversar; que oportunidade de ouro para contar sua história! Aqui vai uma dica bem legal: separe o que as pessoas veem na tela e o que você diz a elas com as próprias palavras, assim, verão o produto enquanto você conta a história. No final, terão ouvido a narrativa toda e sentirão que funciona. Não caia na armadilha de explicar o que estão vendo ou o que você está

Apaixone-se pelo problema, não pela solução

fazendo enquanto move o mouse. Seria uma oportunidade perdida. Em vez disso, conte uma história que crie envolvimento emocional.

No entanto, vale a pena criar um vídeo profissional (não um vídeo de demonstração). Se você o elaborar, recorra a legendas ou a uma transcrição além da história narrada, para que as pessoas assistam a ele em um ambiente silencioso. Também vale a alteração do idioma das legendas, se necessário.

Ao criar uma apresentação de slides, tenha em mente que os dois mais importantes são o primeiro e o último (ou seja, o slide do título e o final). Sabia disso? Na maioria das apresentações que já vi, o primeiro slide quase sempre se resume ao nome da empresa, ao destaque de uma apresentação para investidores e à data. Esse slide ficará por mais tempo do que qualquer outro slide na apresentação, e você o usou para absolutamente nada.

Veja bem, use o slide de título para transmitir uma mensagem simples e poderosa. Explique o problema, apresente a oportunidade ou estabeleça uma declaração para que, mais tarde, quando contar sua história, ela seja considerada um fato. Por exemplo, "Estamos abordando um mercado quebrado de quatrocentos bilhões"; "Ninguém pode fazer isso melhor do que nós"; "Noventa por cento das pessoas detestam ir ao dentista".

Eu disse "quase" sobre o primeiro slide, porque o último, aquele que quase sempre diz apenas "Obrigado", provavelmente permanecerá na tela por mais tempo; assim, use-o para reforçar a mensagem principal. Esses dois slides serão visualizados por um período mais longo de tempo. Diga ao seu público alguma coisa que deseja que eles lembrem.

Por último, mas não menos importante, em sua história, se você estiver resolvendo um problema, comece com *quem* e o *porquê* e chegue ao *o que* no final. É o mesmo processo que vimos no Capítulo 1 em relação a como identificar um grande problema cuja solução valha a pena. Para *quem* você está resolvendo o problema? Esse é o seu público. *Por que* está criando isso? Esse é o problema. E *o que* é a solução.

Ao fazer seu discurso inicial para o investidor, lembre-se mais uma vez de que o CEO é o único que deve estar na reunião (exceto se o investidor tiver solicitado a equipe). Não é uma coisa do ego. Se um VC decide investir, é porque gosta do CEO e da história.

O que acontece se você trouxer mais pessoas para a reunião? Aí surgem duas opções: elas participam ativamente e, portanto, fazem parte do tempo/atenção/brilho que deve caber ao CEO, ou não dizem nada, e então se pode perguntar: qual é o papel daquele pessoal na sala?

A DANÇA DOS CEM NÃOS

No início, toda startup batalha para maximizar seu capital. Apenas 15% delas (aquelas que já formaram uma empresa e talvez levantaram algum capital *pre-seed* dos investidores-anjo) chegam a uma rodada *seed*.

O Waze recebeu dezenas de NÃOS antes de a Vertex fazer sua oferta, em um processo que poderíamos chamar de "dança dos cem nãos".

Por que cem? Pensemos assim: um parceiro de VC vai se reunir com cerca de cem a duzentas empresas em um ano, mas investirá apenas de uma a duas vezes nesse período. Isso representa 99% para não e 1% para sim. Portanto, fazer um *pitch*[18] 99 vezes não significa que se está fazendo um trabalho ruim. É como as coisas funcionam.

Isso muda muito quando você está descobrindo onde seu produto se posiciona. Se falar com vinte pessoas e todas lhe disserem que o problema cuja solução você propôs não importa para elas, bem, talvez haja alguma coisa errada em sua percepção do problema e, desse modo,

---

18. *Pitch* é uma apresentação curta e direta sobre uma empresa ou projeto que tem como objetivo despertar a atenção de um investidor, parceiro ou cliente pelo negócio. (N.T.)

Apaixone-se pelo problema, não pela solução

não existe motivo para seguir em frente. No entanto, caso converse com vinte investidores e todos digam não, pouco importa; continue ladeira acima. Mas, sem dúvida, é muito desanimador quando o pessoal que você acha que conhece bem sobre as startups diz um não atrás do outro, certo? Não desanime. Procure melhorar e passe para o próximo.

Na verdade, você está progredindo em dois aspectos: o aprimoramento de sua história e o fomento de sua resiliência e perseverança.

Reitero aqui um ponto fundamental. Imagine que está jogando futebol e tentando marcar um gol olímpico de escanteio. Você se posiciona lá na bandeirinha de escanteio e tenta acertar na rede da trave do outro lado. Se pensa que consegue fazer isso, não crie startups; seja um jogador profissional. Mas, se tentar cem vezes, aumentará a chance de conseguir.

Há uma razão para as empresas de capital de risco serem tão seletivas. De acordo com um estudo da Harvard Business School, 75% de todas as startups apoiadas por VC fracassam. Em Israel, 40% das empresas nessa situação geram retornos de capital zero. Nos EUA, apenas 6% delas criam 90% dos retornos de capital.

Mas, vez por outra, um VC conseguirá sucesso, talvez até vire um unicórnio. As empresas de capital de risco estão procurando um tipo específico de companhia, uma que algum dia valerá um bilhão de dólares, ou então que já atue em um mercado multibilionário. Chamam o investimento desse tipo de "criador de fundos", que compensa todas as perdas. Em 2014, a relação entre unicórnios e startups foi de 1:1.500, e, embora bem melhor em 2021, ainda foi de apenas 1:800, ou seja, apenas uma em cada mil (mais ou menos) startups se tornará unicórnio.

Parceiros VC não querem uma empresa que apenas duplicará um investimento de cinco milhões de dólares. Querem um retorno dez, vinte, cem vezes maior. Se eles acharem que você não tem a possibilidade de gerar fundos, não investirão.

Aí está outra razão pela qual é tão importante enfatizar o seu ponto mais forte no início da história. Se o trabalho do VC é dizer não, afinal, fazem isso em 99% dos casos, a paciência deles vai se deteriorando com o tempo, e eles quase sempre têm pressa em tirar conclusões. Portanto, comece com o ponto mais forte, para que a conclusão dos VC seja a certa!

Em uma empresa de capital de risco, quem abordar? Você pode ir nas frutas que são mais fáceis de alcançar – os analistas da linha de frente cujo trabalho envolve falar com empreendedores. Mas se quer meu conselho, não faça isso. As pessoas certas são os sócios em uma empresa de VC; são eles quem dizem sim; é inútil conversar com qualquer outra pessoa. O máximo que um analista pode dizer é não.

CUIDADO COM OS BLEFES DOS INVESTIDORES

Enquanto está na dança dos cem nãos, cuidado com os blefes dos investidores. Aqui estão alguns exemplos: "Agimos assim em todos os nossos acordos".

Verdade? Imagine que um dos seus filhos chegue em casa e diga "Mas, pai, os pais de todas as crianças da minha turma deixam eles fazerem isso ou aquilo". "Tudo", "nunca", "sempre", "ninguém" – nunca leve tais palavras ao pé da letra. E isso vale também para os investidores.

"Nunca investimos em alguma coisa assim" ou "Nunca investimos a esse preço" devem ser entendidas como "Bem, já fizemos, mas não queremos contar para você".

Caso seja um empreendedor novato na área, fica difícil perceber o blefe de um investidor experiente. Os termos "tudo" e "nunca" quase sempre são blefes.

Apaixone-se pelo problema, não pela solução

Aqui estão mais alguns: "O pessoal nunca vai fazer download disso"; "Achamos que o mercado vai perder o interesse"; "Acreditamos que seu produto visa a determinado tipo de investidor, não a nós".

Tudo blefe. Na verdade, significa o investidor falando "Não gostei da sua ideia", ou "Não gostei de você, mas não quero lhe dizer a verdade".

Um dos blefes mais comuns que todo empreendedor ouvirá em algum momento é "O Google pode fazer isso". Raramente é verdade, pois ele foca a criação de seus próprios negócios. Não se importa com aquilo que você propõe. E se decidirem que querem lhe passar a perna, terão de atravessar a mesma jornada que você trilhou, ou semelhante, para chegar aonde está agora, o que, caso você tenha a adequação do produto ao mercado, não será fácil.

Quando Nir Erez, cofundador e CEO da Moovit, estava tentando arrecadar pela primeira vez dinheiro para a empresa em 2012, uma das objeções que ouviu reiteradas vezes dos investidores foi que o Waze acabaria se dirigindo à área de transporte público, afinal, já havia equacionado perfeitamente os congestionamentos de trânsito por meio do *crowdsourcing* dos usuários.

"Eles podem fazer isso num piscar de olhos", diriam os investidores.

E a frase soava muito engraçada, pois eu já estava no conselho de administração da Moovit, o que me permitiu dizer aos investidores: "Não, o Waze não pode fazer isso com rapidez! Os usuários de cada um deles são públicos diferentes. Os do Waze dirigem carros; os do Moovit, não".

Assim como no caso do Google, é uma questão de foco, e isso não tem a ver com o que fazemos, mas com o que *não* fazemos. No Waze, estávamos focados nos motoristas, não no transporte público, nos pedestres ou em hipismo. Menos ainda em esquiadores ou ciclistas (apesar de eu gostar de ambos).

São os usuários que impulsionam uma empresa. Em outras palavras, não é tanto **o que** estamos fazendo, mas **por que** e **a quem** nos dirigimos. Waze e Moovit nunca foram concorrentes, ainda que alguns investidores insistissem nessa ideia.

Se você resolver entrar na discussão de argumentos, muitos empreendedores tentarão provar que os investidores estão errados. Se o empreendedor receber um e-mail detalhado explicando por que a empresa não vai investir, ele tenderá a responder também com detalhes para pontuar a imprecisão ou a irrelevância dos argumentos.

Não se preocupe. Diga apenas "Obrigado pela consideração", e continue firme na sua lista de cem VCs. Lembre-se: disseram não por não gostarem da história, ou por não gostarem de você.

Algumas empresas de VC enviarão um e-mail atencioso explicando por que não vão investir. Responda com um "Obrigado; vamos mantê-lo atualizado". E se a empresa não responder a seus e-mails? Vá em frente. Se quiserem investir, ligarão para você.

PRINCIPAIS INDICADORES DE INVESTIDORES

Como saber se um investidor está interessado em seguir em frente? Aqui está o que eu chamo de KIIs, *Key Investor Indicator* [principais indicadores de investidores]:

- Se estão falando sobre o negócio, estão interessados.
- Se estão perguntando quem mais está analisando o negócio, estão interessados.
- Se estão perguntando quem eram os investidores anteriores, ou se desejam ver a tabela de capitalização (que mostra participação societária e diluição de participação societária), estão interessados.

Apaixone-se pelo problema, não pela solução

- Se começarem a emitir conselhos sobre mudar sua apresentação, significa que querem apresentá-lo a outra pessoa e, então, estão interessados.

Levei o Waze para o mesmo investidor, Atomico, quatro vezes. E sempre surgia uma objeção diferente. Começou com "Ainda é muito cedo", sem dúvida uma boa resposta, cujo significado é que ainda não acreditam na história, mas, caso se possa mostrar que ela funciona com dados do mundo real, está ótimo.

A Atomico não investiu, porém, como gostamos deles, voltamos para a rodada B. O comentário: "O que você fez até agora é incrível, mas achamos seu _valuation_ muito alto".

Valuation significa a estimativa do valor de uma empresa. Se um VC investe certo valor em uma empresa de baixo _valuation_, receberá uma porcentagem maior da empresa do que se o investimento ocorrer em uma com _valuation_ mais alto. _Valuations_ mais elevados também implicam que os investidores anteriores – e os acionistas da empresa – são menos "diluídos", ou seja, a porcentagem da empresa que possuem permanece maior.

Quando nos encontramos com a Atomico para a rodada C, eles repetiram o mesmo mantra: "Seu progresso é incrível; não acreditávamos que chegaria tão longe. Gostaríamos de ter investido na rodada anterior, mas agora seu _valuation_ ainda está muito alto".

Minha resposta: "Tudo bem, mas na próxima vez você vai dizer a mesma coisa".

A Atomico nunca nos aceitou até que o Google adquiriu o Waze. No entanto, foi de grande ajuda no progresso do desenvolvimento de negócios no Brasil.

APENAS ALGUNS MESES

Na verdade, a Atomico não estava sozinha, pelo menos quando da nossa segunda rodada. O Waze enfrentou um período de muitas dificuldades para arrecadar dinheiro. Tivemos sucesso em Israel, mas progredimos devagar nos EUA e na Europa, e os únicos países em que conseguimos alguma tração foram Letônia, Eslováquia e República Tcheca. Também nos saímos bem no Equador, na América Latina, por causa de uma parceria fantástica com uma empresa de tecnologia automotiva chamada Location World.

Todas as empresas de VC em Israel disseram não. Foram vários encontros com muitas delas, mostrando nosso progresso, e elas estavam usando o aplicativo em Israel. Mas nossos números globais eram insuficientes, e não tínhamos um modelo de negócios claro.

Nem havia interesse de qualquer dos nossos VCs em investir mais dinheiro adicional; recebemos pouco apoio.

Um dos nossos primeiros investidores nos disse: "Se conseguir uma oferta para vender a empresa hoje por vinte a quarenta milhões de dólares, venda".

Foi uma época de desafios para o Waze. Era 2010, e o dinheiro que havíamos levantado na rodada A estava acabando. Sobreviveríamos talvez alguns meses mais. Toda a equipe de gestão optou por um corte de salário para evitar uma redução geral, o que afetaria outros funcionários.

JOGADA INESPERADA DO GOOGLE

Foi nessa época que Noam e eu jantamos com um dos sócios da Khosla Ventures, uma grande empresa de VC do Vale do Silício, com quem tínhamos nos encontrado várias vezes. Estávamos nos preparando para

Apaixone-se pelo problema, não pela solução

uma reunião com todos os sócios na manhã seguinte, quando faríamos uma apresentação em busca de fundos para nossa rodada B.

Em geral, tal situação indica com clareza que o sócio quer investir, e então estaria nos informando antes da reunião com todos os sócios. Queria nos mostrar também o quão valiosa a empresa poderia ser (outra indicação clara de interesse).

O sócio então acrescentou que sabia que nosso único concorrente em potencial era o Google, mas que não precisávamos nos preocupar, pois, em conversas com contatos de lá, haviam lhe dito que em pelo menos dois anos o Google teria seus próprios mapas e navegação gratuita em tempo real.

Na manhã seguinte, abri meu computador para verificar as novidades do mundo da tecnologia e tive uma surpresa bem desagradável: o Google tinha anunciado a navegação em tempo real nos EUA, substituindo a TomTom como fonte do mapa.

Noam Bardin, CEO do Waze, e eu nos encontramos para o café da manhã, quando ele perguntou com toda a sinceridade: "Deveríamos mesmo ir à reunião com todos os sócios?".

Nós fomos, mas Noam estava certo: o anúncio do Google dizimou o interesse dos investidores no Waze.

Por fim, quando terminamos a rodada B, várias dezenas de VCs disseram não. Rodadas desse tipo, em muitos casos, baseiam-se mais em tração e execução e menos em história. Nossa equipe foi fantástica, o modelo (nos locais onde funcionou), incrível, e nossa história, muito poderosa. Mas sem tração nos países que importavam, a coisa ficou complicada.

Exceto por uma empresa: a Microsoft. A gigante da tecnologia tinha uma preocupação que vinha ao encontro da nossa: se um dia quisessem criar seu próprio produto de mapeamento, agora que o Google estava expandindo a funcionalidade de mapa, o que aconteceria caso ele se negasse a licenciar mapas para a Microsoft?

O medo da Microsoft representou a nossa salvação. A empresa liderou uma rodada de trinta milhões de dólares no Waze, que também incluiu a Qualcomm Ventures, em um *valuation* de setenta milhões de dólares. Ainda bem mais do que o que esperávamos conseguir!

Então, depois de um início desastroso, com o Google anunciando a navegação em tempo real nos EUA, outras empresas começaram a procurar uma alternativa de mapeamento… e ali estávamos nós.

O contexto todo também nos permitiu focar. Em vez de tentar competir com o Google na pesquisa dos mapas, nos concentramos nos deslocamentos, o que não era o ponto forte do Google Maps.

O investimento da Microsoft, que não foi divulgado na época, pois estava abaixo do limite relatado, chegou bem a tempo. Em um mês fecharíamos a empresa e demitiríamos todos. Assim aconteceu nossa rodada B, com certeza uma capitalização suficiente para nós.

FOMO COMO ESTRATÉGIA DE CAPTAÇÃO DE RECURSOS

Com a Qualcomm, usei o poder do FOMO (Fear of Missing Out, na sigla em inglês, que significa medo de ficar de fora) para convencê-los a aderir. No início, alegaram que nosso *valuation* era muito alto. Diante de tal hesitação, passei muitas horas com eles, até que, em uma reunião, me contaram como haviam perdido uma oportunidade de investimento no Twitter quando o *valuation* era de apenas 55 milhões de dólares (no momento em que escrevo, em 2021, o Twitter vale 34,4 bilhões de dólares).

Uma semana depois, eles me pediram para participar de uma teleconferência com todos os sócios com uma apresentação. Meu último

Apaixone-se pelo problema, não pela solução

slide dizia apenas uma coisa: "Se você pudesse voltar no tempo, investiria no Twitter com esse *valuation* de US$ 55 milhões?".

O FOMO funciona em muitos casos!

A Microsoft acabaria lançando um produto de navegação em seu buscador Bing, mas com os mapas da Navteq (na época Nokia), não com os nossos!

A dança dos cem nãos muitas vezes se torna exaustiva; desmotiva ouvir não após não após não. Talvez você queira desistir, como aconteceu com muita gente antes.

No início, costuma-se dizer: "Eu sou forte; consigo ouvir cinquenta nãos e não vou desistir". Mas depois de vinte deles, você começa a se questionar.

Não faça isso. Se você tem uma boa história e é um empreendedor de espírito agradável, só precisa de um sim em cem nãos.

O *TERM SHEET*

Um *term sheet* é uma carta de intenção de um investidor que resume os termos do potencial de investimento na empresa. Talvez soe como o Santo Graal, mas representa apenas um marco no caminho para a rodada de captação de recursos. Muito provavelmente se tornará um investimento, ainda que haja um longo caminho pela frente.

Negociar com um investidor é uma luta injusta desde o início, sobretudo se você é um empreendedor inexperiente de primeira viagem e está enfrentando alguém que já fez dezenas de negócios.

Só que a coisa vai além. Se já fez com que gostem de você e da história a ponto de terem vontade de investir e estão prontos para lhe dar um *term sheet*, talvez pense que sua inexperiência os desanime. Você não tem certeza se a abordagem correta é jogar pesado para conseguir ou apenas ceder, na medida em que teme perder o negócio.

Imagine a compra de uma primeira casa. Você recebe o contrato de hipoteca do corretor de imóveis e percebe que não tem a mínima ideia da metade dos detalhes ali redigidos.

Não tenha medo de pedir ajuda. Na verdade, você precisará mesmo de ajuda e de alguém em quem confie para orientá-lo durante todo o processo de captação de recursos (pelo menos na primeira vez).

Em sua equipe, há um advogado capaz de reservar um tempo para lhe explicar cada parte do *term sheet* e qual seu alcance na prática?

Ou talvez você conheça um CEO de outra empresa que poderia dar uma olhada no documento, alguém que já vivenciou tal situação antes? (Um colega CEO é a opção mais acertada para atuar como seu guia.) Caso contrário, como saberá que partes dos termos são negociáveis? (Resposta: praticamente todos.) A melhor posição ocorre quando você já tem um *term sheet*, mas ainda pode "negociar" sua empresa com outros VCs e, por fim, receber vários *term sheets*, uma situação bem mais comum do que você pensa.

Um investidor pode querer o acordo, mas, se houver uma oferta melhor de uma empresa maior, ele talvez fique feliz em participar em vez de liderar. É uma questão de gestão do ego. Os investidores se sentem felizes em se unir a um VC mais respeitável, o que maximizará a probabilidade de sucesso do negócio, o financiamento disponível para a empresa no futuro e, em especial, o prestígio do VC, pois a empresa terá coinvestido em uma organização melhor ou de mais notoriedade.

O processo do *term sheet* passa por três fases. A primeira é a "discussão", quando o VC dirá que deseja fornecê-lo e destacará os termos específicos. Se você não estiver preparado, a situação muitas vezes será pesada. O VC discute coisas com as quais você não está familiarizado e talvez se sinta desconfortável em admitir seu desconhecimento. Se eu fosse questioná-lo depois e você me dissesse: "O VC quer nos dar um *term sheet* de X milhões de dólares com um *valuation* de Y milhões", e

Apaixone-se pelo problema, não pela solução

eu lhe perguntasse quais os outros termos, talvez você semicerrasse os olhos e ficasse desconcertado.

Se, no entanto, eu fosse questionar o sócio da empresa de VC, ele poderia dizer: "Ah, sim, o CEO concordou com todos os termos, incluindo as preferências de liquidação e os direitos de veto que pedimos".

Na segunda fase, o VC emitirá o *term sheet*. Agora você está em "negociação". Antes de assiná-lo, ele não é vinculativo e, portanto, talvez aí esteja sua melhor oportunidade de aprimorar a posição da empresa, pois poderá continuar negociando sua startup. Poderá negociar com quaisquer VCs, agora em uma posição de força, pois sabe que não vai perder, afinal, já tem um documento em mãos! Nessa situação, trate cada *pitch* como treinamento e mire mais alto.

A terceira fase acontece com a assinatura do *term sheet*. Em geral, há uma cláusula *no-shop*, embora seja possível que outros participem da rodada. Mesmo que, quando assinado, ainda seja oficialmente um acordo não vinculativo, raramente será revogado. Talvez ocorra com um a cada cinquenta em tempos normais, e um entre dez durante períodos de instabilidade. Uma notável exceção é se estar no meio de alguma coisa do tipo covid-19, quando tudo pode acontecer. Durante a pandemia, vi mais *term sheets* revogados do que em toda a minha carreira.

Depois da assinatura, ainda é possível negociar ou atrair um novo investidor com um acordo melhor (ou termos melhores, ou um fundo melhor). Você sempre pode renegociar os termos com os primeiros investidores.

Outra opção: espere de três a quatro semanas para que o período de *no-shop* expire e, em seguida, consiga um novo *term sheet*. Você diria ainda que o termo *no-shop* é bastante fraco. Nunca ouvi falar de um investidor processando uma empresa por violar esse termo ou não aceitar o investimento.

Para conseguir o acordo que deseja, diga NÃO àquele que não deseja.

Em algumas das startups mais novas das quais fui mentor, orientei-os a conversar com um investidor que sabiam que não iria investir (talvez por já haver passado o período de investimento do fundo, talvez por não gostarem de mim), apenas para praticarem a história (e aí se ouvem mais alguns nãos).

Quanto mais você se sentir envolvido psicológica e temporalmente em uma negociação, menos estará disposto a desistir, o que funciona em mão dupla: o investidor também estará menos disposto a desistir. Portanto, pare de pensar apenas no seu lado e considere o deles também. Se você está comprometido, eles também estão. Se você investiu esforços legais, eles também.

Depois de receber um *term sheet*, não hesite em sentar-se com alguém que possa lhe explicar cada detalhe do documento. O desafio, no entanto, está na reunião antes de que seja elaborado. A maioria dos investidores vai se reunir com você para discutir o que está redigido. A tabela a seguir descreve não só parágrafos dos termos importantes em um *term sheet* e como interpretá-los, mas também o que é prática comum, quais termos podem ser abusivos e quais são favoráveis.

TERM SHEET

Termos-chave	No que prestar atenção nos *term sheets*
Valor do investimento	Qual é o investimento? Se o investidor principal é apenas parte da rodada, certifique-se de fechá-la (formalmente) apenas com ele. Então, por exemplo, se você está levantando cinco milhões de dólares e o principal investidor capitalizando três milhões, você gostaria que o *term sheet* apontasse que a rodada já tem pelo menos três milhões, mas vai até cinco milhões. Caso contrário, a rodada não será concluída até que outros investidores sejam encontrados.

Apaixone-se pelo problema, não pela solução

Garantias oferecidas	A maior parte do investimento seria de ações preferenciais, ao contrário de ações ordinárias (suas), geralmente para o caso de eventos de liquidação e direitos especiais, como será descrito mais adiante na tabela.
Valuation da empresa	Este é o ponto principal, em conjunto com o valor que constitui a transação ("Quanto por quanto?"), e define quanto vale o que foi construído até agora. Não existe um critério metodológico para isso, então é bem possível que seja negociado com base em alternativas que você tem. Isso se chama *valuation pre-money*, que significa o valor do que foi criado até então, que, junto com o valor do investimento, forma o *valuation post-money* – o valor da empresa uma vez finalizada a rodada. Haverá uma derivativa imediata desse *valuation*, que é o PPS (Price Per Share, preço por ação) e o número de ações da empresa (antes da rodada). Matematicamente, temos: *valuation pre-money* = PPS × número de ações antes da rodada. E então a empresa emite novas ações para os investidores no mesmo PPS no valor total do investimento. Uma observação: é importante perceber que, embora o ISO/ESOP[19] seja fundamental para atrair e reter colaboradores, ele é usado sobretudo pelo investidor como uma forma de diminuir o *valuation*. A alocação ISO/ESOP requer a emissão de mais ações, uma nova ação por opção, aumentando o número de ações e, portanto, diminuindo o *PPS*. Portanto, um *valuation pre-money* de dez milhões de dólares com 10% de ISO/ESOP é, na verdade, inferior a nove milhões. Virou prática comum que a alocação ISO/ESOP venha dos acionistas atuais, não dos novos. Para ter uma melhor alavancagem de negociação, você precisará de outra oferta competitiva.

---

19. Opção de Incentivo de Ações (ISO) refere-se à opção que a empresa dá aos funcionários. ESOP, *Employee Stock Ownership Plan*, em tradução livre, é "Plano de Participação Acionária para Funcionários". (N.T.)

Direito de preferência; *right of first refusal;* **direito de venda conjunta**	Direito de preferência – O investidor terá o direito de participar da próxima rodada para manter sua participação; assim, por exemplo, um investidor com 10% da empresa que participa da próxima rodada pode manter sua posição de 10%. Ainda que pareça bom que eles queiram aumentar a própria posição, isso pode desencorajar o próximo investidor, que, pior ainda, talvez possa pedir condições semelhantes! *Right of first refusal* – O investidor tem o direito de investir nas mesmas condições que um novo investidor. Por exemplo, se um novo investidor na próxima rodada oferecer a você um valor X no *valuation* Y, os investidores atuais podem dizer: "Se esses são os termos, estou liderando". Direito de venda conjunta – Se houver uma transação de venda por parte de algum dos acionistas, o investidor tem o direito de aderir a essa transação com condições semelhantes. É muito importante garantir que as ações dos fundadores (secundárias) sejam excluídas dos direitos de venda conjunta. Então, se os fundadores estão vendendo, o investidor não tem o direito a esse tipo de venda.
Preferência de liquidação [*Liquidation preference*]	O investidor tem prioridade sobre as ações ordinárias em caso de liquidação. Em sua essência, se foi o último a colocar dinheiro, tem direito a ser o primeiro a retirar. Existem quatro níveis de preferências de liquidação: 1. Sem preferências de liquidação – Todas as ações são iguais. 2. *Nonparticipating* – O investidor pode escolher o valor do investimento (mais juros) ou o valor das ações. 3. *Participating* 1x – Os investidores receberão primeiro o valor do investimento (com ou sem juros) e, depois, o valor das ações. 4. *Participating* Yx – Os investidores receberão Y vezes o valor do investimento e, em seguida, o valor de suas ações. Esse processo pode ser desagradável. A prática comum é *nonparticipating* 1x e, provavelmente, com taxa de juros. Assim, em caso de *exit*, os investidores podem escolher entre o valor do investimento acrescido de juros ou o valor de suas ações. Veja mais detalhes no final da tabela.

Apaixone-se pelo problema, não pela solução

Conselho de administração	É uma prática comum os investidores passarem a fazer parte do conselho da empresa, o que faz todo o sentido. Recentemente, tenho visto cada vez mais investidores entrarem como observadores no conselho de administração, visando receber todas as informações e participar das discussões, mas sem poder de voto e sem responsabilidades. Objetive manter o menor número de membros do conselho. Quanto mais pessoas, mais sentirá que precisa fornecer respostas e satisfazer a todos, e as reuniões se tornarão mais complicadas.
Cláusulas antidiluição	O que acontece se houver uma *down round*[20] no futuro? (Há 30% de probabilidade de isso acontecer.) Base ampla é comum; *cláusula full ratchet*, desagradável. Vou explicar a cláusula *full ratchet*. Suponha que sua última rodada tenha sido de cinco a dez milhões de dólares de *pre-money*, então, essencialmente, o investidor é um terço da empresa, e os fundadores, dois terços (esqueça o ISO por um segundo). Agora o tempo representa um desafio. Você ainda não calculou seu PMF e está ficando sem dinheiro, o mercado anda pessimista, e o melhor *term sheet* que você consegue é para levantar mais cinco milhões com um *valuation pre-money* de cinco milhões. O novo investidor terá 50%, e todos os outros serão diluídos pela metade, certo? Se houver uma cláusula *full ratched* antidiluição, o investidor existente (da rodada anterior) está protegido, portanto, mantém seu um terço, e o único penalizado é você. Há uma parte ainda mais complicada. O novo investidor olhará para a *cap table*[21] – tabela de capitalização – e vai perceber que, após a rodada (que é essencialmente outra rodada inicial), os fundadores terão cerca de 15%, o que é muito pouco e pode fazer com que desistam do negócio.

---

20. Utiliza-se o termo *down round* para designar uma rodada de investimento na qual o valor por ação de uma startup é menor que o da rodada anterior. (N.T.)

21. Documento que lista quem são os seus acionistas e especifica quais são as suas respectivas porcentagens de lucro na distribuição societária. (N.T.)

Poder de veto; provisões protecionistas	Aqui a coisa complica – esse item lista os poderes de veto do investidor. Alguns fazem sentido. Por exemplo, você não pode violar os direitos de um investidor mesmo que as ações ordinárias sejam majoritárias, portanto, não pode rescindir as preferências de liquidação do investidor, ou você, como a maioria do conselho e dos acionistas, deseja decidir sobre seu bônus anual. Outros poderes de veto podem interferir no bom funcionamento da empresa; nesse caso, discorde deles. Evite que os poderes de veto sejam colocados nas mãos de uma única entidade.
Não venda	Ai, ai, ai, que dor, porque atinge diretamente o seu bolso e diz quando você pode vender ações secundárias e por quanto. Mas também faz sentido que não venda suas ações imediatamente depois de o investidor investir e ele perder a aposta. A prática comum seria permitir a venda até determinada quantia por ano e até um total de certa quantia (30% é razoável).
Founders' vesting	Isso também soa doloroso, mas, na verdade, é uma coisa que você de fato deseja. Basicamente, diz que, caso saia da empresa em pouco tempo, poderá ficar com apenas uma parte de suas ações, em um modelo de bloqueio/retenção para os fundadores. Isso é bem sério; mais explicações após a tabela.
Despesas	Opa aí, você está dizendo que parte do valor do investimento será usada para pagar as despesas legais do investidor? Sim, estou dizendo exatamente isso. Parece absurdo, mas é uma prática comum. E quando se diz "até X dólares", entenda "exatamente X dólares", caso contrário, eles perderão seu tempo para justificar esse X.

Então, e o *vesting*?

Imagine que um investidor coloque dinheiro em uma empresa de três fundadores, e um deles saia no dia seguinte. Embora ainda seja um acionista majoritário, na realidade, acabou de ferrar com os outros e com o investidor, que havia confiado na equipe.

Agora, não só não está claro se a equipe vai conseguir mostrar desempenho, mas também se ainda existe uma equipe, ou pelo menos parte dela. Portanto, a maioria dos investidores exigirá um modelo de *vesting* em que, dependendo do período de tempo em que um fundador saia após o investimento, algumas de suas ações possam ser recompradas pela empresa.

Tem lógica. Você está agindo do mesmo modo com seus colaboradores, dando-lhes ESOP (programa de opções de ações para funcionários) ou ISO (opções de ações de incentivo), fazendo um *vesting* ao longo de três a quatro anos, e, se eles saírem, as opções de não *vesting* retornam ao *pool*. Então, no *term sheet*, imaginamos que o investidor fará essa exigência, e, na verdade, isso é mais importante para você do que pensa. Em geral, você avalia apenas uma perspectiva, a sua; no entanto, por um instante, quero que pense na saída de outro fundador ou na descoberta de que um dos outros fundadores não é bom o bastante e, portanto, precisa ser dispensado. Você quer esse período de *vesting* agora, visando ter ações suficientes para contratar um novo líder que substitua o fundador que saiu.

Não importa o quanto confia em sua equipe. Apenas lembre-se: cerca de metade das equipes fundadoras não dura três anos. E, agora, sua missão mais importante é o sucesso da empresa, e não do fundador que debandou.

Tenho algumas startups que estenderam o período de *vesting*. Perceberam a longa extensão da jornada e queriam um compromisso mútuo, portanto, estenderam o período de três para quatro anos, e depois por mais três anos.

E se não houver tal cláusula no *term sheet*? Acrescente-a! Afinal, o investidor da próxima rodada vai acrescentar, então só começará a valer na rodada seguinte, não importa o período de tempo. Se você acrescentá-la hoje, corre bem menos risco de que o próximo investidor a altere.

Esta é a verdade para a maioria das cláusulas no *term sheet*: se não houver preferências de liquidação, o próximo líder da rodada criará uma; desse modo, tenha alguma coisa justa hoje e que provavelmente será mantida.

Como funcionam as preferências de liquidação [*liquidation preferences*]? Vamos exemplificar de um jeito bem simples. Digamos que a rodada *seed* foi de cinco milhões de dólares, a rodada A, de vinte milhões, e a rodada B, de cinquenta; todos tiveram preferências de liquidação de *participating* 1x, cada um deles detém 20% da empresa, e as ações ordinárias são 40% da empresa. Agora há uma oferta para aquisição da empresa por cem milhões de dólares. A princípio, você acha que as ações ordinárias valerão quarenta milhões, o que significa que sua parte seria de X milhões, um valor que mudaria sua vida. Mas, ao considerar as preferências de liquidação, percebe que 75 milhões voltarão para os investidores, e só então o resto será dividido, ou seja, 40% de 25 milhões, cerca de dez milhões para as ações ordinárias, não quarenta milhões.

Preferências de liquidação são úteis em um mercado otimista para reagir a um *valuation* muito elevado (excessivamente elevado). Digamos que uma empresa tente levantar quinhentos milhões de dólares com um *valuation* de dez bilhões, valor desconectado de qualquer raciocínio econômico, mas, epa, o mercado anda otimista e alguém aceitará o negócio. Um investidor talvez até ofereça quinhentos milhões a um *valuation* de dez bilhões, mas com preferências de liquidação de 2x ou até 3x (*participating* ou *nonparticipating*). (Explicando, 2x ou 3x significam que os investidores receberão pelo menos o dobro ou o triplo do valor do investimento.) Agora, digamos que a mesma empresa, mais tarde, abra seu capital com um *valuation* de cinco bilhões ou seja adquirida por esse valor. Embora o *valuation* esteja bem abaixo da rodada anterior, o último investidor ainda está ganhando muito dinheiro (2x ou 3x).

Apaixone-se pelo problema, não pela solução

UM CASAMENTO CATÓLICO

Vinod Khosla, cofundador da Sun Microsystems, disse uma vez que "de 70 a 80% dos *venture capitalists* agregam valores negativos". Portanto, seja criterioso!

Por que os investidores são ruins? Talvez seja uma questão de definir expectativas. Você esperaria que eles assumissem como prioridade ajudar suas startups, mas, na verdade, a coisa funciona de modo muito diferente.

As funções do sócio VC são:

- selecionar startups para investir, ou seja, gerenciar o fluxo de negócios;
- levantar capital para este ou para o próximo fundo;
- e só então ajudar as empresas existentes, e apenas aquelas que mostram tração.

Se você enfrenta problemas e espera ser ajudado, saiba que isso não consta na lista de prioridades dos investidores. Isso também depende se um investidor já foi uma pessoa de startup. No passado distante, muitos *venture capitalists* atuavam como gestores de dinheiro, não de empresas. Hoje muitos sócios de empresas VC são ex-empreendedores, e é desse tipo de empreendedor que você precisa, que já trilhou a jornada de fracassos, sabe como ela funciona e não vai ter medo ou se assustar com facilidade. Empreendedores já vivenciaram todo esse processo.

A união com um investidor é parecida com um casamento católico – não tem como se livrar. Com tantos tipos de direitos, na maioria dos casos eles vão estar em uma posição mais favorável do que a sua. Pense no aspecto negativo e questione-se: se algo der errado, quero esse investidor como parte da minha empresa?

O investidor e fundador da Netscape, Marc Andreessen, afirmou que "os investidores que farão parte do conselho de sua empresa são tão importantes quanto a pessoa com quem você se casa".

Durante o processo de negociação, o investidor fará a devida diligência a seu respeito. Verificará suas referências e se certificará de que a história que você está contando se sustenta. Faça o mesmo em relação a ele, pois, no final da jornada da startup, sobram apenas dois tipos de relacionamento entre investidores e fundadores: amor ou ódio recíproco.

Pergunte a um empreendedor veterano o que ele pensa sobre os investidores da empresa após concluída a jornada – e sobre seu casamento católico – com eles. A resposta será "Eu aceitaria esse investidor de novo a qualquer momento", ou "Nunca mais quero esse investidor" (a propósito, eles dirão a mesma coisa sobre você). A razão para o amor ou o ódio quase sempre decorre não dos resultados, mas dos relacionamentos pessoais.

Aqui vai uma dica sobre como conduzir sua diligência: converse com meia dúzia de ex-CEOs/empreendedores em cujas empresas o VC investiu antes; certifique-se de que não estejam mais envolvidos para que falem com toda a liberdade. Você precisa, mais do que tudo, saber como o VC se comportou quando a empresa estava com problemas. Afinal, também passará por desafios e deseja um investidor que o apoie nesses momentos.

Muitos empreendedores me perguntam o que penso sobre um investidor específico. Dou a mesma resposta para qualquer outra recomendação que me pedissem: "Só digo o que sei com base no que vi". Vez ou outra acho alguém muito inteligente, alguém bem-apessoado, mas só depois de enfrentarmos uma crise juntos consigo dizer o que de fato penso.

Um dos comportamentos mais importantes de um CEO bem-sucedido está em ser perseverante, não se assustar e nunca desistir. Como empreendedor, adoraria um investidor que se comportasse da mesma forma.

Apaixone-se pelo problema, não pela solução

MOVIMENTOS LENTOS E RÁPIDOS

Com que rapidez um VC se movimenta em um negócio? Quase sempre, não muito rápido, de acordo com a agenda deles. Em muitos casos, vale a pena se movimentarem em um ritmo mais lento. Com o passar do tempo, talvez queiram reavaliar se ainda estão interessados no negócio; talvez queiram ver se outros investidores manifestam interesse primeiro.

Pense nisto: o diálogo sobre *valuation* já aconteceu antes do *term sheet*, cuja assinatura pode demorar mais um mês, e mais de dois a três meses para fechar o acordo. Nesse período, o VC aprendeu mais (muito mais) e talvez desista do negócio; você está progredindo, mas não à custa dele. E mesmo com um progresso bem significativo, os termos não mudarão a seu favor, exceto se disser não ao acordo.

Todo esse cenário muda se os investidores acreditarem que estão prestes a perder o negócio. Então, os movimentos serão muito rápidos. Foi o que aconteceu com o Waze alguns dias depois de recebermos o *term sheet* da Vertex, e também durante a negociação do *term sheet* subsequente. Eu me encontrei com Shraga Katz, um sócio comanditário da Magma (outra importante empresa de VC israelense), por meio de uma apresentação de Shmulik Wasserman, CEO da LiveU, que desenvolveu uma tecnologia para fazer upload ao vivo de vídeo com qualidade profissional. Eu estava ajudando Shmulik no início da jornada da LiveU, e Shmulik já havia trabalhado para Shraga.

Shraga demonstrou bastante interesse. Nosso encontro ocorreu no sábado à noite, e na manhã seguinte ligaram para mim. Falei com Yahal Zilka, cofundador e sócio-gerente da Magma.

– Como você está progredindo na captação de recursos? – Yahal perguntou.

Respondi que estávamos em meio a várias tratativas, todas correndo bem. Então ele disse que a Magma também estaria interessada no Waze.

– Mas isso ainda é relevante? – ele quis saber.

Minha resposta:

– Se conseguir ser rápido o bastante, então é.

Ele continuou:

– O que é rápido o bastante?

– Bem, pretendo assinar um *term sheet* até o final da semana – afirmei. Se conseguir essa mesma velocidade, vamos nos encontrar.

Nós nos reunimos na segunda, na terça e na quarta. Na quinta-feira, eles nos ofereceram um *term sheet,* e começamos a negociar.

Em outras palavras, em quatro dias, a Magma havia nos enviado o *term sheet* deles, só que não de dois milhões, mas de seis milhões de dólares, e em condições muito melhores.

Entrei em contato com Ehud Levy na Vertex, a quem relatei o ocorrido, e acrescentei:

– Ainda há espaço para você, mas o *valuation* está mais alto.

Esperava que Ehud ficasse chateado, achando que havíamos agido pelas costas dele, mas ele respondeu simplesmente:

– Envie para mim e darei uma olhada.

Para minha surpresa, ele assinou e devolveu o documento em dez minutos.

Portanto, dessa história surgem dois aprendizados fundamentais:

1. VCs podem e agirão rapidamente quando estiverem prestes a fechar o acordo.
2. Eles esquecerão tudo sobre o *valuation* e a quantia de dinheiro que planejavam investir caso sintam que estão prestes a perder o negócio.

Apaixone-se pelo problema, não pela solução

Esse não foi o fim da história de "movimentos lentos e rápidos" para o Waze. Assinamos os *term sheets* com a Vertex e a Magma em dezembro de 2007, com a expectativa de fecharmos no final do ano. Na verdade, só em março de 2008 tudo se concretizou.

E nesse meio-tempo? Primeiro, nunca paramos de negociar. Ainda concluímos a negociação com outro VC antes de recusá-la. Então, durante a fase de *due diligence* [diligência prévia], a Magma apresentou uma nova demanda: "Achamos que você vai precisar de muito mais do que seis milhões de dólares", disse Yahal. "Vamos elevar o nível para uma rodada de financiamento de doze milhões. Investiremos quatro milhões, a Vertex vai investir a mesma quantia, e um novo investidor contribuirá com os quatro milhões restantes."

Ficamos felizes que a Magma tenha acreditado tanto em nós, mas esse novo plano, na verdade, colocou em risco toda a rodada de financiamento. E se não encontrássemos outro investidor? A Magma nos apresentou a algumas empresas, e acabamos conhecendo a BlueRun Ventures no GSM World Congress, em Barcelona, em fevereiro de 2008. Eles decidiram entrar. No entanto, quando estávamos finalizando a documentação, sentiram medo e desistiram.

A desculpa veio assim: "Encontramos mais alguém fazendo *crowdsourced maps* nos Estados Unidos". (Lembra o que eu disse sobre a captação de recursos ser uma montanha-russa no escuro?)

No fim das contas, alguém acrescentara uma camada de imóveis disponíveis para alugar ou comprar em um mapa existente, mas, de certa forma, isso significou só mais um revés desafiador para nós, pois percebemos que, se isso os assustava, então não compreendiam o que estávamos fazendo.

O relógio estava correndo, e comecei a recear que um acordo não sairia dentro do prazo.

Conversamos sobre isso, e a BlueRun Ventures voltou a bordo com os quatro milhões. Fechamos o negócio em março de 2008 por doze milhões. Até que enfim estávamos prontos para tocar a empresa.

COMO SABER O MOMENTO CERTO PARA LEVANTAR MAIS CAPITAL?

Uma resposta simples: quando puder, e se tiver boa tração e conseguir levantar mais, faça! Quanto mais, melhor. Tempos difíceis (ou por problemas de tração ou de mercado) só vão complicar ainda mais as coisas.

Pense na captação de recursos como reabastecer seu carro para o caminho que tem pela frente. Sem combustível, nada feito. Para seguir em frente, você precisa pensar se tem combustível suficiente (ou seja, financiamento) para a viagem ou se necessitará de mais.

Se esse for o caso, aí está uma tarefa importante. Reflita: o que nos tornará financiáveis para a próxima rodada? O que vai viabilizar nossos objetivos de forma a atingir as metas a que nos propusemos com dinheiro suficiente em mãos, e assim ter tempo de levantar dinheiro novo *e* oxigênio para desacelerações (na obtenção de *milestones* financiáveis ou no mercado).

Lembre-se do que eu disse no Capítulo 3 – quando você está captando recursos, nada mais é tão importante. Um dia depois que o dinheiro estiver no banco, mude as engrenagens para a execução do plano, sem dúvida, um dos maiores desafios na estratégia de startups em geral.

Imagine o seguinte: como CEO, nos últimos seis a nove meses, você esteve totalmente focado, com todo o empenho e a atenção voltados para a captação de recursos, investindo 150% de tempo nesse processo.

Então, acabou.

Apaixone-se pelo problema, não pela solução

No dia seguinte, você quer – e deve – comemorar, mas, no outro dia, precisa estar de volta e mergulhar na execução, construir o produto, elaborar a estratégia de *go-to-market*, fazer demissões e contratações.

Com o tempo, aprendi a relevância de manter o plano de execução da startup enquanto, ao mesmo tempo, o CEO cuida do processo de captação de recursos. A execução *deve* continuar em andamento, em particular, para alimentar os ciclos de captação de recursos. Os investidores, mesmo gostando da sua história, querem ver progresso. Se conseguir mostrá-lo a eles em um, dois, três ou quatro meses, estarão dispostos a continuar. Caso contrário, vão perder interesse e partir para o próximo investimento.

Como se garante continuidade de progresso? Mantenha sua equipe de gestão fora do processo de captação de recursos. Eles não precisam saber dos nãos, pois isso desanima. Cabe apenas ao CEO encarar os cem nãos. Deixe os gestores se concentrarem na execução.

E que quantia de dinheiro precisa levantar? Pense no seu próximo *milestone* financiável. Quanto tempo levará para chegar lá? Acrescente seis meses para captação de recursos depois disso, e mais seis meses de reserva; essa é a quantia que precisa arrecadar. Se surgirem oportunidades ao longo da jornada para arrecadar mais, faça-o!

Existem histórias de contos de fadas na captação de recursos? Na verdade, sim, às vezes o processo é muito mais fácil, sobretudo durante o "período de lua de mel", assim que você acabou de levantar dinheiro. Há também histórias em que o fechamento de uma nova rodada levou poucas semanas, ou precisou de apenas uma reunião. Uma vez, liguei para um investidor já conhecido dizendo-lhe que tinha uma ideia, e ele disse sim na hora.

Mas não conte com isso. Se você já for um empreendedor de sucesso com histórico de êxitos, será mais fácil. Caso contrário (o que é o normal), prepare-se: é sempre difícil.

STARTDICAS

- O ponto mais importante para um investimento é o VC gostar do CEO e da história contada. Portanto, você vai sozinho a essas reuniões e deve praticar a história até a perfeição, sempre se lembrando do envolvimento emocional; você quer que o investidor imagine que faz parte da história.
- Investidores formam impressões rapidamente, em questão de segundos, antes mesmo de o empreendedor se sentar. Comece com seu ponto mais forte antes que o investidor forme a própria opinião.
- Conte uma história autêntica e verossímil, não uma sem graça de "casos de uso".
- Certifique-se de ter uma grande história de mercado – se você não é um "gerador de fundos", se não pode se tornar um unicórnio, não é relevante para um VC.
- Os investidores também são usuários. Se acharem que não usarão seu produto ou não conseguirem relacioná-lo a alguém que o fará, você terá poucas chances de conseguir um investimento.
- VCs são lentos, até acharem que vão perder o negócio.
- Levantar dinheiro é uma "dança de cem nãos". Esteja preparado para a rejeição reiteradas vezes. A proporção de sins para nãos pode ser bem desanimadora.
- Fique atento aos principais indicadores dos investidores, o que lhe informará se estão interessados em dar continuidade.
- Não tente negociar um *term sheet* sozinho. É uma luta injusta. Não receie pedir ajuda. Encontre mentores que possam orientá-lo.

Apaixone-se pelo problema, não pela solução

- Se o negócio não for o que você deseja, vá embora. Investimento se assemelha a um casamento católico: não tem jeito de se livrar do seu parceiro.
- Vá direto para um sócio em uma empresa de VC. É inútil falar com analistas de linha de frente cujo único trabalho é dizer "não".

CAPÍTULO 5B

GERENCIE OS INVESTIDORES

Se criar uma startup é deslizar pelos altos e baixos de uma montanha-russa, captar recursos equivale a deslizar por uma montanha-russa no escuro. Não se sabe o que vai aparecer pela frente. E fechar um acordo é breu total, de cabeça para baixo e ao contrário...

A rrecadar dinheiro para uma empresa não é um evento pronto-acabou. É um ato contínuo e repetitivo. Depois de concluída a rodada de *seed*, vem a A, B, C e outras mais. Ao levantar capital, fica-se meio "engajado", e será um trabalho contínuo administrar investidores, conselho de administração, conflitos de interesse, eventos de liquidação, ações secundárias etc. Visando ao planejamento de futuros eventos de captação de recursos, desenvolvi um algoritmo que vai ajudá-lo a criar uma estratégia própria nesse sentido (consulte a página logo adiante).

Uma vez que se tenha terminado de levantar uma nova rodada e se encontrado com muitos investidores, a última coisa na Terra que se deseja fazer é encontrar mais (ou os mesmos) investidores. No entanto,

Apaixone-se pelo problema, não pela solução

o único caminho está em continuar reunindo-se com eles, a fim de criar um *pipeline*[22] para agora e para o futuro.

Depois de terminar uma rodada de captação de recursos, precisa-se gerenciar os investidores. Seguem algumas considerações importantes:

Fluxograma de estratégia de captação de recursos

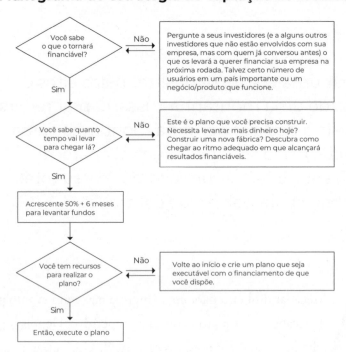

CONFLITOS DE INTERESSE

Em 90% das jornadas de startups que vejo ou nas quais estou envolvido, acontecerá um alinhamento de interesses entre os fundadores e os investidores. Até podem aflorar ideias distintas sobre como alcançar tais

---

22. Referência a um mapa das etapas que compõem o processo de vendas de uma empresa. (N.T.)

interesses, ou como administrar os egos (do fundador e dos respectivos investidores), mas, no final das contas, o grupo deseja a mesma coisa: uma empresa bem-sucedida e *exit* de ainda mais sucesso (para os investidores).

No entanto, nos outros 10% dos casos, surgem várias áreas em que os conflitos de interesse entre fundador/investidores viram elementos desafiadores.

1. LIQUIDAÇÃO – COMPRA DE AÇÕES

Não importa se é um *exit*, ou uma venda de ações secundárias, ou ainda a entrada de um novo investidor: seja qual for a situação, há a probabilidade de que os interesses do fundador, do acionista ordinário e do diretor da empresa difiram dos interesses de outros acionistas e, em particular, dos investidores.

Talvez soe confuso. Como pode ser que, em uma rodada mais valiosa (caso se esteja levantando dinheiro com uma avaliação mais alta do que na rodada anterior), alguém fique descontente?

Há uma série de motivos para isso:

- Talvez o investidor tenha pensado que algum dia incrementaria a própria posição na empresa investindo alguns milhões a mais, mas no momento não pode.
- Talvez estejam quase concluindo o período de financiamento, e arrecadar muito dinheiro distancie esse *exit* no tempo.
- Talvez estejam muito pulverizados e não tenham dinheiro o bastante para participar da rodada atual.
- Talvez você esteja em um novo cargo, o que os deixa em uma posição inferior ao direito de qualquer uma das preferências (por exemplo, eles não conseguirão um lugar no conselho de administração).

Apaixone-se pelo problema, não pela solução

Talvez os novos investidores estejam exigindo uma "recarga" para os fundadores e para a administração que dilui ainda mais os investidores anteriores. Tal recarga, ou complementação, ocorre quando os fundadores, o CEO e a equipe de gerenciamento estão ficando muito diluídos e recebem patrimônio adicional na forma de ISO ou ESOP. Uma nova rodada de financiamento representa sempre uma boa oportunidade para revisitar a posição patrimonial esperada decorrente da rodada e da administração e, se necessário, sugerir ao novo investidor a possibilidade de considerar a complementação.

Resolver tais questões nunca é fácil, mas levantar capital quase sempre interessa à empresa! E, se o pior acontecer, lembre-se de que a liquidação assinala o fim do seu relacionamento com um investidor.

Apontemos agora as duas maneiras pelas quais um relacionamento entre fundadores e investidores termina: eles se amam ou se odeiam, provavelmente por causa do comportamento mútuo dos grupos durante um conflito de interesses. Amar investidores concluída a jornada *não* faz parte dos seus objetivos. Essencialmente, a missão é esta: leva-se a empresa ao sucesso e cuida-se dos funcionários. Assim, caso se conte com um bom conselho de administração (*board of directors*/BoD), eles cuidarão da pessoa. Em uma empresa em que ingressei há pouco tempo como presidente do BoD, enquanto olhava para a tabela de capitalização, disse ao principal investidor que o CEO estava muito diluído e precisava de uma recarga. Ele concordou e tentou adiar a decisão até que tudo estivesse resolvido. Expliquei-lhe que não ingressaria no BoD se não conduzissem o CEO/fundador a uma posição de patrimônio mais razoável antes que a rodada fosse concluída. O investidor me perguntou se essa era uma "condição de tudo ou nada", e eu disse que sim. O CEO conseguiu a recarga. O recém-chegado quase sempre terá uma alavancagem de negociação muito mais poderosa do que as partes existentes.

2. LIQUIDAÇÃO – AÇÕES SECUNDÁRIAS

Ações secundárias são quando você (os fundadores, a administração e todos os funcionários) vende algumas de suas ações a outra pessoa, provavelmente investidores. Isso resulta no que, em essência, representa um *miniexit* para você, em especial, e para sua equipe (ainda que não gere mais dinheiro para a empresa).

Ao vender ações secundárias, você e os outros fundadores e gerentes/funcionários estão ganhando dinheiro, mas não seus investidores. Aqui está outro exemplo de gerenciamento de ego. Como resolver tal situação? Tente conseguir que o evento "secundário" seja parte de uma rodada de financiamento. Tente fazer com que a captação de recursos seja muito excessiva. Em outras palavras, tente obter maior demanda naquilo que os investidores desejam investir mais do que a empresa deseja arrecadar. Nessa fase, diga ao novo investidor que só vai efetivar o que ele almeja, relativo a comprar mais, se ações secundárias fizerem parte do acordo. Quando, por um lado, houver excesso de subscrição e o novo investidor perceber que a única maneira de atender à situação é por meio de ações secundárias, ofereça também aos investidores já existentes a opção de vender ações secundárias. Não se preocupe, é bem possível que nem sequer o façam, e, como resultado, você alcançará exatamente o que deseja.

3. COMPENSAÇÃO

Os fundadores mantêm um intenso compromisso com sua jornada e missão; eles não jogam a toalha quando as coisas ficam difíceis nem

Apaixone-se pelo problema, não pela solução

desistem mesmo quando não são remunerados. Todos eles sabem disso. A diferença entre investidores "pró-fundadores" e outros é simples: seus investidores estão se aproveitando desse conhecimento?

Idealmente, o DNA da empresa deve ser estabelecido como generoso com os funcionários. Pressione o conselho para que se engaje nesse espírito de generosidade, porque o DNA inicial deles pode ser o oposto.

4. LIQUIDAÇÃO – EXIT

O acontecimento menos provável de desencadear um conflito de interesses parece ser no *exit*; afinal, todo mundo está ganhando dinheiro. No entanto, avalie o seguinte cenário.

Você levantou um investimento *seed* e uma rodada A para um total de dez milhões de dólares. A avaliação mais recente foi de trinta milhões. Então, suponhamos que a posição dos fundadores seja de cerca de 40% a 50% de capital próprio, e os investidores tenham cerca de 40% a 50%. Dez por cento são reservados aos funcionários. Aparece uma oportunidade de vender a empresa por cinquenta milhões. Você abre sua planilha do Excel e percebe que o montante significaria cerca de vinte milhões ou mais para vocês como fundadores. Tal evento implica mudança de vida, e você quer aceitar o acordo.

No entanto, para o investidor da rodada A, é um caldeirão de diversidade. Ele pensou que a empresa estava a caminho de se tornar um unicórnio e ganhar vinte, trinta ou até quarenta vezes o dinheiro investido, mas o *exit* proposto é de apenas cerca de 25%. Com certeza, *não* é um *exit* para arrecadação de fundos. Como resultado, isso não o agrada.

Aqui está outro jeito de isso acontecer. Digamos que o *exit* seja um negócio muito mais cativante – por exemplo, uma aquisição de duzentos milhões de dólares. Os investidores gostam da ideia, mas o comprador diz: "Opa, preciso que a equipe permaneça engajada durante quatro anos após a transação e, em seguida, precisaremos alocar 25% do negócio para retenção de funcionários, e não para os acionistas", isto é, os investidores. Nesse exemplo, pense na transação e no dia seguinte. Os investidores pensam apenas na transação. Para eles, não existe o dia seguinte.

TUDO SOBRE AÇÕES SECUNDÁRIAS

Sempre que possível, venda ações secundárias. Fiz isso no Waze e no Moovit, e também em outras startups, e continuarei a adotar a mesma postura em todas as minhas empresas quando fizer sentido (ou seja, se o preço justo resultar em uma significativa mudança para os vendedores, ou se houver um excesso de inscrições para a rodada). Se para você, pessoalmente, levar para casa qualquer coisa entre algumas centenas de milhares de dólares e alguns milhões significar muito, então o faça.

A venda de ações secundárias é mais comum entre empresas americanas do que entre as europeias. Existem até mercados secundários, onde as ações podem ser compradas e vendidas.

Ações secundárias não significam o mesmo que conduzir uma rodada B ou C. Não se trata de emitir novas ações. Em vez disso, elas atuam de modo bem relevante na manutenção da felicidade dos fundadores. Pense na situação como uma recompensa pelo trabalho pesado, pela conquista de resultados e pela valorização da empresa.

E mais, a venda de ações secundárias também pode minimizar a pressão dos fundadores para vender a empresa antes da hora. Se você já ganhou alguns milhões de dólares vendendo esse tipo de ações e aparece um comprador dizendo que está pronto para adquirir sua empresa por 250 milhões de dólares, relute em fechar o negócio caso não necessite do dinheiro.

Apaixone-se pelo problema, não pela solução

Vender ações secundárias demonstra que empresa e fundadores têm potencial de seguir adiante e estão olhando para um amplo cenário de oportunidades.

Quem deveria estar vendendo? Todos. E ainda é um ato valioso, em especial para os funcionários, porque pode ser encarado como uma recompensa e um elemento construtor de retenção, o que intensifica ainda mais o compromisso empregador-empregado.

Outro motivo muito importante para efetivar ações secundárias se refere a um excesso de inscrições para a rodada, ou seja, como já mencionado, muitas pessoas querem "entrar". Isso é fantástico e ajudará a posicionar a empresa no caminho para o sucesso, tornando-a mais atrativa para os funcionários, além de facilitar a mobilização de capital.

Vez ou outra, ao vender ações secundárias e levar a oportunidade de vendê-las também aos funcionários, é provável que recusem. Eles acreditam na empresa ou não querem sinalizar nada além de 100% de crença nela. Embora não possa dizer a eles o que fazer e, na verdade, não se tenha permissão nem mesmo para aconselhá-los sobre o que fazer, se essa se revelar uma oportunidade para toda a empresa ou para vários funcionários, faça duas coisas: diga-lhes que você está vendendo, e depois traga um assessor/consultor financeiro para uma apresentação geral ou uma consultoria individual a quem quiser. No capítulo 12, retornaremos ao assunto e discutiremos mais ações secundárias.

A IMPORTÂNCIA DE MANTER OS INVESTIDORES ATUALIZADOS

A melhor maneira de gerenciar os investidores existentes é informá-los sempre. Para tanto, envie-lhes uma atualização a cada um ou dois meses. Tratando-se dos acionistas já existentes, tente pedir-lhes ajuda em tarefas específicas em que possam ser úteis. Recorra à mesma atualização quanto aos potenciais investidores. E mantenha contato com todos os cem investidores que antes lhe disseram não.

Não permita aos investidores solicitarem atualizações com mais frequência, ou algo que talvez lhe demande mais tempo (alguns dos investidores que conheço, sem nada para fazer, incomodam seus CEOs)! Você pode ignorá-los, mas, se isso não for suficiente, encaminhe-os de volta para as atualizações periódicas que está enviando.

Qual o conteúdo da atualização? Um texto bem simples, apenas dois ou três parágrafos que deixem claro seu progresso. Tente dizer: "Neste trimestre, estamos concentrados na adequação do produto ao mercado", ou "Neste mês fomos citados no jornal X", ou "Temos um novo membro na equipe de gerenciamento".

Lembre-se de que provavelmente ninguém lê o texto de atualizações. Os investidores querem gráficos de progresso. Crie-os em um formato coerente do ponto de vista visual, para que fique evidente que está medindo e atualizando os mesmos pontos de dados.

Quais são mais eficazes? Aqueles que destacam o crescimento! Um gráfico de tempo – uma linha ou uma barra – é melhor do que um de pizza. Mas e se não houver crescimento para exibir? Bem, continue criando os gráficos e enviando-os. Os investidores não colocarão mais dinheiro caso você não mostre crescimento, mas, no fim das contas, investirão mais se você for coerente e conseguir mostrar um aumento constante, ainda que lento. Dessa forma, quando o seu momento "Eureka!" chegar, ficará claro para todos que finalmente poderá ser financiável.

A questão da consistência pode ser bem significativa para os investidores se você conseguir demonstrá-la durante um longo período de tempo. Ela cria mágica, porque as pessoas só conseguem prever linhas retas. Então, caso mostre crescimento nos últimos três anos, a maioria das pessoas acreditará que você vai continuar mostrando-o daqui para a frente. Isso não tem nada a ver com investidores; é da natureza humana.

Apaixone-se pelo problema, não pela solução

GESTÃO DE POTENCIAIS INVESTIDORES DURANTE UMA RODADA DE FINANCIAMENTO

Investidores formam um grupo cauteloso. Ninguém quer ser o primeiro a mergulhar, mas, depois de um concordar, talvez surjam muitos investidores subsequentes interessados (às vezes, mais do que se precisa). Vez ou outra, um deles dirá: "Não quero liderar esta rodada. Talvez outros possam estar interessados".

Por outro lado, quando se consegue um grande investidor, por exemplo, Sequoia, a16z, Kleiner Perkins etc., rapidamente aparece uma longa lista de outros investidores implorando para participar da rodada. O que fazer?

- Você pode incrementar o tamanho da rodada, o que, no entanto, costuma não funcionar, pois o investidor mais significativo, supondo que seja um grande fundo com dinheiro suficiente, em geral desejará aumentar a própria contribuição como garantia de manter a própria posição.
- Você pode direcionar novos investidores para uma rodada subsequente ou secundária, em que aumenta a avaliação como parte da extensão da rodada.

Há uma grande diferença entre investidores em estágio inicial e avançado. Os em estágio inicial participarão da rodada *seed* [capital semente] e talvez da rodada A depois, e aí vão parar, pois não têm dinheiro suficiente alocado para continuar apoiando a empresa. A regra geral para investidores nesse estágio é X para a primeira rodada, e de uma a duas vezes X para as rodadas subsequentes. Isso significa que, se os investidores começarem na rodada *seed* com cerca de três milhões de dólares, é possível que tenham de três a seis milhões adicionais para continuar apoiando a empresa no futuro. Em síntese, se a avaliação crescer significativamente, eles não terão o bastante para manter a própria posição na empresa e, portanto, serão diluídos.

QUANTO TEMPO LEVA PARA ARRECADAR O DINHEIRO?

Arrecadar dinheiro quase sempre acontece no momento errado. Prefere-se dedicar tempo ao crescimento da empresa, não à arrecadação de dinheiro. E caso não se esteja progredindo conforme o esperado, então o levantamento de capital se dá em condições bem desfavoráveis.

De acordo com minha experiência, planeje demorar de seis a doze meses para levantar uma rodada de *seeds*, embora isso dependa do mercado e do contexto. Por exemplo, se você teve um *exit* e agora começou uma nova empresa, e tem também investidores como você, o levantamento do capital inicial pode ocorrer em um único dia. No entanto, caso seja um empreendedor no início da jornada, levará mais tempo. O que demora? Descobrir a história para contar e depois contá-la leva tempo. No Waze, tínhamos três *term sheets* em mãos no início de dezembro de 2007. Depois disso, restavam só três meses para fechar a rodada. O tempo tende a atuar a favor do investidor, não de você. Talvez você pense que todo mundo quer agir rápido, mas os investidores podem recorrer aos atrasos para ver se existe progresso e, se não estiverem satisfeitos, talvez desejem renegociar os termos.

Durante esse período de três meses, você quase sempre ficará bloqueado por um tempo *no-shop*. Por outro lado, seus investidores podem continuar fazendo a devida diligência sobre você e seu plano de negócios. E até desistirão se quiserem, sem mais desdobramentos (para eles).

Portanto, recomendo-lhe que continue conversando com outros investidores, mesmo que esteja oficialmente em um período *no-shop*.

Talvez você não consiga receber um *term sheet* de mais ninguém, mas, se as coisas desandarem, terá uma alternativa já delineada.

E se os investidores descobrirem que você anda conversando com outras pessoas? Não encaro tal situação como um grande risco. Diga--lhes que compete a você manter a empresa viva caso decidam recuar.

E se receber uma oferta de outro investidor durante o período *no-shop*? Expresse-se com sinceridade, dizendo-lhe que está nessa situação e isso vai expirar em alguns dias, quando ficará feliz em retomar a conversa. Ou apenas espere até que esse tempo acabe (em geral cerca de trinta dias), supondo que será uma oferta melhor. Com o Waze vivemos tal cenário, não durante a captação de fundos, mas durante a transação de fusões e aquisições (M&A – *mergers and acquisitions*).

Estávamos em um *no-shop* com um comprador em potencial quando a oferta do Google chegou (não solicitada e por e-mail). O Google descobriu a outra oferta, e o outro permitiu o prosseguimento da aquisição pelo Google. Caso contrário, esperaríamos o *no-shop* expirar e, em seguida, retomaríamos com o Google.

No início da covid-19, vi muitos acordos renegociados em razão da impossibilidade de viajar, o que também dificultava aos CEOs conhecerem novos investidores. Reduziram-se as avaliações em 30% a 40%. Vi investidores desistirem de negócios enquanto outros cumpriam seus compromissos. Durante a crise de 2022, a mesma coisa se repetiu: desaparecimento de investidores, renegociação de *term sheets* e redução drástica das avaliações.

A MUSCULATURA DA CAPTAÇÃO DE RECURSOS QUE PRECISA DE EXERCÍCIO!

Você encontrará investidores o tempo todo – antes de uma rodada, depois, em congressos, na exibição para seu investidor mais recente e assim por diante. Esses momentos constituem o alicerce para uma próxima rodada de financiamento. Mesmo que tenha acabado de completar uma rodada, mantenha sempre seu sumário executivo e apresentação atualizados, ainda que não esteja captando recursos. Dessa forma, se um investidor lhe solicitar o envio de algo, tudo estará pronto.

Mas o mais importante é atrair investidores. A cavalo dado não se olham os dentes, como diz o ditado, então, se você quer escolher, existe um e apenas um jeito de fazê-lo: vários *term sheets*.

Mantenha *todos* os investidores com os quais você já esteve em contato informados. Crie o hábito de lhes enviar todos os meses (ou a cada dois meses) uma "atualização da empresa", lembrando, apenas uma página com dois a três parágrafos e dois a três gráficos, que devem ser sempre os mesmos (por exemplo, número de usuários, número de transações).

Para os gráficos, escolha aqueles que:

- estão sempre crescendo;
- estão acima dos níveis do mercado.

E ainda:

- mostre-lhes seu encanto;
- mostre-lhes o progresso ao longo do tempo.

E quanto aos parágrafos?

- Introdução da empresa em um parágrafo (curto). Por exemplo, "Resolvemos o problema de XYZ para clientes da Fortune 500". A introdução não se altera de um mês para o outro.

Apaixone-se pelo problema, não pela solução

- Atualização recente – de novo, um parágrafo, que pode ser: "Contratamos um novo vice-presidente de vendas", ou "Conquistamos três novos clientes neste mês". Nesse caso, o texto sempre muda de um mês para outro.
- Uma pergunta – talvez um terceiro parágrafo seja uma "pergunta". Por exemplo, "Estamos procurando um CFO. Você tem algum candidato bom?". Ou: "Estamos procurando a apresentação de um CIO[23] em uma empresa da Fortune 500".

Embora isso possa parecer genérico e meio rebuscado, a ideia é criar demanda. E você não tem a mínima ideia do que vai desencadeá-la.

Vejamos algumas possibilidades:

- Talvez seja o progresso que você está mostrando.
- Talvez o investidor tenha perdido uma oportunidade com uma empresa similar.
- Talvez os investidores tenham percebido que precisam disponibilizar mais dinheiro.
- Talvez eles tenham um grande amigo que é um ótimo candidato para sua startup.

Uma vez que você se transforma ao entrar em contato com as solicitações que chegam até você, não apenas fomenta a probabilidade de uma rodada de financiamento em uma dada ordem de magnitude, mas também evidencia a diferença entre ser visto como um "cavalo dado a que não se olham os dentes" ou alguém que faz escolhas.

---

23. *Chief Information Officer* é o chefe ou diretor de Tecnologia da Informação, responsável por toda a área de TI de uma empresa. (N.T.)

É crucial que investidores ou potenciais investidores vejam consistência, portanto, os relatórios mensais e o progresso devem se manter por um longo período de tempo para que funcionem como mágica.

GESTÃO DO CONSELHO DE ADMINISTRAÇÃO

O CEO de uma das minhas empresas levantou capital com base em um crescimento de 3x. Todos se entusiasmaram, dizendo que 300% de crescimento era uma taxa excelente. Ouvi a Sequoia dizer uma vez que 2x é legal, 2,5x, bom, 3x, excelente, e acima disso, fantástico.

Todos, exceto o investidor principal.

– Mesmo o crescimento de 3x ano a ano sendo bom, não é bom o bastante. Deveríamos estar alcançando 4x ou até 10x – lamentou.

– Mas você investiu 3x – retrucou o CEO, tentando assim convencer o investidor a relaxar e ser feliz.

Muitos investidores tendem ao desencorajamento. Não é intencional e definitivamente não é pessoal; é só parte do hábito de viver descontente na maior parte do tempo. E eles chegam a ter um nome para isso.

Em nosso tempo de Waze, vivemos um período impressionante em que tudo parecia excelente e, no entanto, um de nossos investidores estava muito descontente em uma reunião do conselho. Depois, durante uma conversa com ele, perguntei-lhe o que achava de três a quatro aspectos do andamento da empresa. Respondeu que se sentia muito feliz. Então perguntei:

– Se está tudo tão bem, por que não gostou da reunião do conselho de administração?

– É meu trabalho estar descontente; desse jeito pressiono o CEO a fazer mais, a concentrar mais esforços – respondeu.

Apaixone-se pelo problema, não pela solução

– Talvez você consiga resultados ainda melhores com incentivos em vez de desânimo – desafiei.

– Desse jeito a coisa funciona melhor para mim – insistiu. – Também sou assim com meus filhos.

E pensei: "Coitadas das crianças!".

Verdade: uma das principais funções dos membros de um conselho de administração é levar o CEO a conduzir a empresa a melhores resultados, mas, de alguma forma, sou sempre a favor de empoderar, não desencorajar. No entanto, vi muitos investidores usando metodologias diferentes.

Aqui estão três regras para um CEO seguir ao administrar um conselho:

- Sem surpresas. Quando um membro do conselho de administração é surpreendido, ele se sente um babaca e não gosta (ninguém gosta), mas a coisa vai além. Você pode ter surpreendido toda a diretoria, mas cada pessoa é um universo e acredita que foi a *única*. E mais, o cenário vira uma questão de gerenciamento de ego. Prepare cada membro do conselho antes da reunião para que não haja surpresas.
- Conduza os membros do conselho a chegarem à decisão que você deseja por meio de uma discussão (e com muita preparação). Se deseja que a alternativa Y seja escolhida, mostre três delas – xYz – de modo que Y constitua a escolha óbvia. Não é apenas o Y do meio; é o Y destacado e ousado. Diante de três opções, as pessoas tendem a escolher a do meio. Ou então apresente aos membros do conselho uma escolha em que A é muito agressivo, C, muito conservador, e B é o que você deseja

que escolham. Dessa forma, Cachinhos Dourados[24] acertou! (se você tiver mais de três opções, certifique-se de que aquela que deseja que os investidores escolham seja a segunda de cima ou a segunda de baixo).

- Se os membros do conselho recuarem, empregue as palavras mágicas: "O que você sugere?". Aprendi esse truque com Noga, minha esposa, que é *life coach*. Não há nada como neutralizar um argumento com essa pergunta. Não diga *"Mas* o que você sugere?", ou *"Então,* o que você sugere?"; diga apenas "O que você sugere?".

Gerencie seu conselho administrativo enviando-lhes material para revisão pelo menos três dias – ou melhor, uma semana – antes da reunião.

E o mais importante: convoque-os para prepará-los.

Tais situações talvez soem como a gestão de turma da pré-escola, mas, por um instante, pense em um sócio de uma empresa de VC que está realizando de um a dois novos investimentos por ano. Nesse ritmo, em um período de cinco a seis anos, o parceiro do VC tem alguma coisa entre cinco e dez conselhos dos quais faz parte, além da função principal de VC. Assim, é reduzida a probabilidade de um VC investir o tempo necessário para incorporar um conhecimento profundo sobre sua empresa e os desafios que você enfrenta.

Você até espera que os membros do conselho venham preparados para a reunião, mas eles quase sempre não vêm. Você vive o dia a dia de sua empresa. Eles não.

---

24. Referência ao Princípio de Cachinhos Dourados (em inglês, *The Goldilocks Principle*), que descreve uma situação em que "somente uma é correta", de forma semelhante ao retratado no conto de mesmo nome. (N.T.)

Apaixone-se pelo problema, não pela solução

E, claro, você nunca quer chegar a uma reunião do conselho para tomar uma decisão-surpresa. Investidores e membros do conselho vão recuar, e caberá a você agendar outra sessão.

Vamos exemplificar: você tem um slide em sua apresentação mostrando que vai entrar no mercado alemão, e não no italiano. Antes você havia dito que iria primeiro para a Itália; mesmo com bons motivos, você surpreendeu o conselho. Eles pensavam que você havia sido bem--sucedido na Itália, e agora você não vai para lá. Por quê? Essa conversa precisa acontecer antes da reunião.

Há pouco tempo, em uma reunião do conselho, o CEO de uma das empresas em que investi falou que se mudariam para um escritório mais amplo em breve. Não apenas eu sabia dessa mudança antes da reunião do conselho, mas também tinha dito a ele, dois meses antes, que o espaço atual estava terrivelmente lotado.

No entanto, os outros membros do conselho se surpreenderam. Não estavam tão engajados na empresa quanto eu e haviam visitado o escritório muitos meses antes. Com a surpresa, eclodiu uma resistência desproporcional.

O elemento que mais irrita os membros do conselho quanto a surpresas é a sensação de que *eles* estão fora do *loop*, que ninguém os escuta e que ninguém nem sequer se importa com o ponto de vista *deles*. Como resultado, acabam recuando!

A principal razão de informar cada membro do conselho individualmente antes da reunião está no fato de só ser possível administrar um ego de cada vez, de um jeito pessoal. Ninguém pode (ou deve) fazer isso em público.

As reuniões do conselho podem se transformar muito facilmente num pesadelo. Você trabalha duro tentando progredir, atravessando o deserto em uma jornada de *loops* de montanha-russa... e de repente ninguém dá valor aos seus feitos, pelo menos não se vieram para a reunião despreparados!

Lembre-se do mais importante: você trabalha para tornar a empresa bem-sucedida, não para satisfazer o conselho de administração ou os investidores – todos se sentem felizes quando a empresa conquista sucesso.

FAÇA RELATÓRIOS PRECISOS

Gerenciar um conselho significa sempre dizer a verdade, isto é, relatar fatos como fatos e pensamentos ou esperanças como tais. De um jeito ou de outro, você acabará responsabilizado por aquilo que relata.

Se apresentar um relatório com um enorme *pipeline* de produtos em desenvolvimento, ou caso esteja conversando com clientes X, Y e Z ou com potenciais parceiros de negócios, a expectativa é de acontecer alguma coisa a partir disso. Na próxima reunião, um membro do conselho talvez pergunte o que houve com esses contatos ou com determinado acordo que você relatou estar em andamento.

Ao afirmar que está em conversas avançadas com um parceiro X ou Y e na próxima reunião repetir a mesma informação, você perderá credibilidade.

Diretores e investidores querem ver progresso e ímpeto.

Não mencione nada com poucas chances de acontecer, por exemplo, uma longa lista de clientes ou colaboradores em potencial – ninguém se importa com os nomes. Não os mencione. Se for um nome conhecido, os investidores poderão investigá-lo e, na próxima reunião, perguntar-lhe o que aconteceu. Portanto, mencione apenas coisas com grande probabilidade de resultar em um acordo entre hoje e a próxima reunião (por isso, reuniões trimestrais são mais eficazes do que as mensais).

Apaixone-se pelo problema, não pela solução

GESTÃO DE CRISE

Na montanha-russa que caracteriza a jornada de uma startup, a empresa provavelmente estará à beira do precipício final várias vezes. Na subida, uma montanha-russa é legal, mas na descida ficamos tão próximos do chão que nos sentimos quase despencando. Ou talvez nossos pés (ou todo o nosso corpo) estejam debaixo d'água.

Durante esse período, você presenciará comportamentos diferentes vindos de diferentes investidores – há os que entram em pânico e os que o apoiam. Mas lembre-se de que você já vive em um clima de pressão mesmo sem que alguns dos membros do conselho se apavorem!

Na gestão de crises, é fundamental a manutenção de seu relacionamento com o conselho. Alguns membros talvez até consigam tirá-lo do conflito, ou fazendo uma rodada de financiamento interno, ou trazendo outros investidores, ou ainda tão somente estando ao seu lado. Você precisa desse apoio. Já é bastante difícil lidar com uma empresa em crise – cortes salariais, demissões, descoberta de um novo modelo de negócios às pressas –, e o clima vai piorar caso tenha de gerenciar membros do conselho em pânico. Nesses momentos, talvez você recorra até mesmo a convocações mais frequentes.

O que geraria crise em uma startup? A maioria delas é relacionada a dinheiro. Outras estão ligadas a processos judiciais, violação de patente, mudança nas regulamentações governamentais, discriminação ou assédio sexual – em todas essas situações, o conselho também será exposto. Portanto, você e eles estão envolvidos na crise.

Em 2013, a Pontera levantou três milhões de dólares da Blumberg Capital. Um ano depois, a Horizons Ventures liderou uma segunda rodada, em que levantamos 7,5 milhões, dinheiro suficiente para funcionar por um tempo e passar de um mercado centrado em Israel para outro nos Estados Unidos.

Esse vaivém da montanha-russa da empresa se abateu sobre nós quando precisávamos levantar mais capital, ainda que não tivéssemos descoberto o PMF para os EUA. E, no entanto, já havíamos encerrado a operação em Israel para concentrar nossos esforços nos EUA!

Quando chegou o momento de uma terceira rodada, um dos VCs queria fazer um "*down round*[25] bem severo":

– Em vez de uma avaliação de cinquenta milhões, vamos fazer em cinco milhões – disseram para nós.

Para Yoav Zurel, CEO da Pontera, o severo *down round* representou uma severa perda de inocência. Os investidores, sentindo cheiro de sangue, não hesitaram em atacar.

– Que pena isso ter acontecido com você – disse-lhe. – Mas também estou feliz pelo seu aprendizado. Desculpe se aprendeu do jeito mais difícil.

Embora a oferta fosse realmente agressiva, tivemos um tanto de sorte porque conseguimos obter financiamento de mim e de vários coinvestidores já prontos para aportar cerca de três milhões de dólares em condições muito mais favoráveis.

Na época, ficou claro quem apoiou a empresa mesmo em uma situação complicada e quem estava lá apenas só quando corria tudo bem. Confie em mim, você quer investidores de apoio.

E como saber quem é quem?

Faça uma diligência em seus investidores e, em particular, converse com outros empreendedores e CEOs que já se separaram desse tipo de investidor (por meio de um evento de liquidação, tanto bem quanto malsucedido).

No entanto, tal crise não representou o fim da Pontera.

---

25. Um *down round* é quando a startup capta uma nova rodada de investimentos com valor de mercado inferior à última. (N.T.)

Apaixone-se pelo problema, não pela solução

Precisamos levantar outra rodada de capital quando nos aproximávamos da descoberta do PMF e outra logo no início da pandemia de covid-19. Apesar de ambas serem bastante desafiadoras, tudo deu certo (não caímos fora do mercado).

Dois anos depois, alcançado o PMF, descoberto o crescimento e estabelecido o modelo de negócios, a Pontera estava no caminho da decolagem com uma avaliação vinte vezes superior. Assim, apenas tenha em mente que a montanha-russa de captação de fundos pode mudar de direção uma dúzia de vezes no futuro.

OS BENEFÍCIOS SURPREENDENTES
DO *DOWN ROUND*

Aproximadamente um terço de todas as startups terá um *down round* (ou pelo menos uma rodada horizontal) em algum momento da jornada de captação de recursos. E isso nem sempre tem um teor negativo. Às vezes, funciona como um mal necessário, um jeito de limpar a mesa de capitalização e eliminar investidores mais antigos, agora irrelevantes, que não apoiam a empresa.

Como a coisa funciona?

Se um investidor novo (ou dominante) exigir um *down round*, o ato tenderá a diluir mais os investidores anteriores. Estes sempre podem colocar mais dinheiro como instrumento de manutenção da própria posição – o termo é "pago para jogar [P2P]" –, mas quase sempre não o fazem. A razão? Não acreditam mais na empresa ou na equipe de liderança.

Vejamos um exemplo.

Digamos que uma empresa levantou uma rodada *seed*, uma rodada A e talvez até uma B, de modo que a tabela de capitalização ficou assim: 30% para os fundadores, 10% para os funcionários, 20% para os investidores iniciais, 20% para os investidores A e 20% para os investidores B. A avaliação para a última rodada nesse exemplo foi de cinquenta milhões de dólares.

Infelizmente, sem estar no caminho certo, a empresa não consegue levantar capital adicional ou, pelo menos, não em condições favoráveis.

Além disso, há um investidor que está dizendo: "Certo, gosto do conceito e da equipe, mas, como você não descobriu o PMF, é uma rodada *seed* com uma avaliação *pre-money* de cinco milhões, e estou disposto a investir cinco milhões".

Agora, faça o cálculo: o novo investidor terá cerca de 50% da empresa após essa rodada, e a participação de todos os outros acionistas será diluída pela metade. No entanto, o novo investidor, que está de olho na tabela de capitalização esperada para depois da rodada, percebe que os três fundadores ficarão com apenas 15%, ou 5% cada para uma empresa de nível *seed*. Tal resultado não faz sentido e não os atrai para que permaneçam nos respectivos papéis por muito tempo.

Assim, o novo investidor decide alocar recursos por meio de um ESOP (plano de participação acionária para funcionários, conforme já mencionado) dirigido a fundadores e funcionários visando trazê-los de volta à posição total de 40% que tinham antes do *down round*.

A nova tabela de limites fica mais ou menos assim: 50% para o novo investidor, 40% para os fundadores e funcionários e 10% para todos os investidores anteriores. Sem dúvida, uma diluição bastante severa – 20% antes para 3,3% depois –, a menos que o investidor decida "pagar para jogar" com o objetivo de continuar relevante.

Claro está que a melhor situação é ter apenas um *up round*[26], mas às vezes, durante a jornada montanha-russa de captação de fundos,

---

26. Em tradução literal, rodada para cima, uma indicação de que uma empresa está crescendo e é mais provável que seja lucrativa para os investidores. Nesse caso, a diluição é um pouco combatida pelo preço mais alto das novas ações. (N.T.)

Apaixone-se pelo problema, não pela solução

você se verá como um mendigo, e não como alguém que escolhe, precisando de financiamento enquanto vaga pelo deserto.

Se uma empresa necessitar levantar dinheiro três, quatro, cinco, seis, talvez até dez vezes antes de um evento de *exit*, algumas delas podem estar em *down round*.

Down rounds não prejudicam os fundadores e a administração tanto quanto se pensa, na medida em que a maioria dos investidores tentará compensar os fundadores mantendo-os incentivados a realizar um excelente trabalho. Como regra geral, os fundadores vão receber uma recarga para que cada um possua até 10% da empresa. Novos investidores quase sempre concordam em agir desse modo em particular com os fundadores, já que eles não estão sendo diluídos nessa última rodada.

Entretanto, não ter dinheiro significa que você morrerá, o que com certeza vai afetá-lo, mas também será um acontecimento muito desagradável para seus investidores – o investimento deles não terá valor. Caso ainda acreditem em você e na empresa, ou desejem evitar que ela feche nessa fase, é possível que encontrem uma maneira de apoiá-lo por meio de um *down round* agressivo ou de um *pay to play*.

HISTÓRIAS DE CAPTAÇÃO DE RECURSOS DO WAZE E DO MOOVIT

Em 2010, o Waze estava quase sem dinheiro. Levantamos capital em 2008, mas, no decorrer de nossa jornada de fracassos, descobrimos que só éramos bons o bastante em Israel. O resultado? Nossos investidores não se interessaram em colocar mais dinheiro na empresa.

Ao tentarmos levantar quatro milhões de dólares, ouvimos coisas do tipo "Você tem tração apenas em Israel, mas nenhuma nos Estados Unidos", ou "Você tem um modelo de negócios não comprovado, e seu *valuation* é muito alto".

Um dos mais bem-sucedidos fundos de capital de risco, em reunião interna, foi ainda mais longe: "Não tocaríamos no Waze com uma vara de um metro", ouvi um parceiro dizer enquanto, na sala ao lado, eu fazia algumas anotações.

No dia em que o Google adquiriu o Waze, Noam Bardin, CEO do Waze, e eu discutimos se deveríamos enviar a eles uma vara *real* de um metro... Não mandamos, mas nos divertimos com a ideia!

A Lightspeed Venture Partners era outro fundo que estava pensando em investir (uma avaliação de 28 milhões de dólares era o número colocado na mesa), mas acabou não o fazendo. No dia da aquisição do Google, eles nos enviaram uma enorme cesta de frutas. "Desculpe, perdemos essa!", dizia o cartão. Pouco depois, virei um pequeno investidor na Lightspeed, que desde então passou a ser investidora na Pontera.

O CEO do Moovit, Nir Erez, administrou o financiamento da própria empresa de acordo com as regras, o que significa que começaria a olhar para a próxima rodada de financiamento tão logo concluísse a rodada do dia. Estabeleceu relacionamentos com investidores que na atual rodada disseram não, perguntando a cada um: "Que objetivos devemos cumprir para que invistam na próxima rodada?". Ele aceitou a contribuição, baseando nela – claro, naquilo onde fazia sentido – sua estratégia de financiamento.

O que os investidores responderam? Que o Moovit precisava mostrar crescimento, ou pelo menos uma presença forte em vários países.

E assim foi feito.

Nir adotou a abordagem de que levaria pelo menos seis meses para levantar capital, e, portanto, sempre iniciou uma rodada de captação de fundos *um ano ou mais antes* que precisasse do dinheiro, para garantir que teria uma taxa de execução que não o levasse ao desespero (como aconteceu conosco no Waze).

Ele agiu de modo coerente e, no geral, funcionou maravilhosamente.

Apaixone-se pelo problema, não pela solução

No entanto, houve um investidor que quase se transformou em um desastre.

O Moovit havia recebido um *term sheet* da montadora Ford para a rodada C. Nir o apresentou ao conselho de administração, que efetivou a aprovação para negociar o acordo e talvez tentar conquistar melhores condições.

Tínhamos uma reunião do conselho na Califórnia, e Nir deveria parar em Detroit para obter do CEO da Ford a aprovação do *term sheet*. Porém, antes de chegar à reunião do conselho na Califórnia, o CEO da Ford retirou a oferta.

Os membros do conselho do Moovit, muito preocupados, ofereceram-se para reconsiderar nosso caminho. Eu lhes disse: "Se a Ford estivesse solucionando nossa estratégia antes do *term sheet*, você nem saberia disso. Do mesmo jeito que desconhece todas as discussões de outros investidores que não levaram a nada".

Nir e eu estávamos calmos.

– Temos mais de um ano de *runway*. Não vamos ficar sem dinheiro logo. Temos muito tempo para nossa recuperação – disse ele ao conselho.

Claro que Nir ficou desapontado, mas entendeu que aquele era apenas mais um "não" das dezenas que havia recebido antes.

CONFLITO – EVENTO DE LIQUIDAÇÃO

E quando um investidor se opõe a um acordo? E se houver uma cláusula no contrato de investimento que lhe dê certo direito de veto, incluindo dizer não a um acordo? Nesse caso, as negociações se transformam em um jogo de risco do tipo "Se você está disposto a me ferrar, adivinhe, também estou disposto a ferrar você".

Caso queira que eles cedam, precisará de uma carta de demissão coletiva assinada por todos os fundadores e, se possível, por todos os gestores. Coloque-a sobre a mesa em um envelope e diga:

– Esta é uma carta de demissão coletiva. Ou você diz sim, ou todos nós vamos embora.

Faça isso.

Os investidores vão demorar um pouco para pensar no assunto. Alguns dirão que você não quis dizer aquilo de verdade e que é claro que vai ceder, mas, se quiser, são *eles* que terão de ceder.

Independentemente do resultado, eclodirá um ódio recíproco: você em relação a eles, e vice-versa. Não lhes peça que sejam uma referência para você!

STARTDICAS

- A captação de recursos é uma atividade contínua e repetitiva.
- Sempre conheça seus investidores e os mantenha atualizados. Envie e-mails mensais. Inclua gráficos significativos.
- Venda ações secundárias quando fizer sentido (sobretudo para uma rodada de subscrições excessivas e um evento de mudança de vida para os vendedores), visando a que os fundadores fiquem satisfeitos.
- Considere incrementar a dimensão de uma rodada de captação de recursos se ela parecer estar com excesso de inscrições.
- A maioria dos conflitos de interesse que envolve startups e investidores tem a ver com dinheiro, rodadas, liquidação e benefícios.
- Planeje de seis a doze meses para aumentar sua primeira rodada, e o mesmo tempo para cada rodada posterior.
- Informe previamente os membros do conselho para que não ocorram surpresas na reunião do conselho de administração.

Apaixone-se pelo problema, não pela solução

- Cachinhos Dourados estava certa: dê aos membros do conselho três opções: uma é a "certa", e faça a "certa" ser a escolha do meio.
- Os *down rounds* são mais comuns do que você pensa e muito mais comuns do que *gostaria*. Lembre-se de que eles podem ter benefícios surpreendentes.
- Faça a devida diligência sobre os investidores antes que invistam. Depois, a coisa se assemelha a um casamento católico. Fale com ex-CEOs com cujas startups o investidor esteve envolvido por meio de um evento de liquidação, bem ou malsucedido, para que a relação comercial entre o investidor e o CEO não mais seja relevante. Só então você consegue ouvir uma opinião sincera, e é disso que precisa.

CAPÍTULO 6

DEMITA E CONTRATE

Sabendo o que sabe hoje, você contrataria esse sujeito?

Um dos maiores desafios para uma startup – e, sendo sincero, para qualquer empresa – é montar a equipe e o DNA certos. Este capítulo aborda essa questão e, especialmente, como melhorar nesse aspecto.

Por que as startups fracassam?

Fiz essa pergunta a muitos empreendedores cujas startups fracassaram, e mais ou menos a metade respondeu:

– Não era a equipe certa.

– O que você quer dizer com não era a equipe certa? – eu rebatia.

– Tínhamos um cara que não era bom o bastante – respondiam.

Os empreendedores quase sempre acabavam entrando em mais detalhes, por exemplo: "Esperava que meu CTO fosse capaz de montar uma equipe forte de engenharia, mas criou uma medíocre". Ou: "Tivemos problemas de comunicação", o que me parece mais com "Tivemos problemas de gestão de ego", ou seja, a equipe não conseguiu aceitar a liderança do CEO e concordar com ela.

Apaixone-se pelo problema, não pela solução

Então eu fazia a pergunta mais importante: "*Quando* você soube que aquela equipe não era a certa?". A resposta soava inacreditável: "No primeiro mês". Isso mesmo. E ainda outro sujeito disse que sabia "antes mesmo de começarmos".

Mas se a equipe não era a certa e o CEO sabia disso no primeiro mês, o problema não estava nela, e sim no fato de o CEO não tomar a decisão difícil que cabia a ele.

Tomar decisões fáceis é fácil; tomar decisões difíceis é *difícil*, e a maioria das pessoas não gosta das mais complicadas.

Portanto, em uma organização pequena como uma startup, caberá ao CEO a maioria das decisões difíceis. E aí a coisa fica meio complexa.

No início da criação de uma *pequena* startup, quase todo mundo se envolve com tudo. Pense em uma pequena equipe ou mesmo em um grupo ou turma de que você participou e pergunte-se: "Se houvesse alguém que não se enquadrasse, eu saberia?". Sim, claro, e não importa se essa pessoa não se enquadra em razão de ter um desempenho aquém do esperado ou de ser um babaca. Todos sabem, ponto.

Agora, em um mês, o CEO já sabia que a equipe não estava bem e que existia alguém que não deveria estar ali. Conclusão: todos na equipe também sabiam.

Então, todo mundo sabe, e o CEO não toma uma atitude. Adivinhe o que se passa pela cabeça do pessoal da equipe? Há alguém que não deveria estar lá, e o CEO não está fazendo nada.

Sobram apenas duas opções:

1. O CEO não sabe, o que significa que é um tonto, e isso não é nada bom.
2. O CEO *sabe* e ainda não fez nada. É ainda pior, pois indica que ele carece de liderança e de competências para tomar decisões difíceis.

O resultado, de qualquer modo, é sempre o mesmo: gente com performance alta vai embora porque não quer estar em um lugar onde falta a competência de tomar as decisões certas e difíceis, e vai embora porque tem escolha.

Antes, neste livro, escrevi que uma startup que não descobrir seu PMF morrerá. A segunda razão para isso envolve a equipe ou, mais especificamente, a incompetência do CEO de tomar decisões difíceis.

Se você é o CEO ou líder de uma startup, ou se faz gestão de pessoas, leia o próximo parágrafo, feche o livro e os olhos e pense a respeito. Caso concorde com minhas palavras, já maximizei DEMAIS sua probabilidade de ser bem-sucedido:

Toda vez que contratar alguém, espere trinta dias e se faça a seguinte pergunta: "Sabendo o que sei hoje, eu contrataria esse sujeito?". Se a resposta for não, demita-o no dia seguinte. Cada dia que ele permanecer a bordo causará mais prejuízos à equipe.

Por outro lado, se a resposta for sim, dê a ele um pequeno aumento (em salário, opções ou qualquer outra coisa). Assim, estabelecerá um comprometimento incrível.

Agora, se você disser "Ainda não sei", então está mentindo. Mas, se precisar de mais trinta dias, aproveite esse tempo e pense bastante.

O DNA DA SUA STARTUP

Quando você inicia sua jornada, sabe que será de fracassos e que, se encontrar o PMF, estará no caminho certo, caso contrário, morrerá. No entanto, ainda no início da caminhada, há uma decisão igualmente importante para ser tomada: o DNA da empresa. Defina-o assim que definir o problema que está resolvendo e qual sua missão.

Apaixone-se pelo problema, não pela solução

Todas as empresas do mundo têm um DNA – uma cultura empresarial ou um conjunto de valores – que as define. A sua também precisará de um, e o primeiro dia marca uma oportunidade única de defini-lo como quiser. Depois, será tarde demais para fazê-lo.

Em 1999, três amigos meus começaram uma nova empresa chamada HumanClick. A LivePerson (companhia de capital aberto norte-americana) comprou-a dezesseis meses depois, em 2000.

Para a maioria dos negócios de M&A, o comprador está adquirindo sobretudo pessoas. O coração e o cérebro são os fundadores, portanto, em quase todas as transações desse tipo, o comprador garante que os fundadores e a liderança da empresa adquirida queiram fazer parte da nova jornada e acordem um significativo bônus de retenção para os próximos dois ou três anos.

O ponto de vista dos fundadores, no entanto, é bem diferente.

Caso se comprometam por um período de três anos, já no primeiro farão tudo que têm ao alcance para que a integração seja bem-sucedida. No segundo, começarão a procurar alguém que os substitua no cargo. No terceiro, começarão a pensar na próxima startup. Depois de três anos e um dia, partirão para criar outra startup.

Esses meus três amigos, fundadores da HumanClick, ficaram na LivePerson até 2007, ano em que iniciamos o Waze.

– Por quê? O que os manteve lá por sete anos? O que há de errado com vocês? – perguntei para eles.

A resposta foi surpreendente e me fez pensar:

– Foi o melhor local de trabalho que já tivemos.

No dia seguinte, procurei Ehud e Amir e disse-lhes:

– Vamos fazer do Waze o melhor local de trabalho que já tivemos.

Eles acharam a ideia legal, e definimos como seria, assentados naquilo que nos era significativo: (1) prestar assistência a funcionários e motoristas, (2) os fundadores votarem como uma única pessoa e (3) demitirmos rapidamente se alguém não se enquadrasse em nossa cultura.

O Waze acabou sendo um ótimo local de trabalho, com baixíssimos pontos de atritos. Apenas algumas pessoas saíram no decorrer dos anos, e continuamos comprometidos com nosso DNA.

Dos três fundadores da HumanClick, Tal Goldberg mais tarde se tornou engenheiro-chefe do Waze e agora é CTO da Kahun (empresa de cujo conselho faço parte), Eitan Ron é o CEO da Kahun, e Eyal Halahmi, o CTO da Pontera.

Quando começamos a Pontera, demos um passo adiante na definição do DNA: criamos um "documento de DNA", com resultados ainda melhores do que no Waze.

Yoav Zurel, CEO da Pontera, foi e é um incrível gestor de pessoas. Nove anos depois de lançarmos a empresa, o nível de retenção de funcionários é tão alto que fica difícil imaginar que a Pontera passou por inúmeros vaivéns no trilho de uma montanha-russa.

Pense no seu melhor local de trabalho e pergunte-se: "Por que era o melhor lugar? O que o tornava tão bom?". Em seguida, pegue esses elementos e incorpore-os ao DNA da sua nova startup. Afinal, você passará dia após dia trabalhando em sua nova missão, então é melhor que ame o DNA.

O DNA deve incluir uma seção sobre valores (por exemplo, fazer bem), associados à missão, mas nem sempre é possível.

Como você se posiciona nos casos que envolvem conflitos e discordâncias entre os fundadores em relação às coisas que lhe são importantes e continuarão sendo para sempre, isto é, valores que nunca mudam? Há duas maneiras de resolver conflitos: ou o CEO decide ou se determina uma votação entre os fundadores.

Não existe certo ou errado, mas cabe somente a você definir isso com antecedência, nunca quando o conflito aflora.

Apaixone-se pelo problema, não pela solução

Use bem pouco as palavras "conflito" ou "discordância" (ou seja, uma vez em alguns anos).

A escolha do logotipo da empresa não é importante, portanto, a decisão compete ao líder de marketing. Por outro lado, vender a empresa pode gerar um grande problema, e prefiro que haja consenso entre os fundadores, ou pelo menos entre a maioria.

Uma vez com tudo em seu devido lugar, torne esses elementos parte de sua história para investidores e aspirantes, mesmo quando rirem de você ou disserem que não se importam. Mesmo os investidores talvez pensando que não é importante, acredite, isso é superimportante para você e para o sucesso de sua empresa.

Quando eu contratava pessoas, costumava contar-lhes a história da HumanClick e da nossa decisão de fazer do Waze o melhor local para se trabalhar. Isso significa que aspiramos trabalhar com gente com quem gostamos de trabalhar, e vice-versa. Explicava que, como passaríamos a maior parte do dia ali, queríamos que as pessoas que contratássemos desejassem de fato estar naquele local e, em particular, que gostassem de trabalhar conosco, e que fosse recíproco. Se não for esse o caso, o contratado viveria em um clima de infelicidade que não merece! Se não está feliz aqui, vou demiti-lo, afinal, você merece ser feliz em outro lugar.

Mais tarde, descobri que existe um nome para esse método – a "regra do não babaca".

O DNA de uma empresa envolve erros, fracassos rápidos, demissão rápida e transparência.

DEMITA E CONTRATE

Esse é o título deste capítulo, e não, não considerei uma situação inversa: é mais importante demitir rápido do que contratar.

Embora não pareça óbvio, demitir acaba, de longe, sendo muito mais importante do que contratar, ainda que dispensar colaboradores seja difícil por alguns motivos.

Como somos gente boa (ou gostamos de pensar que somos), tendemos a evitar demissões para não prejudicar o demitido. E mais, acabamos de contratar essa pessoa em um processo demorado pelo qual não queremos passar de novo.

O último elemento, na verdade, é o mais relevante, sobretudo quando se está usando a regra "Sabendo o que sei hoje, eu contrataria esse sujeito?" depois de apenas um mês da contratação.

Se a resposta for não e você precisar mesmo demitir essa pessoa, terá que admitir que errou ao contratá-la, e aí surge uma oportunidade para estabelecer o DNA certo, que diz com todas as letras: "Tudo bem cometer erros e consertá-los de um jeito bem rápido".

Se parte do seu DNA está fracassando com rapidez, então erros ou falhas são acontecimentos e não estão em uma pessoa, e a demissão célere constitui a lição-chave e uma demonstração desse valor. Por outro lado, mantê-la por mais tempo implica um desastre.

A verdadeira razão para demitir rápido é o impacto.

Quando trabalhei na Openwave, pioneira da internet móvel no início dos anos 2000, e gerenciei o marketing de produtos, reuni minha equipe e desenhei em um quadro branco uma curva de distribuição normal – em forma de sino – que representava todos os funcionários do Vale do Silício. Alguns deles eram considerados excelentes, outros, nem tanto.

Daí perguntei à minha equipe:

– Onde acham que a Openwave está nesta curva?

Houve um consenso: estávamos um pouco superiores à média. Não ótimo ou incrível, mas melhor que a média, o que é muito bom.

Em seguida, perguntei-lhes:

– Onde acham que *sua* equipe está na curva?

Apaixone-se pelo problema, não pela solução

Todas se posicionaram no lado incrível.

E aí surgiu um problema de discernimento. Se todas as equipes são incríveis, quem está abaixo da média? Alguém tem ne estar.

Ranking dos funcionários

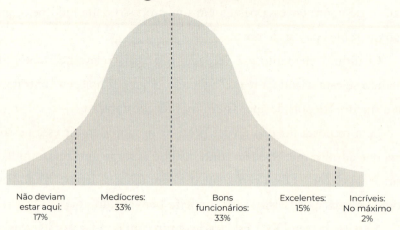

De modo geral, em uma distribuição normal, 2% dos funcionários serão incríveis, 15% excelentes, 33% bons, e 33% menos do que bons. O último grupo nem deveria aparecer lá.

Nada pessoal. É apenas pura estatística e probabilidade.

Talvez você diga que, na verdade, está usando duas distribuições normais – uma para performance e outra para as pessoas com quem gosta de trabalhar.

Agora compreenda o elemento mais importante.

Caso deseje fazer a transição de sua organização da posição atual para uma superior, qual o caminho mais indicado: contratar outra pessoa incrível ou excelente ou demitir alguém que não deveria estar lá?

Sabemos que um engenheiro de alta performance cria três vezes mais valor maior do que a média e, provavelmente, dez vezes mais do que o menos qualificado. Portanto, suponha que lhe reste apenas uma escolha: contratar outro funcionário excelente ou demitir alguém que não deveria estar lá.

Vou ajudá-lo nessa questão.

Lembre-se de que todos sabem quando alguém não deveria estar em determinado lugar, razão pela qual demitir é *mais* impactante do que contratar outro excelente colaborador. Acredita-se que, se você demitir a pessoa, maximizará a confiança na organização e na liderança e, portanto, também o comprometimento com a empresa. Resultado: todos terão um desempenho melhor.

Em alguns casos, ouço vozes preocupadas: "E se eu estiver errado? E se eu demitir essa pessoa e a organização não ficar satisfeita com minha atitude?".

Adivinhe? Quase sempre, você é o último a saber que alguém não se enquadra ali, portanto, caso o demita, a organização ficará de fato mais feliz.

Mas, se não confia em mim, faça esta pergunta muito simples a algumas pessoas (principalmente colegas, mas também à chefia direta): "Em uma escala de um a dez, o quanto você lamentaria se essa pessoa fosse embora?".

Ou então faça essa pergunta de uma forma diferente, com algum outro pessoal envolvido ou como uma questão aberta: "Quem você ficaria triste caso saísse da empresa? Ou quem você não sentiria falta se nos deixasse?".

Na maioria dos casos, no momento de tomar uma decisão, você já sabe qual é a certa, e apenas deseja uma confirmação.

Sua equipe lhe dará a resposta de que precisa.

Apaixone-se pelo problema, não pela solução

QUEM DEMITIR? TESTES SOCIOMÉTRICOS

Demitir é fundamental, e fazê-lo de forma rápida é ainda mais importante, mas como saber a quem demitir? Como saber quem não deve permanecer em uma organização?

É simples: pergunte à equipe.

Quando se é aceito no curso de treinamento de oficiais das Forças de Defesa de Israel, há uma parte singular: os testes sociométricos. Neles, colegas classificam você (e os outros); aqueles com pior avaliação são dispensados. Mas, na maioria das vezes, os candidatos com alta performance são selecionados por seus pares.

Pense nisso: não há nada mais poderoso ou previsível do que falar com aqueles com quem você está trabalhando, afinal, são os que sabem muito bem se querem você na equipe. Eles o conhecem melhor do que ninguém, além de conhecerem a combinação de performance, simpatia e se você é ou não confiável, sobretudo sob pressão.

O feedback dos colegas constitui a ferramenta mais poderosa em todo arsenal de contratação, afinal, são os que conhecem melhor; no entanto, não se esqueça: caso pergunte o ponto de vista deles, leve em consideração o que dizem. Se falarem que fulano não deveria estar lá, aquele deveria ser o último dia do sujeito na empresa. Caso contrário, perderão a confiança em você, e seu pessoal de alta performance vai cair fora ainda mais rápido.

Talvez você se pergunte: "Então agora preciso preparar uma pesquisa longa com muitas perguntas?". Na verdade, não.

Poucas são necessárias, e no final elas acabarão se repetindo, e você quer uma resposta direta.

Aqui vão alguns exemplos dos tipos de perguntas para descobrir seus funcionários fundamentais e aqueles que não deveriam estar lá.

1. Se uma nova equipe está sendo criada e você vai fazer parte dela, com quem gostaria de trabalhar? Quem gostaria que fosse o líder?

2. Se houver uma equipe sendo criada e você estiver prestes a lide-rá-la, quem *não* escolheria para fazer parte dela?

3. Se você fosse promovido a um cargo sênior e precisasse escolher seu substituto, e este lhe perguntasse "Existe alguém que não deveria estar aqui?", o que você diria?

4. Uma pergunta complementar: depois de ter feito a seleção dos que vão ficar e dos "dispensáveis", pergunte à equipe: "Em uma escala de um a dez, quão chateado você ficaria se X fosse embora (X sendo uma pessoa de referência)?". Em seguida, indique o nome de outra pessoa desse tipo e, depois, uma ou duas do final da lista. Se quiser uma estratificação melhor, use uma escala de zero ou um; se quiser fazê-lo de forma aberta, sem nenhum nome, pergunte "Quem são as pessoas altamente qualificadas que você lamentaria se saíssem?", e "Quem são aquelas que não se importaria tanto caso fossem embora?".

Aí está: quatro perguntas, e você tem o cenário pronto.

O desafio é muito simples, mas, se decidir perguntar, aja de acordo com as respostas. Ou seja, se acha que alguém tem alta performance e descobre que é tão babaca que ninguém quer trabalhar com ele, pois passa a perna nos outros e não reconhece os esforços alheios, sua única escolha será demiti-lo.

Mesmo sendo o método mais eficaz, ele não é muito utilizado por alguns motivos. Por exemplo, muitas organizações temem descobrir que não são tão boas assim. Esse é um problema de gestão de ego em uma empresa.

Outro motivo é simples. Conforme já mencionado, se você perguntar aos funcionários, terá que implementar os insights e os itens de ação levantados, ou seja, agir de acordo. Caso contrário, perderá credibilidade e liderança. Tal situação é muito complicada para algumas organizações, que preferem evitar até mesmo fazer perguntas!

A boa notícia é que, se você demitir um babaca ou uma pessoa com baixa performance, todos reconhecerão – de verdade.

Realizar teste sociométrico envolvendo membros da equipe tem potencial de detectar os babacas muito mais cedo. Muitos locais de trabalho dirão que têm uma política "sem babacas", mas na realidade, quando se contrata alguém, não se sabe como a pessoa de fato será. Pois bem, perguntar aos colegas de um funcionário é o jeito mais rápido de descobrir.

Com que frequência devem ocorrer os testes sociométricos? Faça-os a cada seis meses. E demita de cara quem ficar na pior posição.

Lembre-se, se não se livrar de gente que não deveria estar lá, os incríveis, mais cedo ou mais tarde, vão dar o fora. A diferença entre uma organização fantástica e uma mediana é que a primeira atinge seu objetivo livrando-se daqueles que não deveriam estar nela. E isso faz toda a diferença.

Perguntar aos colaboradores sobre os colegas não precisa se limitar apenas àqueles de nível inferior; pergunte também sobre os principais executivos. Portanto, se muitas pessoas começarem a dizer que tal ou tal vice-presidente não está fazendo um bom trabalho, comece a se fazer a mesma pergunta: por que o sujeito não está indo bem?

Como saber se sua organização é incrível, boa ou abaixo da média? Existem duas métricas: a tendenciosa e o atrito.

- A tendenciosa é o NPS – *net promoter score* –, que se baseia em uma pergunta e em um número simples. Usando um número entre -1 (nunca) a 1 (já fiz), "Qual a probabilidade de você recomendar seu melhor amigo para entrar na empresa?" (você pode substituir por "sua equipe" ou "seu departamento", conforme seja apropriado).

- O outro método é medir o atrito, tanto dentro da empresa quanto em comparação aos padrões do setor para a área de especialização da sua companhia. Então, você talvez tenha uma taxa de atrito de 20% e isso pareça horrível, mas, se o padrão da indústria é 30%, aí a sua taxa é muito boa.

O NPS é tendencioso, mas elucidativo. O atrito, ainda que verdadeiro, exige mais tempo.

Como, sendo CEO, você pode garantir que sua organização se ajuste ao DNA desejado?

Converse com as pessoas. Se sua organização for pequena e estiver começando, fale com os novos funcionários após um mês, e com todos eles a cada três meses, em conversas individuais.

TOMADA DE DECISÃO

Tomar decisões complicadas é difícil, por isso precisamos de confirmação e de ferramentas para ação. Aqui estão algumas delas; use as que funcionarem melhor para você.

Quando jovem, pedi um conselho ao meu pai; disse-lhe que tinha duas alternativas e não sabia qual escolher. Então, ele enfiou a mão no bolso, tirou uma moeda e falou: "Vou jogar esta moeda e, antes que ela caia, você vai tomar uma decisão". Daí me vi forçado a decidir com base no que eu já sabia e usar a queda da moeda como confirmação.

Funcionou: a moeda caiu; eu tomei a decisão.

Um dos meus CEOs me relatou como age. Ele se faz a seguinte pergunta:

– Suponha que haja um novo CEO em meu lugar e que ele saiba exatamente o que eu sei. Qual será a sua decisão?

Apaixone-se pelo problema, não pela solução

Essa abordagem desconecta o processo de tomada de decisão do passado e das emoções para tomar a decisão certa *agora*.

Ouvi outra versão do cara ou coroa. Você diz: "Se der cara, vou fazer X; se der coroa, vou fazer Y". Joga a moeda. Se gostar do resultado, então faça; se não gostar, faça o contrário.

Demitir é mais fácil:

– Sabendo o que sei hoje, eu contrataria esse sujeito?

Aqui está outra ferramenta muito eficaz: "O que você fará na sua próxima empresa?". Se você sabe, então faça *hoje*.

Muitos anos atrás, um dos líderes da minha equipe me disse:

– Não estou feliz com um dos membros da minha equipe; ele não está fazendo isso e isso e aquilo, e não sei que atitude tomar.

Perguntei a ele:

– Você veio até aqui para saber meu ponto de vista ou para confirmar a demissão do cara? Se for para confirmar, sinta-se à vontade para mandá-lo embora.

Mas o líder da equipe não estava pronto para demiti-lo.

– Talvez seja melhor dizer a ele que não estamos felizes e que precisa mudar em X, Y e Z – sugeriu.

Perguntei se já não tinha conversado com o sujeito sobre isso, e a resposta foi um sim. Então falei:

– Você está querendo uma confirmação, que pode vir de duas formas. Um: ele fica em estágio probatório, e você fica à espera de um erro dele, e assim não vai se sentir mal em demiti-lo. Ou dois, eu lhe confirmo agora mesmo de que não precisa se sentir mal em demiti-lo.

CONTRATAÇÃO

Considerando que você já compreendeu a importância de demitir, chegou o momento de pensar em contratar.

Vamos dividir a contratação em três partes: quando contratar, quem contratar e como contratar.

QUANDO CONTRATAR

Muitas empresas contratam cedo demais.

Digamos que você contrate uma pessoa de vendas antes de conseguir a adequação do produto ao mercado. O que quer que ela faça? Venda um produto ainda prematuro?

No cenário mais provável, ela tentará ser bem-sucedida, e você acabará com clientes insatisfeitos. É o que acontece quando a contratação é certeira. Caso contrário, ela não conseguirá vender, e seu PMF será impactado, em especial porque a impossibilidade de vender se redirecionará para as exigências do produto.

O melhor momento para contratar é quando já se sabe o que o novo contratado fará nos próximos noventa dias. Você consegue definir os objetivos ou os resultados para essa nova contratação? Se não tiver certeza, peça o ponto de vista de outra pessoa, talvez de um consultor ou de outro CEO.

QUEM CONTRATAR

Assim que definir que precisa contratar, procure um generalista nos primeiros dias e, mais tarde, um especialista. Em ambos os casos, você está procurando colaboradores a quem não precisa dizer o que fazer. Deseja dizer-lhes o que está tentando alcançar, o objetivo deles, ou o que *não* fazer. Está procurando contratar alguém capaz de alcançar os resultados esperados e, ao mesmo tempo, que se enquadre no DNA da empresa.

Existem aspectos bons, ruins e horríveis nas potenciais contratações.

Apaixone-se pelo problema, não pela solução

Bons: eles conseguem descobrir o que fazer com base na compreensão dos próprios objetivos. O pessoal os considera ótimos, e você consegue vê-los como um substituto em potencial para o chefe, caso ele decida sair.

Ruins: pessoas dramáticas e vítimas sugam a energia da organização em vez de criá-la. Um terceiro tipo "ruim" é o inconformado, o encrenqueiro, aquele difícil de aturar em uma organização, mesmo que seja capaz de criar um valor enorme.

Horríveis: outros membros da equipe não querem trabalhar com eles.

COMO CONTRATAR

No capítulo sobre captação de recursos, falamos que se cria uma primeira impressão em segundos. A mesma coisa acontece quando se vai a um encontro: em apenas um segundo se decide se a pessoa agrada ou não.

Em uma contratação, vale o mesmo: em alguns segundos se estabelece a primeira impressão, e então o contratante, em uma tendência natural, busca confirmação.

Se for esse o caso, a entrevista é falaciosa. Embora a maioria das organizações promova múltiplas entrevistas, existe uma maneira melhor. Se você vai buscar feedback de colegas cerca de um mês após a contratação de uma pessoa, por que não o buscar *antes* de contratar?

Entreviste as referências do candidato, e não ele. Ainda melhor do que isso, converse com alguém em quem você confia, talvez uma pessoa de dentro da sua organização que já tenha trabalhado com o candidato antes ou que o conheça bem. Busque esse ponto de vista.

O diálogo com uma referência deve começar ou terminar com esta familiar pergunta: "Sabendo o que sei hoje, contrataria esse sujeito?".

O estado de espírito é o maior desafio na entrevista de um futuro colaborador. Você está buscando contratar para uma posição específica e, portanto, tem uma tarefa a cumprir, ou seja, contratar.

Em muitos casos, se você estiver em uma fase de otimismo, precisará contratar um monte de gente. A contratação é um processo muito demorado, e a entrevista requer muita atenção. Para usar a analogia do "primeiro encontro", o candidato vive um primeiro encontro, mas você também, já que está sob muita pressão para "fechar o negócio".

O resultado é o mesmo, em um mercado de contratação otimista ou em baixa.

Em um mercado centrado no candidato, você está competindo com muitas outras empresas na contratação, e a tendência natural é que, depois de encontrar alguém que cause uma primeira impressão agradável, você comece a superestimá-lo no cargo e na empresa. Toda a pressão para "fechar o negócio" vai se refletir em você como gestor de contratação, ou seja, você é tendencioso em relação à primeira impressão.

Se for um mercado centrado no empregador, você terá tantos candidatos por posição que o resultado vai ser o mesmo: "fechar o negócio" logo para não perder tempo entrevistando tantas pessoas!

RECONHECER SUA TENDENCIOSIDADE

Depois de você perceber que é tendencioso, como mudar a situação? Como se tornar neutro?

A prática geral é bastante simples. Aqui estão algumas regras:

- Considere sua primeira impressão e tente provar o contrário. Então, caso ache o candidato adequado, conteste-se e tente provar que ele ou ela não o é.

Apaixone-se pelo problema, não pela solução

- Faça uma entrevista detalhada. Um profissional saberia o que fez e, em particular, por que o fez. E você está tentando descobrir exatamente isso. Se for um profissional, aprofunde-se no que ele fez no passado; caso contrário, a entrevista será bastante superficial. Conduza o momento para falar sobre as áreas em que o candidato se sente mais confortável, talvez o último projeto ou alguma coisa de que ele se orgulhe. Só então comece a se aprofundar. Pergunte o que ele fez e por quê. Depois da explicação, descasque outra camada da cebola e vá mais fundo. Faça uma pergunta tipo "e se", ou outra "por quê", e avance mais. Continue mergulhando fundo até obter a resposta "não sei", ou "não pensei ainda". Se isso acontecer na primeira ou na segunda casca da cebola e o candidato realmente não souber, aprofunde-se em várias camadas. Se a pessoa tiver profundidade de conhecimento, é um verdadeiro profissional.
- Não tenha medo de ser desafiador. A maioria dos candidatos quer trabalhar em um ótimo lugar, e um local assim contrata ótimas pessoas. Portanto, quanto mais desafiadora for a entrevista, mais o candidato terá a impressão de que aquele local de trabalho contrata apenas gente fantástica!

Lembre-se de que um ótimo gestor de contratação terá uma taxa de acertos de cerca de 80% e, portanto, uma taxa de falhas de mais ou menos 20%. Nem a estrela do basquete Steph Curry, do Golden State Warriors, acerta 80% dos arremessos na faixa de três pontos.

Um bom contratante terá uma taxa de acerto de 70%. Ainda que a diferença pareça enorme, na realidade não é, por corrigirmos os erros demitindo rápido. Então, se uma empresa contrata com uma taxa de acerto de 80% e outra de 70%, se as duas fizerem dez novas contratações nos próximos seis meses, a primeira precisará demitir duas pessoas, e a segunda, três – o que não é uma diferença tão grande.

Alguns anos atrás, em uma de minhas startups, tínhamos um engenheiro de performance abaixo da média liderando o desenvolvimento da versão para iPhone. Enquanto a versão do Android já estava funcionando, a do iPhone continuava estancada.

Perguntei ao CEO o que havia de errado, e ele me disse que o engenheiro não era bom. Insisti no assunto e perguntei:

– O que não é bom?

Ele respondeu que, se na época soubesse o que sabia agora, não o teria contratado. Retruquei de imediato:

– Demita.

O CEO recuou.

– Ele é nosso único desenvolvedor para iPhone. Se o demitirmos, não teremos ninguém para trabalhar nessa versão.

– Há quanto tempo sabemos que ele não é bom? – perguntei. ("Não é bom" é uma maneira educada de dizer "medíocre".)

– Cerca de um mês depois que ele começou, ou seja, seis meses atrás – respondeu o CEO.

Continuei insistindo.

– E o que aconteceu até agora?

– Não encontrei o momento certo para demiti-lo e ainda não contratamos um substituto – explicou o CEO.

Então, resumi:

– Durante seis meses você sabia que esse sujeito não era adequado para a vaga, e só não o demitiu por ele ser o único desenvolvedor para iPhone?

– Sim – confirmou o CEO.

E continuei a falar:

Apaixone-se pelo problema, não pela solução

– Acho que é o contrário: você não contratou um substituto porque esse cara estava preenchendo o cargo. Se ele for demitido, você vai precisar de um substituto imediatamente.

O CEO demitiu o desenvolvedor no dia seguinte e, uma semana depois, havia um novo desenvolvedor para iPhone, muito melhor que o anterior.

Grandes líderes contratam pessoas que consideram superiores a eles. Líderes medianos, não; temem contratar alguém mais inteligente ou melhor, e o resultado é a criação de equipes medianas ou até inferiores, o que acaba se tornando o DNA da empresa. E pior, a organização se torna medíocre e está configurada para não ter êxito.

Equipes medianas atraem pessoas menos do que medianas e afastam as excelentes. Os membros da equipe refletem a qualidade do líder.

Equipes eficazes e excelentes levam a líderes incríveis, e vice-versa.

Quando pessoas excelentes saem, é hora de treinar todos os gestores e substituir aquele líder específico.

O CEO

Na captação de recursos, ao menos nas fases iniciais, estabelecemos o entendimento de que um investidor *só* colocará seu dinheiro em uma empresa se gostar do CEO e da história que ele conta. Numa fase posterior, o CEO é avaliado pela execução e entrega de resultados. Portanto, estamos analisando essencialmente dois recursos: contar uma história (estratégia de venda) e executar.

Mas a coisa vai além.

Quando começamos a Refundit, o CEO, Ziv, não vinha da indústria de alta tecnologia; ele dirigia uma empresa de tecnologia bioagrícola ecológica. Enquanto procurávamos levantar capital, conheci uma empresa de VC em Israel e contei a eles sobre a Refundit. Gostaram do conceito e se encontraram com Ziv, mas decidiram não investir.

Por ter um relacionamento muito bom com o diretor administrativo da empresa, perguntei-lhe o motivo.

– O CEO não vem dessa área – queixou-se.

Fui até o quadro branco e lhe disse:

– Diga-me o que você procura em um grande CEO.

Juntos, chegamos a esta lista:

- alguém que nunca desiste;
- alguém que a equipe seguirá;
- alguém que ouve os clientes da empresa;
- alguém que não tem medo de tomar decisões difíceis;
- alguém capaz de construir equipes fortes;
- alguém que faça ponderações acuradas, não um hipócrita.

Levamos cerca de dez minutos para compilar a lista. Então perguntei: "Onde exatamente está 'vindo da mesma área' na lista?".

Na verdade, para causar disrupção, os líderes provavelmente *não deveriam* vir da "área".

- Quando iniciamos o Waze, nenhum dos fundadores ou membros da equipe tinha experiência na área de navegação/tráfego, exceto por algumas consultorias que fiz na Telmap.
- Quando começamos a Pontera, ninguém vinha do setor financeiro.
- Para o Moovit, Nir e Roy (os fundadores que carregaram a empresa do dia zero até saírem) não tinham experiência em transporte público ou mobilidade.

Apaixone-se pelo problema, não pela solução

- A mesma coisa aconteceu com Refundit, Fibo, FairFly e See-Tree, cujos CEOs não vieram da área nem eram pessoas de alta tecnologia.

O ponto central é: você não precisa de pessoas "da área". Precisa de gente que entenda o problema e que saiba ouvir os clientes.

Existem até vantagens em não contratar alguém com experiência na área. Por exemplo, se uma pessoa está na mesma área há décadas, será mais difícil que mude a própria perspectiva. Mas alguém de fora ainda não tem um ponto de vista estabelecido e talvez esteja em uma posição muito melhor para a disrupção!

Como a maioria das decisões difíceis acaba sendo tomada pelo CEO, ele pode ficar muito isolado, talvez nem mesmo em posição de consultar seus investidores (podem entrar em pânico caso se diga que tem problemas com o CTO), nem os membros da equipe, que também podem entrar em pânico. Então, quem é o conselheiro de confiança do CEO? Muito simples, outros CEOs. O ponto de vista deles é o melhor para você, e eles não têm compromisso. Pense também em um mentor, mas nada se compara ao apoio e conselhos de outros CEOs.

O ESTUDO DE HARVARD

Em 2017, a *Harvard Business Review* publicou os resultados de um estudo de dez anos chamado "The CEO Genome Project" [Projeto Genoma CEO]. No relatório, os pesquisadores delinearam quatro comportamentos que, segundo eles, diferenciam os líderes de sucesso. Os conselhos de uma empresa devem se concentrar nesses comportamentos no processo de seleção. Os melhores CEOs atendem a mais de um dos quatro requisitos.

1. Tomar decisões com rapidez e convicção.
2. Conquistar para causar impacto. Equilibrar as prioridades das partes interessadas com foco na entrega de resultados de negócios. Contar com pessoas envolvidas na criação de valor.
3. Adaptar-se proativamente às mudanças e tomar novas decisões se as circunstâncias mudarem.
4. Transmitir confiança. Excesso de expectativas cria mais incerteza do que valor.

Sendo sincero, não existe uma combinação perfeita dos quatro comportamentos que funcionarão para todos os CEOs. Considere que 100% daqueles de baixa performance no estudo de Harvard tiveram pontuação alta em integridade e 97% pontuação alta em ética de trabalho.

Mas não há nada "extraordinário nos principais comportamentos", concluíram os pesquisadores. É tudo uma questão de "poder de decisão, capacidade de envolver as partes interessadas, adaptabilidade e confiabilidade".

Uma ressalva: se você considerar os CEOs mais bem-sucedidos dos últimos anos, verá que nenhum deles se enquadra nas conclusões do estudo. CEOs como Jeff Bezos, Steve Jobs, Larry Ellison e Travis Kalanick são singulares.

TREINAMENTO DE GESTORES

As pessoas ingressam em empresas porque gostam do cargo e das condições, e quase sempre nem mesmo sabem como é o gestor, pelo menos não de fato. Na maioria dos casos, não fazem a devida pesquisa.

E, no entanto, **a maioria dos colaboradores sai por causa do gestor**. Talvez ele não gostasse daquelas pessoas, não reconhecesse a contribuição que deram, ou talvez trouxesse para si toda a glória por um trabalho feito pelo colaborador. Se for esse o caso, nem tudo está perdido. Molde o DNA certo treinando o gestor, ou substituindo os gestores cujos colaboradores mais importantes saem.

O treinamento se inicia com o que é importante para a empresa como um todo, afinal, você quer ter certeza de que todos os líderes usam esse entendimento para promover a gestão adequada do pessoal.

A saída de um funcionário pode desencadear um efeito dominó. De repente, um membro respeitado e de alta performance da equipe está partindo. Um mês depois, outro se vai. Parece que todo mundo está caindo fora!

Isso não tem relação com novas oportunidades, mas sim com o fato de as expectativas dos funcionários não estarem sendo atendidas. Tal atitude pode ser resumida assim: "Gosto do que estou fazendo, gosto do meu cargo, da minha missão e da minha remuneração, mas não gosto de estar aqui!".

Se um de seus gestores não for bom, substitua-o e treine os outros! E tal ideia se aplica a todos os níveis de gestão. Traga um *coach* em gestão ou realize uma série de seminários. Tenha em mente que sua atitude talvez não ajude aquele gestor em particular, mas pode ajudar os demais.

Claro que o treinamento não se aplica apenas a gestores, pois se estende para o quesito novas contratações. De certa forma, é ainda mais importante do que a contratação, e desafiador em dois aspectos.

Você contrata uma pessoa e espera que comece a agregar valor, mas ela ainda não conhece a empresa, a organização ou o objeto de trabalho. Assim, do primeiro ao terceiro mês, invista em treinamento para se contrapor às expectativas (irreais) do gestor de contratação de que o novo funcionário entregará valor imediatamente.

Se, depois desse tempo, o novo contratado apresentar lacunas de conhecimento, você, como gestor, talvez conclua que ele não deveria estar ali. Ainda que quase sempre eu defenda a demissão rápida, nesses casos tal decisão pode ser um erro. É possível que a indicação se direcione à falta de treinamento, portanto, quem precisa ser demitido é o gestor!

Uma empresa de contratação precisa se assegurar de que haja treinamento no local. Se você está prestes a expandir sua startup de cinquenta para duzentas pessoas em um ano, como CEO, não precisa mais entrevistar todos os candidatos. Depois de existirem cem pessoas na equipe, você nem mesmo conhecerá todos os que trabalham para a empresa.

Tal situação pode parecer um desafio para você como CEO, mas é um desafio ainda maior para todos os outros, pois, em pouco tempo, equipes de cinco pessoas viram um grupo de vinte indivíduos. Gestores que se saíam bem com um samba de uma nota só ou uma equipe de três pessoas podem não estar preparados para gerenciar vinte.

No entanto, o maior desafio está na manutenção do DNA da empresa. Para isso, pense não apenas em treinar essas 150 novas pessoas antes mesmo de contratá-las; também prepare o treinamento à medida que as contratações ocorrerem.

Um dia, ouvi a seguinte história: o CEO e o CFO de uma empresa almoçavam quando o segundo disse ao primeiro:

— Fico preocupado por estarmos investindo tanto no treinamento de nossos funcionários e de repente eles irem embora.

O CEO respondeu:

— E eu me preocupo mais se não investirmos em treinamento e eles *ficarem*!

A EQUIPE DE FUNDADORES

E se for necessário demitir um fundador? Em geral, prefiro uma equipe com dois a quatro membros a ter um único fundador. A jornada é complicada, sobretudo no começo, e enquanto você estiver

Apaixone-se pelo problema, não pela solução

passando por dificuldades, quer ter ao seu lado mais do que alguém que leve fé no negócio.

Mas equipes de fundadores muitas vezes são um desafio, em especial quando você passa por momentos delicados e não tem tração. No início da jornada com vários fundadores, muitas vezes você nem mesmo sabe se estão todos no mesmo barco – de acreditar, estar apaixonado, assumir riscos ou perseverar. Uma hora descobrirá se estão alinhados, e será fantástico se isso acontecer, mas, se não for assim, você pode mergulhar em um pesadelo, na medida em que agora tem um fundador que não se enquadra.

Talvez você diga que nunca passará por tal situação, ou que confia em seus cofundadores e, portanto, nunca vai precisar se separar de um deles. E espero que esteja certo.

Mas e se não estiver?

Começamos o Waze com três cofundadores e, depois de um ano, recrutamos Noam Bardin como CEO. Em 2013, vendemos a empresa, nós quatro.

No Moovit, nós nos separamos de um fundador cerca de um ano depois do início da empresa, e ficamos apenas com Nir Erez e Roy Bick. No entanto, vivemos uma separação amigável, e eles continuaram amigos.

Na Pontera, começamos com quatro e ainda continuamos todos firmes (decorridos cerca de nove anos).

Na FairFly, começamos com quatro e caímos para três.

No Engie, começamos com quatro, caímos para três e depois para dois.

Na SeeTree, começamos com três e agora estamos reduzidos a dois.

Espero que tenha entendido: metade das startups com as quais estou envolvido vivenciou uma separação de fundadores, por vários motivos.

E aí a gestão do ego constitui um desafio gigantesco. O conselho de administração não pode demitir um fundador logo no início e, potencialmente, também não pode demitir o CEO (isso depende do acordo dos fundadores).

Além disso, ninguém dentro da startup dirá ao CEO que ele deve demitir um dos fundadores. É mais provável que não falem sobre isso, e, no entanto, se você tem um fundador que não se enquadra, você é o CEO e não faz nada, enroscou-se em um problema mais profundo do que qualquer outro membro da equipe.

Também funciona ao contrário. Se o CEO não se enquadra e os outros fundadores nada fazem a respeito, surge uma situação ainda pior.

Então, o que você faz quando precisa se separar de um fundador? É muito simples: divida a discussão em três partes:

- **Equity** – supondo que haja um período de *vesting*.
- **Legal** – respeitando o que dizem os estatutos.
- **Cargo executivo** – existe a possibilidade de haver um "fundador sem cargo executivo"?

Independentemente do que você decida fazer, não espere manter um relacionamento com o fundador que está saindo. Mesmo que ambos sejam amigos, é provável que não continuem assim.

Equity é o primeiro ponto. Se houver um período de *vesting*, se vocês se separarem, o *vesting* do fundador cessará, o que representa um grande golpe financeiro para o fundador que está saindo.

Ao mesmo tempo, criou-se o *vesting* para recompensar aqueles que executam o trabalho pesado ao longo da jornada, e não aqueles que não o fazem.

No início da minha carreira, eu pressionava meus fundadores para obter um período de *vesting* mais curto em vez de mais longo. Apenas há pouco tempo encontrei um CEO que disse: "Gostaria que tivéssemos um período de *vesting* mais longo". Então, quatro anos é melhor do que

Apaixone-se pelo problema, não pela solução

três anos. Como a probabilidade de um fundador sair nos primeiros anos é alta, se isso acontecer, você quer ter *equity* suficiente de volta ao grupo para permitir, se necessário, a contratação de novos executivos.

O aspecto legal é simples: faça exatamente o que está escrito neste livro ou no contrato social, no acordo de fundadores ou no contrato de investimento.

No decorrer do tempo, uma das soluções alternativas que descobri foi criar uma posição não executiva. Se um dos fundadores é valioso em algumas áreas, mas desencadeia prejuízos quando fica no escritório, encontre uma posição não executiva para ele *fora* do escritório, afinal, talvez deseje conhecer a perspectiva dessa pessoa ou até mesmo queira que esteja presente nas reuniões do conselho de administração.

Parece uma solução mágica – conseguir manter o fundador, mas a distância –, mas ainda poderão ocorrer problemas de gestão caso o sujeito se sinta com o ego ferido. E daí você precisará fazer uma separação definitiva mais tarde.

Em síntese:

- Se um fundador precisar sair – ou você ou outro fundador –, ao pensar no acordo de fundadores ou no período de *vesting* deles, considere a perspectiva do fundador que fica, o que o ajudará a pensar na situação corretamente.
- Quando converso com CEOs que vivenciaram a experiência da saída de outro fundador, ouço uma resposta bem coerente: "Agi tarde demais e gostaria que o período de *vesting* fosse mais longo".
- Hoje é o primeiro dia do resto da sua vida. Pense no futuro, nunca no passado. E o futuro será melhor sem esse fundador.

Quando você pensa no que incluir no acordo dos fundadores do ponto de vista daquele que fica, lembre-se destes quatro elementos fundamentais:

- um longo período de *vesting*;
- um procedimento para decidir sobre a separação;
- um veto de várias pessoas (ou seja, uma única pessoa não pode impedir o avanço do processo);
- uma atitude generosa com qualquer sócio que sai.

A EQUIPE

Vez ou outra me perguntam onde encontrar um cofundador. A resposta é muito complicada, e, ainda que eu nem a saiba, na maioria dos casos, o ideal seria procurar gente com quem você já trabalhou ou que faça parte do seu grupo de relacionamento.

Então, o problema não é quem escolher, mas sim quem escolheria *você*. É claro que tal cenário será muito diferente caso você fosse um empreendedor em série e tivesse conduzido diferentes empresas ao sucesso. Nessa situação, teria pessoas seguindo-o e poderia escolher entre um grupo maior.

No entanto, se estiver em sua primeira startup, pense nessa história. Talvez pareça meio irrelevante, mas, acredite, é importante.

A Bélgica foi o primeiro país a adotar o modelo da Refundit. Não é um dos maiores países da Europa e conta com um número menor de turistas.

Assim que concluímos a segunda rodada de financiamento, na primeira reunião do conselho, um dos investidores perguntou: "Por que a Bélgica?".

Apaixone-se pelo problema, não pela solução

Minha resposta: "Pense no seu primeiro encontro na época da escola; não a pessoa que você queria namorar, mas o primeiro encontro mesmo, aquela que lhe disse sim".

Aí está! A Bélgica simplesmente foi a primeira a dizer sim.

Encontrar sócios-fundadores pode acontecer desse mesmo jeito. Você já está apaixonado e anda à procura de fundadores que se apaixonariam pelo mesmo problema. Pronto, foi dada a largada.

No entanto, se você deseja montar uma equipe, pense no seguinte:

- **Complementaridade** – três engenheiros é um número bom, mas você ainda vai precisar de outros recursos para equilibrar a equipe. O mesmo vale se em sua equipe inicial houver três profissionais de marketing ou três vendedores.
- **Ausência de ego** – é claro que a missão é mais importante do que o indivíduo, e torna-se imperativo que todos aceitem a liderança do CEO (palavra final).
- **Planejamento claro** – deixar claro o que cada um fará nos próximos noventa dias e daí por diante. Portanto, uma startup com um CEO, um COO e um presidente como equipe fundadora não é uma boa indicação, nem em termos de quem está fazendo o quê, nem em termos de ausência de ego.
- **Alinhamento de interesses (a missão) e comprometimento** – se alguém trabalha meio período porque tem um emprego diurno, e essa situação vai perdurar por um longo tempo, não vai funcionar.

Vou compartilhar com você várias histórias que lhe darão uma nova perspectiva.

Em uma das startups com as quais estive envolvido, havia dois fundadores, um com *equity* de 95%, e outro com 5%. No início, ambos estavam felizes, mas, com o tempo, ao perceberem que aquilo estava muito fora do padrão, passaram a viver em um clima de desconfiança, o que resultou em separação. A startup não teve sucesso.

Eu preferiria que no início houvesse participações iguais, ou pelo menos com todos na mesma ordem de grandeza.

Em outra startup em que também estive envolvido, existiam três fundadores. No início, eles pareciam apoiar o CEO, mas descobri depois que não confiavam nele desde o princípio. Passado um tempo, alegaram que também não acreditavam na liderança do sujeito. Na verdade, os outros fundadores eram movidos pelo ego, e o CEO era a única pessoa com ausência de ego na equação.

Essa startup também não foi para frente.

No Waze, bem no início da jornada, decidimos, no segundo ano da empresa, contratar um CEO para me substituir. O escolhido foi Noam Bardin, que ficou após o *exit* para o Google, até 2021, quando finalmente nos deixou.

No processo de busca por um CEO, encontramos muitos candidatos. Um dos aspectos mais relevante para nós era recrutar alguém que acreditasse em nossa visão de "o melhor local de trabalho que já tivemos", comprometido com tal valor, aproveitando-o sem tentar mudá-lo. Noam foi assim.

Por fim, dissemos sim a ele, e não ao outro candidato, Naftali Bennett, o que acabou sendo muito melhor também para ele. Bennett foi para a política, tornou-se ministro da educação e, mais tarde, o décimo terceiro primeiro-ministro de Israel.

Sem dúvida, um bom líder.

A escolha de Noam acabou se transformando em um grande sucesso para o Waze e também para Israel.

Apaixone-se pelo problema, não pela solução

STARTDICAS

- Demitir é muito mais importante do que contratar.
- Para cada pessoa contratada, depois de um a três meses, faça a pergunta: "Sabendo o que sei hoje, eu contrataria esse sujeito?".
- Se todos sabem que alguém na empresa não está dando certo e o CEO não faz nada, significa que ele não sabe ou que até *sabe*, mas não está fazendo nada. Em qualquer um dos casos, a equipe de alta performance sairá.
- A entrevista fornece insights limitados. Referências são mais importantes. Converse com pessoas que costumavam trabalhar com um funcionário em potencial.
- Somente outros CEOs podem ajudar a combater a solidão do CEO.
- Noventa por cento do atrito acontece em razão do gestor direto. Pessoas se juntam a empresas, mas deixam pessoas.
- O *vesting* do fundador visa proteger aqueles que ficam, não aqueles que saem.
- O ponto fundamental para a tomada de decisão é perguntar: "Sabendo o que sei hoje, faria algo diferente?"; então, em caso afirmativo, perguntar: "Consigo começar a fazer as coisas de maneira diferente agora mesmo?".

CAPÍTULO 7

ENTENDA O USUÁRIO – VOCÊ É APENAS UMA AMOSTRA DE UM

A simplicidade é o último
grau da sofisticação.

Leonardo da Vinci

Steve Wozniak, cofundador da Apple, e eu estávamos sentados à mesma mesa em um jantar pré-convenção na América Latina, vários anos atrás. Querendo fazer uma selfie de nós dois, peguei meu iPhone, enquadrei a foto e estendi meu dedo até o botão de volume na lateral do celular.

"Até que enfim", disse Wozniak. "Você é a primeira pessoa que vejo usando a câmera do jeito que acho que deveria ser usada, como uma câmera!"

Na verdade, inexistia certo ou errado; pode-se tirar uma foto de qualquer maneira. Portanto, a história evidencia a importância de entender que nem todos os usuários são iguais, portanto, nem todos usarão um produto da mesma maneira.

Apaixone-se pelo problema, não pela solução

Por exemplo, não nos restavam dúvidas de que a maneira "certa" de usar o Waze era inserir um destino e deixá-lo rodando no painel do carro. Porém, viu-se que cerca de 20% dos usuários abrem o aplicativo mas não registram aonde ir; apenas desejam ver os alertas sobre perigos e congestionamentos no percurso. Outros 10% o abrem, encontram a melhor rota e daí o fecham pelo resto do trajeto.

Por volta de 2015 ou 2016, eu ia fazer uma apresentação em um congresso no Chile. Usávamos táxis enquanto estávamos no país.

O uso do Waze no Chile crescia quase mais que em qualquer outro lugar no mundo. Quase todos os motoristas ali usavam nosso aplicativo. E ainda hoje é assim.

Na terceira corrida de táxi, notei que os motoristas utilizavam o Waze de uma maneira diferente do que eu faria. Em vez de inserir um destino e seguir as orientações de navegação, eles simplesmente mantinham o Waze ligado e, a cada dois minutos, moviam o mapa para ver o que encontrariam pela frente.

Como meu espanhol era um pouco precário, conversei sobre o fato com um amigo que falava espanhol. Na nossa viagem de táxi seguinte, ele questionou o motorista, que, todo animado e sem saber quem eu era, nos disse que no Chile o Waze funcionava daquele jeito mesmo.

Estamos acostumados a fazer as coisas de determinado jeito, mas outros têm maneiras diferentes. Não existe certo ou errado; há apenas maneiras diferentes. Ao pensarmos no usuário, enfrentamos o desafio próprio de nossa natureza, ou seja, pensar em nós mesmos como o exemplo perfeito – mas somos apenas uma amostra de um.

Este capítulo aborda isto: entender que existem outros tipos de usuários, captar as formas de pensamento e, em particular, entender a enorme lacuna entre os novos usuários e os que retornam ao produto. Como criadores, não somos usuários iniciantes, portanto, é quase impossível pensarmos neles, ainda que a maioria dos usuários que conquistaremos nos próximos anos seja de fato iniciante!

$$* * *$$

A PRIMEIRA VEZ

Quando foi a última vez que você leu um manual de instruções? Na maioria dos casos, ele nem sequer existe.

Quando foi a última vez que você realmente parou para ler as orientações para uma nova versão de um aplicativo?

Como você aprende a usar um app? Pense no último que instalou. O que já conhecia dele? De que modo descobriu como usá-lo? Quantos dos recursos de fato usa?

O aspecto mais importante nessas questões é que talvez você seja muito diferente dos outros usuários. Para entendê-los, comece com uma abordagem humilde – você é uma amostra incrível de UMA pessoa.

Mas a coisa vai bem além disso.

Você se lembra do seu primeiro beijo no(a) parceiro(a) atual ou no(a) mais recente? Claro! Foi uma fantástica explosão de sentidos e emoções, e é impossível que experimente de novo o primeiro beijo. Talvez experimente beijos incríveis e um relacionamento incrível e cada vez melhor, mas o primeiro é um acontecimento único.

A mesma coisa acontece com a primeira vez dos usuários. Ninguém consegue recriar a experiência inicial deles pela segunda vez, o que significa que fica bem complicado, para você e sua equipe, pensar na experiência do próximo usuário.

Estatísticas recentes (setembro de 2021) do site BuildFire revelam que o americano médio verifica o próprio celular a cada doze minutos, o que equivale a cinco vezes por hora, talvez oitenta vezes por dia, ou mais de duas mil vezes por mês. O que você está fazendo nessas duas mil vezes? Quantos aplicativos de fato usa? Quantos você tem?

Nos celulares do americano médio, há uma média de oitenta aplicativos instalados, e cerca de 10% deles são usados todos os dias. Na verdade, são apenas nove aplicativos; outros trinta são abertos mensalmente.

Conclusão: a maioria dos aplicativos nunca é usada!

Tente o seguinte: olhe para a tela principal do seu celular e deslize de duas a três vezes por uma das telas cheias de aplicativos que você não usa com frequência. Agora, tente responder às seguintes perguntas:

- Digamos que encontre por volta de vinte a trinta aplicativos. Você sabe o que cada um deles está fazendo?
- Quando foi a última vez que usou pelo menos metade desses apps?

Surpreendentemente, a resposta de muitos é: "Nem imagino para que serve esse app". E aqueles que *sabem* não serão capazes de se lembrar da última vez que o usaram.

Então, em termos de *não* uso, todos os usuários são iguais; no entanto, em termos de *como* usamos nossos aplicativos, há grandes diferenças.

USUÁRIOS SÃO DIFERENTES

Comecei o Waze porque detesto engarrafamentos.

O Facebook começou por causa das frustrações de um universitário, Mark Zuckerberg.

Em muitos casos, começamos com uma amostra da paixão de uma pessoa. Em seguida, usamos o feedback de outras para entender a percepção do problema. Porém, há um gigantesco salto entre compreender a percepção do problema e compreender os usuários. E essa diferença depende de um grande número deles.

Os exemplos são fundamentais em uma história (elementos autênticos e emocionais). Ao lidar com um grande número de usuários, lembre-se de uma coisa: distribuição normal.

Eles são diferentes; não se enquadram no mesmo grupo ou categoria. E é aqui que se destacam três categorias relevantes de usuários: inovadores, *early adopters* [os primeiros que compram um produto recém-lançado, pioneiros] e a maioria inicial. *O maior desafio? Um usuário de uma categoria nem consegue perceber que existem outros diferentes dele.*

Esses usuários podem estar em diferentes categorias em relação a diferentes tipos de atividades. A maioria das pessoas ficaria um pouco à frente quando se trata de hobby ou principal linha de negócios. Por exemplo, digamos que você seja um faz-tudo, assim, não apenas conhece as ferramentas e tem uma caixa delas da qual se orgulha, mas também sabe como usá-las.

Segmentação de usuários

Chasm
[o "vale da morte"]

Inovadores	Early adopters		Maioria inicial $	Maioria tardia	Terra do Nunca
♦ Felizes por serem os primeiros	♦ "Sacam o valor"	♦ Nenhum usuário aqui	♦ Não "agita a maré"	♦ Devemos ficar muito felizes ao pensar neles	♦ Quem se importa?
♦ Fazem pelo prazer	♦ Vontade de tentar	♦ Principal queda do penhasco	♦ O valor não é suficiente	♦ Mas é muito cedo para pensar neles	♦ Quem sabe?
♦ Vão lidar com os problemas por conta própria	♦ Capacidade de superar problemas	♦ O *gap* [lacuna] é gigantesco	♦ Precisa de ajuda para começar a usá-lo		
	♦ Sem medo de experimentar		♦ Não quer parecer bobo		

Apaixone-se pelo problema, não pela solução

Lembre-se, a maioria das pessoas não é como você. Portanto, ainda que você conheça bem a finalidade de cada lâmina ao usar uma serra tico-tico, pode ser que se sinta perdido ao lidar com um aplicativo para digitalizar um documento.

Vamos entender melhor as quatro diferentes categorias de usuários:

1. **Inovadores** vão testar qualquer coisa só porque é novidade. Estão prontos para lidar com quaisquer problemas, como configurações especiais, e até tentarão algo cujo valor não esteja claro, mas, como é novo, pode haver alguma coisa lá.

2. *Early adopters* usarão um aplicativo **mesmo que** seja novo. A maioria das pessoas teme mudanças, mas os *early adopters* **não se preocupam** com elas. Não temem experimentar coisas novas e vão superar a maioria dos problemas, caso existam. Assim que entenderem o valor para eles, experimentarão o aplicativo.

3. **Maioria inicial** (categoria em que me incluo) **receia tentar coisas novas** são pessoas que não gostam de mudanças. Na verdade, o estado de espírito é: "Não agite a maré". A proposta de valor de um aplicativo não é suficiente; elas vão precisar de alguém para orientá-las e ajudá-las a começar a usar o app. Detestam pedir ajuda, pois não querem parecer bobas. Portanto, necessitam de mais apoio. Essa categoria representa o maior desafio para você, por dois motivos principais: sem esses usuários, você não se tornará líder de mercado, na medida em que aí está o maior grupo relevante; e esse grupo é o mais difícil de entender, pois provavelmente você, seu produto e seus desenvolvedores não pertencem a ele.

4. **Maioria tardia** usará um produto apenas se necessário. Por exemplo, se o celular Nokia antigo de um usuário desapareceu do mercado, só então ele se aventura por um novo modelo. Pen-

se sempre nessa categoria de usuários, mesmo que não sejam relevantes no início da jornada de sua startup.

O *gap* entre os *early adopters* e a maioria inicial é uma travessia tão complexa que se assemelha a um encontro entre gente de dois planetas diferentes. Os estados de espírito desses usuários divergem tanto que tais pessoas somente serão compreendidas com um diálogo.

E mais: quando você inicia a jornada e deseja se transformar em líder de mercado, não apenas pensa que sua proposta de valor é relevante para todos, mas também imagina essas pessoas como uma grande parte da população. No entanto, no começo, a maioria de seus usuários são inovadores ou *early adopters*. Portanto, reúna o feedback do produto levando-os em consideração, para, desse modo, se tornar bom o bastante para eles.

E então você chega ao abismo, quando pensa que o seu produto está pronto. É aqui que muitos usuários vão pular fora. Você já acredita que descobriu a adequação do produto ao mercado e, de repente, percebe que não.

Existe apenas UMA ponte para cruzar este abismo: SIMPLICIDADE.

Vamos pensar que você é o tipo de pessoa capaz de abordar alguém atraente com facilidade em um bar. Está muito autoconfiante, mas tem um amigo que não se atreveria a fazer isso. Você não entende qual é a dificuldade, enquanto seu amigo nem consegue imaginar no que você pensa ao se aproximar de alguém especial.

Esse é o *gap* entre os usuários: **nem mesmo somos capazes de imaginar pensamentos, ações e sentimentos de outros usuários de um grupo diferente.**

Vamos tentar entender melhor o comportamento do usuário. Pense nos últimos cinco aplicativos que você baixou e questione-se:

Apaixone-se pelo problema, não pela solução

1. Por que baixei?
2. Como fiquei sabendo deles?
3. O que fiz depois de baixá-los?
4. O que fiz quando alguma coisa não funcionou ou não ficou clara para mim?
5. Ainda os estou usando? Se sim, por quê?
6. Verifiquei as configurações dos apps? Por quê?
7. Quando surgiu uma nova versão de um dos aplicativos que uso todos os dias (por exemplo, Waze, Netflix, Facebook ou WhatsApp), gostei mais ou menos dele ao usar a nova versão pela primeira vez?

Agora faça essas mesmas perguntas a dez tipos diferentes de pessoas.

Autoexplorar é um comportamento típico de um *inovador* ou de um *early adopter*, enquanto "alguém me contou sobre o aplicativo" caracteriza o perfil de uma *maioria inicial*.

"Achei que era útil" costuma ser uma resposta dos *early adopters*, enquanto "não tive outra opção" (como usar o aplicativo Tesla ou o app do banco) é a resposta da *maioria inicial*.

Em seguida, pergunte: "O que você fez depois de baixar?". Buscar mais informações (ou seja, procurar um tutorial no YouTube) é uma ação dos *inovadores*.

"Coloquei o app para rodar" é também uma resposta dos *early adopters*. "Nada" caracteriza a resposta da maioria inicial, e não, o fato de que "um amigo me disse para baixar o aplicativo porque ele pode fazer X, Y e Z, e agora eu baixei" não diz se você superou suas preocupações sobre alguma coisa nova e foi capaz de efetivar uma mudança.

O comportamento mais comum dos usuários da maioria inicial que baixou o aplicativo é não fazer nada. Um verdadeiro estado de espírito que diz: "Minha vida era legal antes de baixar o aplicativo e continuará se eu não fizer nada".

O mesmo acontece quando alguma coisa não funciona.

Inovadores e *early adopters* voltarão ao YouTube ou ao Google para descobrir o que fazer ou como superar o problema. A maioria inicial, por outro lado, vai apenas se agitar.

Pense nas configurações de um aplicativo. Se você for um *early adopter* ou um inovador, acabará entendendo-as rapidamente, mas *não* a maioria inicial, exceto se de fato *tiverem* de fazer isso.

Acontece exatamente o oposto quando se lança uma nova versão. Enquanto *early adopters* e inovadores entram em um mar de entusiasmo, a maioria inicial detesta. É uma mudança, e eles odeiam mudanças.

Se você está lendo este livro, é bem possível que seja um inovador ou um *early adopter*, mas sempre leve em conta a maioria inicial; caso contrário, não se transformará em um líder de mercado. Pensar nessa categoria significa entender os comportamentos básicos do grupo.

- Eles vão desistir mais rápido do que você pensa.
- Simples = menos.
- Existe apenas uma maneira de entendê-los: observe-os e pergunte-lhes por que estão fazendo isso ou aquilo, e não aquilo ou isso.
- Eles *não* vão descobrir sozinhos como usar o aplicativo ou o potencial dele.

Para aprender, observe e converse com todos os seus usuários, não apenas com os *early adopters*, que quase sempre dizem que você é muito legal. "Você", a propósito, significa todos da startup: o CEO, o líder do produto, os desenvolvedores – todos devem observar os usuários e conversar com eles.

B2B *VERSUS* B2C

Certo, então percebemos, de um lado, diferenças significativas entre inovadores e *early adopters*, e, do outro, a maioria inicial. E nas startups B2B, existem diferenças entre as empresas? Os usuários delas também pertencem a tipos diferentes?

Claro que sim.

Pense em seus primeiros clientes B2B ou parceiros de design. Eles são inovadores ou, pelo menos, *early adopters*. A maioria inicial perguntaria sobre clientes de referência e estaria disposta a esperar até que "outros" usassem o produto que você criou.

Esse é exatamente o mesmo comportamento que observamos com os consumidores. *Early adopters* e inovadores se dispõem a tentar alguma coisa nova; a maioria inicial, não. O estado de espírito "não agite a maré" é o elemento impulsionador da maioria inicial.

E os usuários dentro da organização do cliente B2B? E se você estiver vendendo uma ferramenta de produtividade para o cliente e esperar que a equipe de compras a use?

Bem, se a equipe de compras não forçar a decisão em toda a empresa, o pessoal lá dentro se comportará do mesmo jeito que os usuários individuais.

- Alguns deles são inovadores e serão os primeiros a usá-la.
- Alguns são *early adopters* e usarão assim que perceberem o valor. Uma parcela relevante pertence à categoria maioria inicial (assim como usuários da maioria tardia), portanto, nem tentarão, exceto que sejam orientados.

Em alguns casos, você pode acelerar a adoção, mas, em muitos outros, essas empresas simplesmente têm um ritmo próprio, e talvez só depois de alguns anos adotem totalmente ou se adaptem, estando prontas ou dispostas a exigir o uso amplo de tal produto.

A boa notícia: organizações maiores tendem a "forçar" mais do que as menores.

E os grupos de gênero? São usuários diferentes?

Em alguns casos, claro, são; em outros, não. Mas vamos ver alguns lugares onde existem grandes diferenças das quais você talvez nem mesmo esteja ciente.

DIFERENÇAS DE GÊNERO

A essa altura, minha paixão por mobilidade deve estar bem evidente, e, com mais de dois bilhões de pessoas usando de modo combinado Waze, Moovit e Zoomcar (uma empresa indiana de mercado de compartilhamento de carros, como um Airbnb para carros, da qual sou presidente), eu diria que entendo muito bem os usuários dessa área.

Portanto, destaco que, em razão das múltiplas alternativas de mobilidade, as pessoas escolherão os meios de transporte (mobilidade) com base em três critérios principais: conveniência, velocidade de chegada e custo.

Homens e mulheres diferem quanto à importância de tais critérios? Quase todas as mulheres que usam transporte público já se sentiram inseguras várias vezes. Talvez um desconhecido tenha chegado perto demais, alguém tenha dito uma palavra desagradável, mas, em muitos casos, a experiência foi ainda pior.

E aí, onde fica a segurança pessoal nessa ordem de critérios? Se você é um homem gestor de produtos, provavelmente nem pensou nisso!

Aqui escolhi intencionalmente como exemplo um serviço que não apresenta nenhuma diferença entre homens e mulheres. Está claro que, se essa é uma proposta de valor específica de gênero, todos

Apaixone-se pelo problema, não pela solução

entendem ser mais complicado captar a sensibilidade do usuário se não se for um usuário (ou seja, o gênero-alvo). Mas essa situação representará um verdadeiro desafio para o líder de produto. Se a alegação se assentar em "um produto que serve para todos", então a diferenciação de gênero precisa ser examinada com todo o cuidado.

O IMPACTO DA GEOGRAFIA

Existe alguma diferença entre usuários nos EUA e na Índia? Ou entre israelenses e brasileiros? Claro que sim. As duas histórias a seguir evidenciam o impacto da geografia.

Em uma, a natureza da coisa é diferente e, assim, a percepção do problema também muda. Na outra, o problema percebido é o mesmo, mas ainda existem muitas diferenças entre os usuários.

A Mego constitui um exemplo perfeito.

Ninguém gosta de ficar parado em uma fila ou de perder tempo. A Mego levou os pacotes da Amazon dos correios até os usuários – quando e onde quisessem.

Conforme explicado de maneira concisa no Capítulo 1, em Israel esse problema era bem acentuado, pois os correios nem mesmo tentavam entregar o pacote ao destinatário; apenas diziam que ele estava lá, e a pessoa deveria ir aos correios retirá-lo.

Ainda que receber um pacote seja incrível, o processo de ir aos correios no meio do dia, sem estacionamento disponível e com uma longa fila de pessoas, ia de encontro à expectativa do destinatário. Mas em Israel a coisa funcionava assim.

Nos Estados Unidos, receber uma encomenda, por exemplo, nunca foi um problema. Os serviços postais ou de entrega vão deixá-la na porta da casa do destinatário, e não importa se é uma casa ou um prédio pequeno com vários apartamentos, ou um grande edifício, onde o porteiro recebe o pacote.

Aí está uma diferença óbvia entre os usuários com base em fatores geográficos – o problema existe em uma região e não na outra. No entanto, será que há uma diferença no estado de espírito dos usuários de geografias diferentes quando o problema ocorre em ambas?

Óbvio que sim!

Pense em dois motoristas que se enquadram na categoria maioria inicial do Waze, um no Brasil e outro na Alemanha.

Sem dúvida, os dois não gostam de congestionamentos e baixaram o Waze porque alguém lhes disse que ajudaria a evitar transtornos durante os percursos e a chegar na hora.

O Waze é um aplicativo "social+", o que significa um aumento de valor se usar o app quando outros também o estão usando, de tal modo que nem sequer vai funcionar se não existirem outros usuários. A participação deles é obrigatória para se criar valor para todos. Em muitos lugares pelo mundo, os radares de velocidade e a funcionalidade de relatório policial no Waze constituem o segundo recurso mais valioso do aplicativo. Para alguns motoristas, aí está o elemento mais importante.

Acontece que há uma grande diferença entre a Alemanha e o Brasil. Os alemães são significativamente menos ativos em relação a relatar pontos policiais escondidos em comparação ao Brasil. Como resultado, não se podia confiar no Waze para evitar radares na Alemanha.

Por que você teria de se preocupar com esse comportamento baseado em geolocalização? Porque precisa entender os usuários em diferentes regiões geográficas para saber aonde ir em seu plano global GTM (*go-to-market*). Um *gap* cultural vai definir não apenas seu plano GTM, mas também seu produto.

Pense nas seguintes diferenças geográficas:

Apaixone-se pelo problema, não pela solução

- Quão bom é bom o bastante.
- Comportamento social e social+.
- *Gig* [economia autônoma] e economia compartilhada.
- Confiança em geral e confiança no governo ou nas marcas.
- Segurança e percepção de segurança.
- Inclusão.
- Pequeno ou grande em termos populacionais.
- Prosperidade (o PIB per capita será a melhor forma de verificar este ponto).

USO REGULAR

O aspecto mais relevante de se entrar na cabeça dos usuários é entender por que alguns abandonaram com rapidez o app.

Em 2006, eu atuava como consultor da Telmap, mas, antes de me unir a eles, um amigo que trabalhava lá me disse: "Sei que você faz parte da maioria inicial. Preciso que experimente nosso aplicativo em um celular, e ainda que o faça sem qualquer ajuda. Por isso não estou lhe contando nada sobre como usá-lo. Aqui está um celular de teste; agradeço se conseguir me fornecer um feedback na próxima semana".

Embora eu não aprecie mudanças, acabei topando, afinal, era uma causa justa.

Depois de três dias, ele me ligou e disse:

– Percebi que você não usou o aplicativo.

– É verdade – confirmei. – Você me deu um celular novo com o aplicativo e nem imagino como encontrar o app.

Assim se caracteriza o estado de espírito de um usuário da maioria inicial: se a coisa for meio complexa, desistimos.

Pense na simplicidade e comece observando os nove aplicativos que você usa com regularidade. Reserve um momento e conte quantos deles usou hoje. Enumere-os e depois, para cada um, anote quantos recursos desses apps você usou hoje.

Você vai descobrir não apenas que está usando poucos aplicativos diariamente, mas também que usa um número de recursos menor – apenas cerca de três a cinco por aplicativo, às vezes até menos.

Aqui estão alguns exemplos dos apps que uso todos os dias:

- O aplicativo de notícias local. Uso todos os dias, mas só um recurso: navegador de notícias.
- Ao dirigir, uso três aplicativos: Tesla, para ligar o ar-condicionado antes de chegar ao carro; Waze, dois ou três recursos (procurar um destino percorrido recentemente, ou destino salvo, e navegar até lá; vez ou outra, para o relato de problemas no caminho ou para avaliar o relatório de outra pessoa); o terceiro app é aquele que abre o portão do estacionamento quando saio e entro no meu prédio. No entanto, a Tesla não oferece suporte ao Waze, e, como resultado, decidi vender o meu Tesla e comprar um carro com esse suporte.
- Uso dois recursos do Google: pesquiso e depois clico no link que acho ser o certo.
- Aplicativo do banco. Não uso todos os dias, mas, quando preciso, encontro ali muitos recursos que considero úteis.
- Google Maps. Quando preciso ir a algum lugar de bicicleta, meu principal meio de locomoção, quero conferir o percurso e a distância/duração para planejar tudo. Às vezes, desejo percorrer determinado caminho e a duração do passeio não é o principal problema na escolha da rota (andar de bicicleta pela rota da praia de Tel Aviv é incrível, mas não necessariamente o caminho mais rápido para chegar ao meu destino).

Apaixone-se pelo problema, não pela solução

- Uso mais alguns aplicativos todos os dias – e-mail, calendário, mídia social e mensagens, e só isso... e são poucos recursos que uso de maneira regular.

MANTENHA O APLICATIVO SIMPLES

Espere aí: se usamos apenas de três a cinco recursos todos os dias, por que precisamos de todos os outros (e muitos)?

A resposta é simples: *não* precisamos.

A primeira regra de complexidade é **menos = mais**. Mais recursos implicam mais complexidade e, portanto, mais dificuldade para o processo de adaptação dos usuários. O resultado provavelmente será menos usuários ativos.

A segunda regra envolve o nível de complexidade no aspecto do aplicativo voltado para o consumidor mais o aspecto do servidor de *back-end*, em um jogo de soma zero. Se você deseja um aplicativo simples, o *back-end* precisa ser complexo, o que demanda muito trabalho nos bastidores para manter simples o que se refere ao usuário.

Retomando o assunto anterior, gostaria de compartilhar alguns dos recursos do Waze que você talvez nem saiba que existam; na verdade, provavelmente dirá "Eu não imaginava que o aplicativo conseguia fazer isso" e, ao mesmo tempo, "Nossa! Uso esse aplicativo há muito tempo e, além de não saber que tal e tal funcionalidades existiam, continuaria muito bem sem elas!".

Um dos recursos "escondidos" do Waze está no fato de o usuário poder escolher o avatar para o seu carro. Não apenas uma setinha, mas uma longa lista de diferentes avatares.

"E daí?", talvez você pergunte.

Bem, se você está em um carro de passeio, em geral isso não importa muito, mas, se é motorista de táxi, a coisa muda de figura, pois tais veículos podem circular nas faixas de transporte público.

Um avatar personalizado também pode ser útil caso esteja usando um veículo de duas rodas, que em muitos lugares não fica preso no trânsito, portanto, a rota mais rápida para você pode diferir daquela apresentada aos motoristas de carros.

Outro recurso menos conhecido do Waze: conectá-lo à sua agenda pessoal. Você talvez responda: "Beleza, mas até agora não estava conectado, e tudo bem". Pense nas vantagens: a emissão de um alerta notificando-o quando sair com base no local onde você está, o lugar de sua próxima reunião e o tempo estimado para dirigir até lá. Assim que você recorrer ao aplicativo, ele saberá aonde ir.

Um dos recursos mais úteis do Waze são as notificações no momento da hora de sair. Se você sabe que precisa ir a algum lugar no final do dia, basta iniciar o aplicativo, inserir o destino e, em vez de tocar em ir, selecionar o melhor horário para sair. O Waze dirá quanto tempo levará para chegar lá e o lembrará da saída com base no horário em que deseja chegar e nas condições atuais do trânsito.

No entanto, se é para manter a coisa simples, por que existem tantos recursos que são tão pouco usados?

Há dois motivos principais. O primeiro se refere ao fato de muitos desses recursos terem sido criados durante a jornada de adequação do produto ao mercado, em nossa busca por um recurso "Eureka!" que funcionasse e tornasse o aplicativo um sucesso. Depois de encontrarmos o negócio real, ou seja, o recurso que faz a diferença, quase sempre ocultamos os outros recursos nas configurações ou nas seções de configurações avançadas, na medida em que ainda não existem muitos usuários. Ao mesmo tempo, não queremos eliminá-los e incomodar os usuários que os utilizam. A segunda é que os recursos em geral ma-

Apaixone-se pelo problema, não pela solução

ximizam o mercado endereçável [mercado total disponível], portanto, sem um avatar de táxi, um motorista desse tipo de transporte não estaria usando o Waze.

Se quisermos manter o app ainda mais simples e remover esses recursos, o melhor momento é na versão *seguinte* à introdução dele, pois percebemos que não fez uma grande diferença e ainda não existe muita gente usando-o.

Outro aplicativo que estou usando, não diariamente, mas talvez algumas vezes por mês, é o Moovit, o app de transporte público líder mundial. Fui o primeiro membro do conselho de administração do Moovit, antes mesmo de eles começarem, e, mesmo achando seu uso relativamente fácil, descobri que o Waze é muito mais simples, pois não oferece muitas opções.

No transporte público, porém, como as alternativas são bem mais complexas, a experiência do usuário também o é. Mas aquele que recorre a ele com pouca frequência sente mais dificuldade em escolher a opção certa.

Se o Waze dissesse para você escolher entre a Rodovia 101 e a Interestadual 280 na área da baía de São Francisco, provavelmente você saberia por qual caminho optar, independentemente da navegação passo a passo.

No entanto, com o transporte público, a diferença entre "caminhar 7 minutos + BART + caminhar mais 12 minutos por 57 minutos no total" *versus* "caminhar 5 minutos depois de ônibus, depois caminhar 9 minutos por 72 minutos no total"... Bem, com certeza não fica muito fácil para o usuário escolher a melhor opção.

Você também precisa acrescentar o custo do transporte público, além de outras preocupações. Talvez você tenha vale-transporte válido em um ônibus, mas não para outro, ou não tenha de sair de casa agora, mas em cinco minutos tudo muda, porque o ônibus já partiu.

No início do Moovit, percebemos a complexidade do aplicativo, sobretudo para os usuários que usavam pouco o transporte público, mas também para os novos. Portanto, precisamos separar os usuários novos que eram passageiros frequentes dos que usavam transporte público vez ou outra.

Grande parte da complexidade decorreu de o aplicativo ser multimodal: mesmo que se esteja no ônibus, ainda há uma caminhada do ponto de partida até o ponto de ônibus e, ao final da viagem, existe mais uma caminhada até o destino.

Foi aí que notamos um comportamento diferente entre os passageiros frequentes e os infrequentes. Os primeiros sabiam onde ficava o ponto de ônibus e, em alguns casos, desativavam o aplicativo assim que entravam no veículo (e certamente quando desciam); os segundos mantinham o aplicativo ligado até se aproximarem do local aonde iam.

Esse insight foi fundamental para determinarmos os diferentes tipos de passageiros e, como resultado, orientá-los melhor por meio do aplicativo. O fluxo para o primeiro uso, o segundo, o terceiro e os posteriores precisavam ser diferentes, para aumentar a taxa de conversão. O *churn* depois de usarem o aplicativo três vezes foi muito baixo, mas só pudemos convertê-lo a partir dos passageiros frequentes.

Mesmo o Moovit sendo o melhor aplicativo de transporte público do mundo, ele ainda não supera a complexidade do transporte público.

- O que é melhor para determinado usuário? Menos caminhada e mais troca de ônibus/metrô? Menos caminhada e um percurso mais longo? Troca de ônibus/metrô para uma chegada mais rápida?
- O custo influencia a tomada de decisão? O usuário tem um cartão de metrô mensal ou paga por viagem?

Apaixone-se pelo problema, não pela solução

SUPOSIÇÕES SUBJACENTES

Estou escrevendo com a ajuda de duas mulheres: Adi Barill, minha gerente de relações públicas e marca, parceira, responsável por excelentes negócios e coeditora deste livro, e minha esposa, Noga Peer Levine, *life coach*. Em nossos bate-papos sobre mapas e experiência do usuário, cada um de nós apresentou diferentes casos de uso para o Google Maps no modo pedestre.

Digamos que você acabou de sair da estação de metrô e seu destino está mais ou menos a quatro quarteirões de distância. Como saber por onde ir? Em que direção deve começar a andar?

Aqui estão três respostas de três pessoas.

- A *early adopter* disse que usa o recurso de realidade aumentada do Google Maps, que mostra exatamente a direção na tela do celular, e, assim, ela começa a andar na direção certa.
- A usuária da maioria inicial disse que vai começar a caminhar em qualquer direção e depois seguirá a si mesma no mapa. Se o mapa mostrar que está indo na direção certa, ela continua; se for na outra direção, vira e caminha na outra direção.
- E eu, como a maioria inicial, não fazia ideia do recurso de realidade virtual.

Então, você joga seu produto em um novo usuário. Usei esse termo – "joga" – de modo intencional, porque nem se imagina como esse usuário chegou ao aplicativo, nem se ele é do tipo *early adopter* ou está na maioria inicial, nem mesmo qual será sua impressão.

Quais as suposições subjacentes sobre ele? Talvez tenha ouvido falar do aplicativo por meio de uma ação de marketing ou por um amigo.

Talvez saiba ou não o que o produto deve fazer. É nesse ponto que você precisa pensar nos usuários e voltar ao básico. Vamos lá.

1. Ninguém vai ler coisa alguma, então não vale a pena fornecer aos usuários algumas telas de orientação. Caso não tenha certeza disso, pense nos últimos dez aplicativos que baixou. Em quantos deles você leu as telas de orientação em vez de pulá-las o mais rápido possível?
2. Não há como saber se os usuários conhecem o que o aplicativo faz, portanto, eles hesitarão em fornecer qualquer informação. Você forneceria seu número de telefone ou liberaria o acesso à sua agenda para um aplicativo se nem soubesse o que ele faz (ou o que fará com seus dados)? Óbvio que não!
3. Os usuários do grupo maioria inicial não gostam de mudanças; essa mentalidade "sem mudança" de um novo usuário implica em eles não usarem o produto. Mas e quanto aos usuários existentes – o que a nova versão significa para eles? Uma mudança, e eles também não gostam!

MAPEANDO CADA CURVA DAS RUAS

No início do Waze, o mapa não estava nem perto de ser concluído, mesmo em Israel, o que significava ausência de precisão em muitos trajetos, cruzamentos, restrições de conversão e sentidos de condução. Como fundador, e como a maioria dos outros funcionários, toda vez que nos deparávamos com uma situação com um mapa incompleto, dirigíamos pelo local, para permitir que o sistema "aprendesse".

Agora, para colocar as coisas em perspectiva, era como dirigir para casa, descobrir que uma estrada ou rua não aparecia no mapa e desviar do percurso para dirigir por aquela rua, depois voltar, depois subir e

Apaixone-se pelo problema, não pela solução

voltar de novo, e mais uma vez, pois o sistema precisava de três corridas para confirmar um percurso.

E então, nessa rua, faríamos todas as curvas possíveis; se houvesse um cruzamento, isso significava doze curvas (à direita, à esquerda e reta, de cada direção), e em seguida repetir cada uma dessas curvas três vezes.

Ao todo, levávamos cerca de meia hora indo e voltando por uma rua de quatrocentos metros com um cruzamento no meio que não aparecia no mapa.

Não que tivéssemos de fazer isso – o *crowdsourcing* cuidaria dessa questão com o tempo –, mas a alegria da criação foi com certeza um fator importante. Assim que terminássemos, o mapa seria atualizado durante a noite e, no dia seguinte, todos veriam a rua ali.

A BATALHA DA FRUSTRAÇÃO

Sinto-me frustrado quando não consigo fazer alguma coisa online, com a sensação de ser um idiota ou estar perdido, o que ocorre quase sempre, porque o aplicativo ou os seus designers interpretam mal o usuário.

O que você responde diante de uma pergunta de segurança que quer saber o apelido do estado em que morava nos tempos de escola? Bem, isso não existe em Israel. E quando está preenchendo um formulário de imposto de renda que lhe pede o número do seu telefone residencial? Bem, eu não tenho nada disso. Ou pedem um nome, escrevo Uri, e o formulário me diz que é muito curto.

Todos os dias enfrentamos situações semelhantes e ficamos frustrados. Digo a mim mesmo que isso acontece porque a geração de *leads*[27]

---

27. Em marketing e vendas, *lead* é uma oportunidade de negócio que dá informações de contato, como nome e e-mail, em troca de uma oferta da empresa. A geração de *leads* é um processo para identificar clientes em potencial para uma empresa. (N.T.)

está distante do usuário, ou não observa com a atenção devida os novos usuários suficientes. A atitude de dizerem "nós sabemos mais do que os usuários" não funciona.

Há pouco tempo, tentei abrir um processo no tribunal de pequenas causas em Israel, o que pode ser feito online. Escrevi tudo em um documento do Word e tentei carregá-lo digitalmente. Depois de uma hora e meia, desisti e entreguei meu processo fisicamente no tribunal.

Com o Waze, eu observava os usuários o tempo todo, e a diretriz geral era que todos na empresa fizessem o mesmo.

Pense em um membro da equipe de P&D que está criando o produto e, de repente, alguém usa um recurso de uma maneira diferente da pretendida pelo programador ou retratada no processo de design. Ou talvez o usuário nem entenda o que se espera dele.

Se você deseja que as pessoas usem seu produto, não há atalhos; *observe* os usuários.

CASOS DE USOS DIFERENTES DA EXPECTATIVA

Ao criarmos o Waze, percebemos que os motoristas às vezes relatam coisas diferentes durante um percurso, incluindo congestionamentos, radares de velocidade e perigos, é claro. Enfim, não sabíamos *tudo* que relatariam.

Pensando nisso, tínhamos como uma das opções em aberto um "mapa-chat", por meio do qual se podia conversar e fazer upload de fotos de qualquer coisa. Esse relato permaneceria no mapa por cerca de quinze minutos, exceto se alguém reagisse a ele.

Ainda que tivéssemos algumas ideias sobre situações de uso comuns, nada nos preparou para o que testemunhamos.

Durante eventos, cambistas vendedores de ingressos usavam esse recurso para dizer "Tenho dois ingressos à venda", carregar uma foto deles, e o Waze os colocava no mapa. Ou alguém postava "Vendo coisas legais" e, assim que a transação terminava, informava que o mapa-chat não estava mais lá, mudava para um novo local e recomeçava tudo.

Não havíamos previsto tais situações, portanto, lembre-se de que, ao criar recursos, existem muitos tipos diferentes de usuários que encontrarão maneiras muito mais criativas de usá-los.

PENSE NO USUÁRIO NOVO

Nos primeiros meses depois de lançar seu produto, a maioria dos usuários será nova. Os aspectos que parecem óbvios ou simples para nós, criadores do aplicativo, *não* serão vistos dessa maneira por eles, afinal, são *novos*.

Ao usar seu aplicativo, você sabe o que está fazendo; no entanto, nunca presuma que um usuário novo também saiba. É bem mais provável que conheça pouquíssimo ou nada do produto.

A identidade e as características dos usuários mudam no decorrer do tempo, em duas dimensões. Primeiro, no início, eles tendem a ser inovadores ou *early adopters*. Segundo, e aqui está um ponto fundamental, os usuários hoje são em grande parte novos. Depois do sucesso, serão usuários recorrentes que já sabem de que modo usar o produto.

- Hoje, é provável que eles sejam *early adopters* e novos usuários. Amanhã, serão maioria inicial e novos usuários.
- No futuro, usuários recorrentes.

A "diferença de tempo" entre hoje e amanhã abarca cerca de dois a três anos, e entre hoje e futuro, de quatro a cinco anos.

O desafio está aqui: quando você inicia sua jornada, imagina usuários da maioria inicial e diz a si mesmo: "Meu aplicativo é para John e Jane Doe[28]; qualquer um consegue usá-lo". Então começa a jornada de desenvolvimento de aplicativos pensando na maioria inicial, mas os primeiros usuários são inovadores ou *early adopters,* na melhor das hipóteses, quase sem maioria inicial.

Usuários da maioria inicial precisam que *early adopters* os orientem, dizendo-lhes que está tudo bem em usar o aplicativo, e ainda os ajudando a dar esse salto de fé. O *gap* entre os usuários com os quais você sonha e os que de fato tem é um elemento fundamental durante toda a jornada, pois, ainda que seu produto pareça estar adequado ao mercado, ele está para os *early adopters*, mas não para a maioria inicial.

Depois de conquistar usuários de maioria inicial, retome o processo de tornar o aplicativo bom o bastante para eles.

Os *early adopters* terão taxas de conversão e retenção muito mais elevadas, por isso, as métricas podem ser tendenciosas. Faça duas coisas com eles:

- Mensure-os separadamente. Tenha medições de corte separadas. Se você não tiver certeza de como distingui-los, mantenha os usuários do primeiro ano separados dos demais.
- Sempre traga a maioria inicial o mais rápido possível para obter feedback. Lembre-se de que eles não aparecerão sozinhos; incentive-os a experimentar seu produto.

---

28. John Doe (para homens) e Jane Doe (para mulheres) constituem pseudônimos coletivos usados quando o nome verdadeiro de uma pessoa é desconhecido, ou são com frequência usados em referência à pessoa comum. (N.T.)

Apaixone-se pelo problema, não pela solução

STARTDICAS

- Para entender os usuários, comece internalizando a ideia de que você é apenas uma amostra de um, e os outros usuários não são como você.

- Imagine seu primeiro beijo com alguém que ama. Só se vive a experiência da primeira vez UMA VEZ. A maioria de seus usuários são novatos no produto, e você não consegue entender essa situação de uso para eles. Então…

- Observe os usuários novatos. Como concordamos que ninguém vivencia duas vezes uma experiência de primeira vez, a única maneira de ter uma noção de como a coisa funciona é por meio da observação daqueles que nunca usaram seu produto.

- Existem três categorias principais de usuários: inovadores, *early adopters* e maioria inicial.

- Os usuários têm medo de mudanças, e os da maioria inicial, em particular, não gostam delas. Antes de usarem seu produto, eles estavam bem, e, se não o usarem, continuarão bem. Se alguma coisa não funcionar para eles, acabam deixando-o de lado.

- Usuários não sabem o que estão perdendo. Tem gente que talvez esteja usando o produto de outra maneira, não usando um recurso importante ou não usando o produto. Encontre uma maneira de entrar em contato com essas pessoas para mostrar-lhes os recursos que ainda não descobriram.

- Ninguém lê nada, nem manuais, nem resumos de aplicativos, nem mensagens.

- Não agite a maré; as pessoas têm medo da mudança.

CAPÍTULO 8

DESCUBRA A ADEQUAÇÃO DO PRODUTO AO MERCADO OU MORRA

Simples pode ser mais difícil que complexo:
é preciso se esforçar muito para deixar seu
pensamento claro de modo a torná-lo simples.
Mas no fim vale a pena, porque, depois de
chegar lá, você pode mover montanhas.

Steve Jobs

O aspecto mais importante das startups se refere a encontrar a adequação do produto ao mercado (PMF). Mas aqui está uma boa notícia: se você conseguir, estará no caminho do sucesso, com probabilidade bem acima de 50% de alcançar o sucesso. E agora uma má: caso contrário, você morrerá.

O assunto deste capítulo é como descobrir o PMF e as ferramentas fundamentais para fazer a métrica e melhorá-lo até chegar lá. É também sobre perceber que esse é um processo iterativo, uma jornada e, curiosamente, outra vez de fracassos.

Apaixone-se pelo problema, não pela solução

Existem cemitérios lotados de startups que não descobriram a adequação do produto ao mercado. Ainda assim, a maioria das que fracassaram não se deu conta de que estava sofrendo devido à autoconfiança de que o *tinha* encontrado.

Nunca se ouve falar de empresas que não descobriram o PMF – a maioria delas simplesmente desaparece, morre (tomara que pacificamente); no entanto, por um instante, lembre-se daquelas que entenderam de modo correto o PMF.

Pense em todos os aplicativos que você usa no dia a dia – Google, Waze, WhatsApp, Facebook, Messenger, Uber, Netflix, todo o conjunto de produtos da Microsoft –, e reflita se os está usando de maneira diferente hoje do que da *primeira* vez.

A resposta é muito simples: inexiste diferença. Você pesquisa no Google hoje da mesma forma que pesquisou pela primeira vez (mesmo que tenha sido há mais de duas décadas). Usa o Waze ou o Uber hoje da mesma forma que da primeira vez. Conversa no WhatsApp como sempre fez desde o início.

Encontrado o PMF, você achou a proposta de valor, portanto, seu produto não mudará mais. O *back-end* talvez mude, o modelo de negócios será aperfeiçoado e os recursos de escalabilidade exigirão muito desenvolvimento, mas a criação de valor permanece inalterada.

Quanto tempo levou para todas essas empresas incríveis chegarem lá? Quanto tempo leva, em geral, para descobrir o PMF?

Para o Waze, levou de 2007 até o final de 2010, cerca de três anos e meio. Para a Microsoft, demorou mais – cinco anos (de 1975, quando começou, até 1980), e ela o fez há muito tempo, quando percebeu que desenvolveria o sistema operacional, e não os computadores (trabalho da IBM).

Para a Netflix, demorou ainda mais tempo – dez anos. A Netflix que todos conhecemos começou em 2008, mas só há pouco tempo passou a ter uma concorrência real. Lembre-se de que ela foi lançada em 1998, portanto, levou uma década inteira para descobrir o PMF, embora ele fosse diferente antes!

O TRAJETO PARA O PMF

PMF tem tudo a ver com **criação de valor**. Se você criar valor, terá sucesso; se criar grande valor para muitas pessoas, terá *muito* sucesso; se não criar valor, morrerá. Não é surpresa, chegar ao PMF é mais uma jornada de fracassos, com muitas iterações até se acertar (ou melhor, até ficar bom o bastante).

Todo este livro é sobre maximizar as suas probabilidades de sucesso compartilhando minhas experiências, mas, se existe um capítulo que mais vai ajudá-lo, é este. Se eu conseguir abreviar seu tempo para descobrir o PMF, terei feito minha parte.

Por que tantas startups pensam que descobriram o PMF, só que não conseguiram? Ouço muito o seguinte:

– Estamos vendendo nosso produto e temos até clientes pagantes. Então, como você nos diz que não descobrimos nossa adequação do produto ao mercado?

– A resposta é muito simples – explico. – Os usuários vão aparecer ou as empresas vão se inscrever se você estiver contando a *história* do PMF, mas continuarão firmes apenas se o seu produto *entregar* a história a eles.

Basicamente, a única métrica é a permanência dos usuários – em outras palavras, retenção. Se eles voltam, você encontrou o PMF.

É óbvio que existem algumas diferenças entre aplicativos de consumo (B2C) e de serviços *business-to-business* (B2B), mas a essência é a mesma: se os usuários estão voltando, você está criando valor.

No B2C, isso é retenção pura, o que significa que calculamos quantos daqueles que usaram o produto pela primeira vez neste mês retornarão a ele três meses depois.

No caso B2B, trata-se do cliente comprando mais, o que significa renovação do contrato anual ou expansão do engajamento e da abrangência. B2B é sobre o mesmo cliente comprando mais, não um novo comprando pela primeira vez.

MEDIR A ADEQUAÇÃO DO PRODUTO AO MERCADO

A maioria das startups que já vi acredita que descobriu a adequação do produto ao mercado, mas estão erradas. Como é complicado detectar o PMF, ele precisa ser medido.

Nesse caso, se possível, eu levaria o CEO que crê ter alcançado o PMF (quando eu disse que não alcançou) comigo para ver uma startup gêmea idêntica que está exatamente na mesma posição que eles.

Imagino que ele me diria: "Ei, o pessoal não chegou ao PMF!".

O que é que distorce nosso espelho, ainda que tão óbvio quando o vemos em outro lugar, mas meio confuso quando olhamos para nós mesmos?

Não é sempre assim? Não parece que sempre sabemos o que é melhor para os outros, mas temos muita dificuldade de implementá-lo para nós mesmos?

É difícil perceber o PMF *para nós mesmos*, mas outra pessoa consegue com facilidade. Aliás, se você quiser ter um choque de realidade, traga outro CEO ou um amigo que passe algumas horas com você para responder a essa pergunta.

Nossa percepção é muito mais precisa quando olhamos para alguma coisa nova do que quando olhamos para nossos próprios produtos, serviços ou empresas. Essa "outra pessoa" fará uma coisa com muita facilidade: perguntará sobre os números de conversão, retenção e frequência de uso.

Temos de medir para evitar que nos enganemos, o que acontece por alguns motivos:

1. Você ouve o feedback de possíveis usuários, levando-o a confirmar que a natureza da coisa (o problema) e a solução conceitual estão corretas.
2. Você já está considerando a correção das falhas ou a próxima versão que sabe que está chegando, portanto, em sua cabeça, tem 100% de certeza de que isso fará a diferença. Você pensa como se a versão futura do produto já estivesse apresentando resultados.
3. Você ouve em especial usuários ativos e retidos que confirmam seu ponto de vista, mas não ouve aqueles que "desistiram" (saíram de sua plataforma ou abandonaram seu produto).

A boa notícia é que existem métricas claras que lhe dirão se encontrou ou não o PMF, e a notícia melhor ainda é que há um procedimento que o fará chegar lá.

As métricas são apenas duas, ambas muito simples:

- **Conversão** – mede a porcentagem de usuários iniciantes que conseguiram obter valor do produto (ou seja, usar a função principal do serviço/aplicativo).
- **Retenção** – mede a porcentagem de usuários que continuaram usando o produto com o passar do tempo.

Existem algumas outras métricas que acabarão por lhe dizer coisas semelhantes. MAU (*monthly active users* – usuários mensais ativos) é

Apaixone-se pelo problema, não pela solução

uma delas, e NPS (*net promotion score*), outra. O NPS reflete a porcentagem de pessoas que recomendariam (ou não) um aplicativo/sistema.

Com essas duas métricas, você obterá um POV [ponto de vista] semelhante, mas, se estiver procurando o número de usuários ou o *score* do aplicativo nas várias lojas de apps, eles podem ser enganosos. Mostram ou a eficiência da máquina de marketing no caso do MAU, ou a satisfação dos usuários retidos, no caso do NPS.

O *score* da loja de aplicativos e o número de usuários não o ajudam a aprimorar seu produto. A jornada para o PMF implica maximizar os números de conversão e retenção, e não apenas medi-los.

Há pouco tempo, recebi um e-mail de um empreendedor dizendo que sua empresa havia descoberto o PMF e estava querendo minha ajuda. Como vivo muito ocupado e sem condições de fazer novos investimentos no momento, disse-lhe:

– Se você está querendo a minha opinião, me envie sua planilha de *cohort* (mostra o atrito/retenção de usuários ao longo do tempo) e diga o que espera de mim. Se está procurando financiamento, não estou investindo neste ano.

Ele me enviou a resposta por e-mail dizendo que não tinham muitos usuários, porque ainda não haviam investido em marketing. E respondi: "Não lhe perguntei quantos usuários vocês têm ou não. Você disse que descobriu o PMF, então quero ver as planilhas de *cohort*".

Descobri que não haviam medido *cohort* ou a retenção. Então, perguntei:

– Como você sabe que encontrou o PMF?

Acontece que ele estava tentando levantar capital e achou que deveria dizer aos potenciais investidores que havia encontrado o PMF para assim fomentar a probabilidade de obter financiamento. Fui o primeiro a responder: "Mostre-me os números".

PMF não tem a ver com expectativa; tem a ver com números.

PERCORRER O FUNIL

Como você consegue alta retenção? Considere dois elementos principais:

- o funil de usuários;
- o funil dos usuários iniciantes.

Veja a figura a seguir. No topo do funil, está o mercado endereçável, ou seja, *todos* os usuários. No fundo, estão os "usuários retidos" – aqueles que estão voltando.

O funil do modelo PMF

No meio, existem várias fases de adoção pelo usuário. Até certo ponto, pense em um único usuário de primeira viagem e no que é necessário para que ele baixe o aplicativo (ou acesse a página de destino) para obter valor. Para muitos serviços, as fases são semelhantes: registrar, entender o que fazer e o que esperar e, finalmente, obter valor.

Apaixone-se pelo problema, não pela solução

Lembre-se do que discutimos no Capítulo 7 – nem todos os usuários nascem iguais, e você é um excelente exemplo de apenas UM. Em geral, está lidando com usuários iniciantes, e deve ter em mente a experiência deles.

Nesse funil, cada fase é uma barreira – um obstáculo –, e apenas alguns usuários conseguirão ultrapassá-las. Se não o fizerem, talvez você ache que eles estão perdendo alguma coisa, mas não estão. A vida desse pessoal estava bem até agora, e nada vai mudar depois. Foi você que acabou de perder um usuário!

Essa é a maneira certa de entender o funil. Enquanto você está medindo a totalidade dos usuários, também está considerando o processo de pensamento de um *único usuário*.

Tal regra acaba sendo muito simples: os usuários param em vários obstáculos durante o fluxo do serviço. Por exemplo, se o seu serviço requer registro, então a fase de registro se torna uma barreira ou um bloqueio, na medida em que haverá usuários que simplesmente não vão se cadastrar.

Se o registro for obrigatório nessa fase, você acabou de perder esse usuário específico. Se houver muitos deles desse tipo, essa barreira fica bem significativa.

Em muitos casos, eu recomendaria adiar a fase de registro até que se obtenha algum valor. Se forem necessárias interações adicionais antes de chegar ao valor esperado, cada interação constitui uma barreira para a qual você tem uma medição importante – a porcentagem de usuários que não conseguem atravessar esse portão.

Do ponto de vista do usuário, há três tipos principais de barreiras:

- entender o que o aplicativo ou serviço faz;
- chegar ao valor;
- decidir se há valor suficiente.

ELIMINAR BARREIRAS

Agora, o funil de usuários é um método, mas, para aproveitá-lo ao máximo, você precisa dominar duas coisas:

- As **métricas** – basicamente uma medição precisa e consistente de cada uma das barreiras no decorrer do tempo. É assim que você sabe em quais elementos concentrar esforços para se aperfeiçoar e verificar se está melhorando ou não.
- O **aprendizado** – para entender por que isso é uma barreira (você sabe que é, pois acabou de medir), fale com os usuários que falharam e faça-lhes uma pergunta muito simples: *por quê?* Não há mais ninguém no mundo que possa lhe dar tal explicação. Os usuários ativos ou retidos não têm problemas com essa barreira específica, portanto, não sabem como responder à pergunta. Você ou seu líder de produto também não sabem; afinal, se soubessem, não seria uma barreira. Então, de repente, quando você está nas iterações do PMF, a pessoa mais importante do mundo é aquela que falhou. Só ela é capaz de lhe revelar o segredo: o *porquê*. Como esse aprendizado é fundamental, eu diria que todos na organização devem entender os problemas e, sobretudo, entender os usuários. Se não for viável para todos, eu começaria com o CEO, o CTO, o gestor de produto e o restante da equipe de gestão, seguidos pelos que estão no desenvolvimento de produtos.

O resto é mais fácil: libere uma nova versão que resolva um problema de uma única barreira e, em seguida, meça várias vezes até que esteja bom o bastante, ou até que você não consiga perceber mudança por um tempo.

Apaixone-se pelo problema, não pela solução

Na maioria dos casos, você descobrirá que existem apenas algumas (talvez três ou quatro) barreiras, e a métrica mostrará qual é a mais importante. Vejo dois métodos principais aqui:

- um a um de acordo com o fluxo do aplicativo ou serviço (o primeiro em primeiro lugar);
- um a um de acordo com a severidade, de modo a lidar com a barreira mais severa em termos de quantidade de usuários que falham nesse ponto.

No final, o valor para os usuários será afetado por todas as barreiras. Qual é o melhor método? Eu diria que a severidade, apenas por ser mais provável ver os resultados com rapidez.

Enquanto fazíamos iterações no Waze, tentávamos descobrir o PMF. Nosso maior salto ocorreu quando mudamos completamente o algoritmo de roteamento.

Em geral, todos os algoritmos de navegação/roteamento do mundo funcionam da mesma maneira – procuram o ponto de partida e o ponto final no mapa e tentam conectar todos os segmentos de trajetos e interligações por meio da rota mais curta ou mais rápida. Partem da suposição subjacente de que o mapa é completo e preciso o suficiente, portanto, se puder virar à esquerda em um cruzamento, os dados do mapa saberão disso. No entanto, os dados do mapa do Waze estavam incompletos, e não tínhamos essas informações para todos os trajetos e interligações. Na verdade, dispúnhamos dos dados completos para apenas uma fração delas.

Então decidimos mudar o algoritmo e, em vez de dizer "É permitido apenas se soubermos que é permitido", a regra passou a ser "É permitido, a menos que saibamos que *não* é permitido".

A mudança gerou um impacto da noite para o dia. De repente, quase todos os trajetos pareciam razoáveis, embora, em alguns casos, disséssemos aos motoristas que eles poderiam virar mesmo que fosse um cruzamento "sem rua para virar". Então, precisávamos de mais algumas iterações, mas, ainda assim, foi o salto mais significativo na jornada do Waze para se tornar "bom o bastante".

Como regra geral, ensinei a meus filhos que é melhor pedir desculpas do que pedir permissão, o que permite tentar e ousar mais. A jornada para o PMF percorre um caminho semelhante: não tenha medo de irritar seus usuários; desse jeito, você progredirá de maneira mais rápida em direção ao PMF.

Em termos de produto, existem quatro maneiras de lidar com uma barreira:

1. **Elimine-a ou mova-a para um estágio posterior na experiência dos usuários,** que estão muito mais dispostos a se registrar, por exemplo, depois de verem o valor e entenderem por que o registro é necessário.

2. **Simplifique.** Digamos que o registro requer quatro etapas. Você pode fazer com que todas elas apareçam em uma única página, ou ter uma barra de progresso, porém, ter quatro telas *sem* essa barra significa que os usuários enfrentarão o desconhecido até terminar. E nada como a incerteza para afastá-los.

3. **Cópia (e microcópia).** "Melhor" quase sempre é "menos". Se você acha que tem sete páginas de diretrizes que os usuários devem entender, responda-me o seguinte: quando se vê diante de uma nova versão de um produto e precisa rolar a tela sete vezes para continuar, o que faz? Vou lhe dizer o comportamento da maioria: se esse produto é necessário, basta rolar rapidamente sete vezes sem ler uma palavra. Se, no entanto, o usuário é

Apaixone-se pelo problema, não pela solução

novo e usa o aplicativo pela primeira vez, e ele não é necessário, muito provavelmente desistirá.

4. **Faça uso da linguagem visual**. Esse elemento tem um impacto menor, mas bem importante. Os designers de produtos podem influenciar a tomada de decisões por meio do design de interface que direciona o usuário. Por exemplo, informações críticas e botões *call-for-action* devem ser projetados para enfatizar a ação preferencial que você deseja que os usuários realizem, como registrar ou concluir uma compra. Se houver um botão *sim* e um *não* da mesma cor, ou se o botão *sim* estiver verde e o *não* for da cor da tela, a maioria dos usuários escolherá *sim*. As opções de cor, tamanho do texto e posicionamento dos botões são muito valiosas para maximizar a conversão e obter melhores resultados.

OBSERVAR AS AÇÕES DOS USUÁRIOS

Descrevi duas práticas até agora: o funil de usuários e os novos usuários. Medir a experiência do último grupo é um método muito mais complexo, pois, como já explicado, ninguém pode vivenciar uma primeira experiência com um produto ou aplicativo pela segunda vez.

Então, o que fazer?

Observe os novos usuários, e quanto mais, melhor. Talvez existam diferentes tipos deles operando o sistema pela primeira vez. Aproveite a oportunidade para contar às pessoas o que está fazendo e, se elas estiverem preparadas, simplesmente as observe usar o produto pela primeira vez. Sem dizer nada – nenhuma dica, nenhuma orientação, nada.

Então lhes pergunte: "Por que você fez isso ou aquilo?". Tente pegar grupos focais para experimentar o produto, complemente com pizza e cerveja (ou margueritas e nachos). Você os observa e depois atua como o facilitador da discussão.

É bem possível que você chegue à conclusão de que seu produto está sobrecarregado de recursos e que, na verdade, menos é mais. Menos recursos significam melhor usabilidade. Quem deve falar com os usuários? E quem deve ficar de olho nos novos usuários?

Comece com o CEO e depois envolva todos da startup. Ouça os usuários como parte fundamental do DNA da empresa – todos precisam falar com eles e observá-los.

VALIDAÇÃO INSTANTÂNEA OU GRATIFICAÇÃO INSTANTÂNEA

Quando uma maioria inicial começa a usar um produto, no início ficam muito desconfiados; para eles, a mudança tem um preço a ser pago, e a comprovação do valor deve ser instantânea.

Caso me recomende um novo site de viagens que diz "Encontro as melhores ofertas para você", quero vê-las em comparação ao outro site de viagens que normalmente uso. Se ambos forem iguais, significa que no novo produto não há valor.

No início do Waze, tivemos de lidar com a imprecisão do mapa. A primeira ação das pessoas era procurar o lugar onde moravam. Se o Waze passasse nesse teste, procurariam o endereço do trabalho.

Depois que encontramos essa parte dos dados, o próximo grupo de usuários consistia em motoristas mais ou menos comuns, uma mistura de *early adopters* e *majority drivers* [maioria dos motoristas]. Até então, os dados do mapa eram bastante precisos, e o Waze passaria com facilidade pelas duas primeiras validações, mas a real estava *na rua* – quão bem o aplicativo relataria o tráfego e outros "eventos"?

A lógica era fácil: se o sistema informa alguma coisa que é real – "Certo, há um congestionamento e ele foi relatado com precisão pelo sistema!" –, então posso confiar no Waze.

Apaixone-se pelo problema, não pela solução

Porém, e se houver um congestionamento e o motorista do veículo não for informado? Ou o contrário, e se o sistema relatar um congestionamento e ele não existir mais? Daí, tivemos de fazer mais algumas iterações de produto até descobrirmos. Os motoristas precisavam obter confirmação instantânea do que ocorria.

Então, digamos que você estivesse preso no trânsito e não soubéssemos disso de antemão. Em segundos, o aplicativo mostraria um congestionamento no local, e assim manteríamos nossa credibilidade.

O contrário também vale. Se o sistema achou que havia um engarrafamento em determinado local e você está dirigindo a cem quilômetros por hora – ou seja, a estrada está livre –, então o Waze remove instantaneamente as marcas de congestionamento do aplicativo.

Essa validação instantânea foi fundamental para fomentar nossa credibilidade.

A maioria dos aplicativos de consumo tem o que se conhece como a regra dos "três usos": *se alguém usa o produto três vezes, é muito provável que continue engajado, então a conversão acontece no intervalo de três usos.*

Certifique-se de que esses três usos sejam confiáveis e de valor.

MENOS É MAIS

Quando lançamos o Zeek pela primeira vez, encontramos exatamente esse problema. O Zeek era um mercado para crédito em loja e cartões-presente, portanto, se você tivesse um crédito de cem dólares na loja X, e não houvesse nada que desejasse comprar nela, poderia vendê-lo no Zeek. Conseguiria um valor menor do que o nominal, mas seria em dinheiro e viria de alguém interessado em comprar produtos daquela loja.

Ter um crédito em loja que você não vai usar é deixar dinheiro parado. E já ficou bastante claro o quanto detesto isso!

O líder de produto da Zeek disse que tudo seria muito simples, com apenas quatro recursos:

- publicar um vale-presente para venda (pelo vendedor);
- buscar um vale-presente para comprar (pelo comprador);
- comprar um vale-presente (pelo comprador);
- manter todos os vales-presente em uma carteira digital.

Apresentado o funcionamento, eu disse: "Opa, por que precisamos do recurso carteira? Se somos um mercado, então você é um comprador ou um vendedor. Existem bem poucas pessoas que têm tantos cartões-presente que precisam chegar ao ponto de serem gerenciados".

O líder do produto insistiu. Alegou que ele sem dúvidas faria uso.

Depois de implantar o produto, começamos a analisar a conversão, a retenção e o que o pessoal estava de fato fazendo. Vimos que apenas 15% de todos os nossos clientes entravam no recurso carteira, e, destes, apenas 2% usavam algum de seus recursos. Assim, apenas 0,3% achavam interessante.

Pelo lado do comprador, tivemos uma boa tração: cerca de 60% entraram no mercado para procurar alguma coisa.

Durante uma longa discussão, pressionei para que o recurso carteira fosse removido, argumentando que, além de não estar sendo usado, ainda era complicado para algumas pessoas e poderia afetar nossa conversão.

Decidimos seguir a regra do usuário iniciante e mantivemos sessões de diálogo com dezenas que entraram na carteira mas não fizeram nada depois.

Perguntamos o porquê. A resposta foi muito simples: "Eu não sabia o que era e, quando percebi, não tinha nada para colocar na carteira, então não sabia o que fazer a seguir".

Apaixone-se pelo problema, não pela solução

Quando lhes explicamos que na verdade não precisavam da carteira para comprar ou vender, a reação foi: "Ah, eu não sabia disso".

Removemos a carteira na versão seguinte, e a porcentagem de compradores procurando algo aumentou. No entanto, foram necessárias mais iterações para o produto se tornar bom o bastante.

No mercado, quase sempre o desafio é promover movimentação suficiente. Depois de atingir uma oferta e demanda equilibradas no mercado, chega-se ao PMF.

Lembre-se: a essência da simplicidade e do "menos é mais" é fundamental para a conversão.

Quero que você pense no Waze ou, para fins de discussão, em quase todos os produtos que usa regularmente, e pergunte-se: "Quantos recursos usei hoje? Ontem?". É provável que identifique poucos, talvez menos de cinco.

Em seguida, observe o conjunto de recursos do produto e pergunte-se: "E se um recurso fosse removido? Eu notaria?".

Imagine se o Waze removesse os avatares. Você pararia de usá-lo? Isso importaria? (Se você é um motorista de táxi, o recurso do avatar permite que o Waze o acompanhe pelas vias de transporte público; portanto, se fosse retirado, talvez você deixasse de usar o app.)

Agora pense nas funcionalidades que, se removidas, o impediriam de usar o Waze. Elas são as funcionalidades fundamentais.

Uma funcionalidade fundamental:

- melhora drasticamente o uso, a conversão ou a retenção;
- permite um novo mercado endereçável (por exemplo, idioma ou suporte do iPhone, além do Android);
- gera inúmeras reclamações se for removida.

Cada uma das funcionalidades desenvolvidas precisa atender a um (ou mais) dos três pontos anteriores, e é necessário medi-la. Se a funcionalidade não estiver em conformidade, você simplesmente não precisa dela, e implicará perda de tempo construí-la antes de descobrir o PMF.

Na verdade, seria uma perda de tempo também depois de descobri-lo.

REMOVER FUNCIONALIDADES

Uma das melhores maneiras de descobrir a importância de uma funcionalidade é removê-la e ver se as pessoas reclamam.

Foi o que fizemos no Waze.

Um dos recursos do app é o velocímetro, o círculo que mostra a velocidade atual. Hoje esse recurso também mostra quando se excede o limite de velocidade, mas antigamente era apenas um velocímetro simples que a indicava.

Um dia, o líder de produto disse que poderíamos remover o recurso, porque já existia um velocímetro no painel do carro com a mesma função. Ehud e eu não gostamos da ideia, mas tínhamos uma vice-presidente de produto muito boa, então lhe demos a liberdade de liderar o processo.

Removemos o recurso e... o pessoal começou a reclamar: "Tem um *bug* na nova versão, não consigo ver o velocímetro! O que aconteceu?".

A propósito, descobrimos que 90% das reclamações vinham de homens que estavam usando o recurso, ou pelo menos acreditavam nisso.

Houve mais duas iterações. A primeira, no dia seguinte, para trazer o velocímetro de volta rapidamente, e a segunda, de meio-termo, que tornou o velocímetro uma opção que podia ser desativada nas configurações.

Quando se acrescenta alguma coisa às configurações, a principal pergunta é: "Qual o padrão?". Vou demonstrar, mas precisarei de sua participação ativa.

Apaixone-se pelo problema, não pela solução

Aqui está um questionário muito simples:

- Você sabia que pode remover o velocímetro no Waze?
- Você removeu o velocímetro?

Envie sua resposta por e-mail para fallinlove@urilevine.com e compartilharei com você os resultados (ou seja, quantas pessoas sabem que o recurso existe e quantas o alteraram).

Enquanto você procura esse recurso, vou lhe contar um segredo: é possível também alterar *quando* o alerta de limite de velocidade deve aparecer. Essa função está no mesmo local nas configurações que permitem remover o velocímetro: Configurações > Velocímetro.

Como tudo o mais que discutimos neste capítulo, o mapa do caminho para o produto significa uma lista de experimentos que você realiza até encontrar aquele que funciona, para então passar para a próxima fase de criação de sua startup.

WAZE VERSÃO 3.5

Fizemos dezenas de versões do Waze até acertarmos. Embora o aplicativo fosse bom o bastante em muitos mercados, estávamos procurando um avanço no crescimento e um recurso para aumentar o boca a boca e viralizar.

Então, definimos a estrutura para a versão 3.5, que deveria viralizar – influenciar usuários que não usavam o Waze a baixar o aplicativo. A principal característica dessa versão foi o ponto de encontro. Essencialmente, caso se queira buscar alguém, o Waze enviará à(s) pessoa(s) um local com um ETA atualizado em tempo real.

Por exemplo, se você quiser buscar um amigo para irem juntos a algum lugar, envie-lhe um localizador em tempo real e ele verá onde você está e seu ETA. O processo se assemelha ao aplicativo de passageiros do Uber, que permite que você veja onde seu motorista está e quando deve chegar.

Achamos que esse recurso seria usado com frequência e, como resultado, muita gente que receberia o localizador faria o download do Waze.

Bem, estávamos errados!

Mesmo a história sendo muito boa e os exemplos de casos de uso fazendo sentido, na realidade, a maioria desses localizadores era enviada pelos pais aos filhos que não dirigiam e, portanto, não baixavam ou usavam o Waze!

Foi bem engraçado quando expliquei por que esse recurso representava um avanço, pois usei exatamente o exemplo de pai e filho.

Na época, meu filho mais novo tinha dez anos, e um dia fui buscá-lo no basquete depois da escola. Com o Waze e com o ETA correto, eu estava lá dois minutos antes de o treino terminar. Fiquei esperando no carro.

Cinco minutos depois, ele me ligou perguntando onde eu estava. Respondi:

– Esperando você no portão.

E ele retrucou:

– Você não está aqui; estou olhando para o portão.

Estávamos em portões diferentes, e descobrimos isso por causa do telefonema. Mas uma lâmpada acendeu na minha cabeça: se tivéssemos o recurso do localizador na época, tal desencontro não teria acontecido.

Embora esse recurso talvez reduzisse um pouco a frustração das crianças e de seus pais, não trouxe os resultados que esperávamos (mais usuários). O recurso ainda está lá, mas, para colocar as coisas em perspectiva, usei-o apenas três vezes na vida.

Apaixone-se pelo problema, não pela solução

ALCANÇOU O PMF? ÓTIMO. AGORA, COMECE TUDO DE NOVO

Aí você diz: "Calma aí, se já alcançamos o PMF, por que temos de começar tudo de novo?".

Vamos aos possíveis motivos. Um deles ocorre em razão de a escala do PMF não ser grande o bastante; outro se refere ao PMF se tornar irrelevante ou talvez à mudança de alguma regulamentação. Com o Pontera experimentamos tudo isso.

Iniciamos a Pontera em Israel, com a intenção de trazer mais transparência às taxas financeiras, em particular com alguns instrumentos de poupança de longo prazo. Acreditávamos que as pessoas não sabiam quanto estavam pagando e, por isso, pagavam demais; portanto, se lhes disséssemos quanto pagavam, isso as levaria a uma decisão óbvia.

Mas não foi o suficiente.

Em seguida, dissemos a elas quanto estavam pagando em comparação a outras pessoas no que chamamos de "medidor de trouxa", uma espécie de medidor desleal, e aconselhamos o que fazer para reduzir as taxas. Na verdade, nós as irritamos mostrando que estavam sendo roubadas, mas, ainda assim, elas não tomaram atitude alguma.

Somente quando lhes dissemos "Clique aqui para reduzir suas taxas" a coisa começou a funcionar. Ao clicar ali, o sistema enviava uma carta em nome do usuário, com todos os dados, à instituição financeira, solicitando um desconto.

Assim que descobrimos o PMF em Israel, passamos para a fase de crescimento em nosso mercado doméstico e, ao mesmo tempo, decidimos que era hora de nos voltarmos para os EUA, mercado cem vezes maior que o de Israel.

Demorou um pouco para converter o produto em um que funcionasse nos Estados Unidos, sobretudo em planos 401(k). A natureza das coisas é muito diferente nos Estados Unidos em comparação a Israel; o problema que estávamos tentando resolver em nosso país de origem não apresentava vantagem nos Estados Unidos.

Enquanto lutávamos para descobrir o PMF, também percebemos que precisávamos manter nosso foco, e que seria impossível lidar ao mesmo tempo com o crescimento em Israel e descobrir o PMF nos EUA. Então, tomamos a dolorosa decisão de abandonar o mercado israelense.

A área de P&D desenvolveu novamente o produto para se adequar ao mercado financeiro americano, criando uma tecnologia única, mas a real dificuldade estava no fato de os consumidores americanos não terem percepção do problema.

Durante nosso período de luta, uma oportunidade surgiu de um lugar completamente diferente.

A administração Obama estabeleceu uma nova regra: a regra fiduciária do DOL (*Department of Labor* – Departamento de Trabalho), um novo regulamento que determina que os consultores financeiros [*financial advisors/* FAs] que desejem aconselhar sobre planos de aposentadoria – 401(k) – devem assumir a responsabilidade fiduciária por seus clientes.

Em outras palavras, se eu sou um consultor financeiro e quero dizer a você que troque seu 401(k) pelo meu plano, ou até mesmo por um IRA[29], só posso fazer isso se o meu plano for melhor. No entanto, não há como dizer se é melhor se eu não souber o que seu plano oferece; simplesmente não tenho acesso a ele.

O resultado foi imediato. Consultores financeiros e empresas de investimento financeiro (FI) precisavam da plataforma da Pontera para

---

29. Nos Estados Unidos, também existe a aposentadoria privada. Os tipos de planos mais populares por lá são o IRA (Individual Retirement Account), um plano individual privado, e o 401(k), um plano oferecido por empresas. (N.T.)

Apaixone-se pelo problema, não pela solução

cumprir a nova regra. Foi como ganhar na loteria ou correr com a ajuda de um vento forte e repentino.

Chegamos ao PMF da noite para o dia e começamos a vender às firmas de investimento financeiro uma licença para nossa plataforma.

E então... Obama foi substituído por um novo presidente, Donald Trump, cujo governo não apoiou a regra do DOL. Praticamente a baniram! Para ser mais exato, o novo governo não recorreu quando o tribunal decidiu contra a regra fiduciária do DOL.

Os extremos dessa montanha-russa – por um lado, um governo está nos ajudando com um vento em popa e, por outro, o próximo vem e muda tudo de novo – nos colocaram em uma situação em que dispúnhamos de uma tecnologia única e complexa que mais ninguém tinha, mas sem mais demanda por ela. Tivemos de nos reinventar de novo. Perdemos o apoio dos investidores, e fiquei sozinho para manter a empresa.

Por meio de vários contatos com consultores financeiros e empresas de investimento financeiro, percebemos que ainda havia esperança, e que talvez estivéssemos prontos para alguma coisa única: permitir aos consultores financeiros prestarem consultoria sobre 401(k) e outros tipos de contas aos clientes.

Isso acabou sendo uma situação de ganha-ganha-ganha para o cliente, para o consultor financeiro e para nós, possibilitando que o consultor financeiro fornecesse aos clientes um serviço melhor, não apenas nas contas de corretagem, mas também nas de aposentadoria, maximizando assim a meta de "aposentar-se mais endinheirado".

Lançamos o novo produto no verão de 2018 e, desde então, observamos um rápido crescimento e, sobretudo, *zero churn* nos últimos três anos.

A jornada do Pontera implicou descobrir três vezes o PMF. O PMF atual é tão significativo que duvido que precisemos de outro, mas tive a mesma sensação antes e estava errado.

"BOM O BASTANTE" EM ALGUNS MERCADOS PODE "NÃO SER BOM O BASTANTE"

Eu estava ministrando uma palestra em um congresso de sistema de informação geográfica (GIS) lá por 2012, época em que o Waze já era "bom o bastante" em muitos lugares, e, enquanto explicava o conceito de *crowdsourcing* e como o mapa é criado, observei que o Waze estava disponível em quase todos os lugares, mas que ainda não era *bem-sucedido* em todos eles.

– Você disse que há Waze em todo lugar? – perguntou um dos espertinhos da plateia.

– Sim – respondi.

– Existe Waze na Antártica? – ele me desafiou.

E eu disse que não sabia.

Durante o intervalo, porém, conectei-me ao sistema e descobri que havia 27 *wazers* na Antártica.

O que diabos estão fazendo por lá? Não há estradas e, obviamente, inexistem congestionamentos ou radares de velocidade.

Entrei em contato com eles e perguntei exatamente isso.

Acontece que, como o Waze está rastreando o GPS e criando "pseudorrotas", eles usaram essa capacidade para criar trajetos no mapa que lhes permitiram navegar de um lado para o outro do acampamento-base para vários locais de pesquisa (lembre-se de que, caso esteja no Polo Sul, a bússola não vai funcionar: o Norte é lá)!

Ainda que o Waze seja excelente em muitos países, continua péssimo, e provavelmente continuará para sempre, em alguns outros.

Apaixone-se pelo problema, não pela solução

Vejamos, por exemplo, o Japão.

Na maioria dos países, o sistema de numeração das casas tem uma ordem geográfica.

Em Israel, há números ímpares de um lado da rua e pares do outro lado, correndo sequencialmente. No Reino Unido, os números começam de um lado da rua e voltam do outro lado. Nos EUA, cada quarteirão está dentro de cem números.

Esses modelos geográficos nos permitiram chegar ao nível de "bom o bastante" relativamente rápido. Conseguíamos levá-lo bem perto da definição de "bom o bastante".

Imagine uma rua em Israel com cerca de trezentas casas. De um lado, teremos os números 1, 3, 5... 299. Do outro, estarão os números 2, 4, 6... 300.

Agora, imagine que apenas cerca de dez números de casas foram editados pela comunidade de usuários ativos. Conseguimos colocá-las em sua localização exata e recalcular a localização estimada de todas as outras casas. Isso tornou o app bom o bastante para mais de 90% dos casos. Assim, com 3% de dados, chegamos a 90% de nível bom o bastante.

No Japão (e também na Coreia do Sul), porém, o sistema de numeração das casas é muito mais antigo e segue a ordem *cronológica*. Assim, a casa mais antiga do bairro é a de número 1, e a segunda mais antiga, a de número 2, que pode estar em qualquer lugar.

Nesse caso, os dados de 3% o levarão exatamente a 3% "bons o bastante". Resultado, lá o Waze não funciona tão bem.

Além disso, quase todos os carros no Japão vêm com um sistema de navegação já instalado, e a única instituição que tem a localização exata de todos os números das casas é o serviço postal japonês.

Sem chance para nós.

O QUE É UM RECURSO "BOM O BASTANTE"?

Tentamos incorporar a gamificação no Waze – várias maneiras de os usuários acumularem pontos enquanto usam o aplicativo. Por exemplo, se alguém postar um relatório sobre um acidente de trânsito, ajudando o restante dos motoristas a evitar situações perigosas, ele ganha pontos. Antigamente, quando se dirigia para algum lugar onde ninguém havia dirigido antes, o avatar se transformava em um rolo compressor e você "pavimentava" a estrada enquanto conduzia o veículo. E, em particular, se quiséssemos que uma pessoa dirigisse em um lugar onde poucos haviam dirigido antes, colocávamos guloseimas no mapa, para que, se ela fosse até lá, as atropelasse e ganhasse ainda mais pontos.

Foi legal e gerou alguns resultados de aumento de uso e retenção, mas não deu um salto.

Muitos empreendedores pensam em adotar um modelo de gamificação e ficam surpresos e desapontados ao descobrir que muitas vezes não funciona.

Lembre-se de que, entre 2009 e 2010, como o Waze não era bom o bastante, tentamos muitas coisas para atingir esse objetivo. Nosso desafio estava na altíssima taxa de desistência do usuário novo – cerca de 80% deles nos EUA tentariam *apenas* uma ou duas vezes. Precisávamos que usassem mais o app, não somente com a esperança de chegar a um nível "bom o bastante", mas sobretudo porque o Waze coleta informações enquanto o motorista dirige, então cada viagem conta.

Se conseguíssemos que 80% de usuários que experimentaram o aplicativo uma ou duas vezes o usassem só mais uma, aumentaríamos drasticamente a coleta de dados.

Estávamos procurando maneiras de dar esse salto, cientes de que o verdadeiro problema estava em nosso mapa e no fato de nossos dados de tráfego não serem bons o bastante. Tentamos dizer aos usuários que o sistema estava aprendendo e que deveriam tentar de novo; obtivemos algum efeito, mas a gamificação foi o ponto principal.

A gamificação funcionou para alguns dos usuários, mas ser o primeiro a dirigir em um trajeto é bastante raro. Então, decidimos que queríamos incentivar a tarefa de completar o mapa por meio da gamificação, e criamos um jogo parecido com o Pac-Man no mapa.

Se o motorista dirigisse por uma área onde precisávamos de mais dados, o avatar se transformaria em um Pac-Waze-Man, e o trajeto estaria repleto de pontos para o Pac-Waze coletar (comer).

Muita gente me perguntou se os motoristas estavam se desviando de suas rotas preferenciais para casa só com a finalidade de coletar esses pontos. Quais as vantagens? E, ah, sim, *eles* nunca fariam isso.

Esse pessoal estava certo: a maioria dos usuários não se importou com a gamificação. Mas quem fez se importou muito.

Assim, em vez de obtermos apenas mais um trajeto, conseguimos que cerca de 10% a 20% dos usuários fizessem de dez a vinte trajetos a mais. Parece muito, mas não bastou. Mesmo com a gamificação, o Waze ainda não era bom o bastante.

O recurso era bom o bastante, mas o produto, ainda não.

OS DADOS SÃO OS REIS

Como você sabe quando bom é bom o bastante? Veja os dados.

Temos uma capacidade muito limitada de ver a média, ou os números agregados; estamos extrapolando. Pegue o Waze, por exemplo, e pense nas principais métricas:

- MAU – qual a porcentagem de todos os usuários do Waze que o usaram no último mês?

- Uso médio por mês por usuário – quantas viagens são concluídas com o Waze por usuário ativo?
- Retenção de noventa dias – quantos usuários que usaram o Waze pela primeira vez em janeiro também o usaram no mês de abril?

Agora, tente adivinhar esses números.

Como sempre faço em apresentações e reuniões individuais, pergunto às pessoas o que elas acham que os números significam. Normalmente, ouço isto:

- MAU próximo a 100% – afinal, por que alguém instalaria o Waze e não o usaria?
- Sessões por mês – na verdade, já teve quem contou. Aqui está o que encontraram: ida e volta de casa para o escritório quarenta vezes por mês + academia + mercado + pegar as crianças na escola. No total, oitenta vezes por mês. Acrescente alguns outros trajetos que não foram registrados, e o total geral seria de cerca de cem vezes por mês. Para alguém que mora nos subúrbios dos Estados Unidos, isso equivale ao número de vezes que ligaram o carro por mês.
- Retenção de noventa dias – igual ao MAU. Por que diabos alguém pararia de usar o Waze? Esse número também deve estar perto de 100%, certo?

Desculpe, mas errou feio!

O Waze foi baixado cerca de um bilhão de vezes, mas havia apenas de 150 a 250 milhões de usuários ativos.

Apaixone-se pelo problema, não pela solução

Opa, você também conta aqueles que baixaram o Waze em um iPhone e depois compraram um novo iPhone e agora têm um em cada aparelho? Bem, na verdade, talvez, dependendo do celular.

Você conta os usuários que baixaram o aplicativo uma vez mas nunca o usaram, ou alguém que não está dirigindo, mas usa o Waze para calcular uma corrida de táxi ao viajar para o exterior?

Sim, contamos também. Um download é um download, e ativo é ativo.

Na realidade, o número MAU em porcentagem diminuirá com o tempo, pois mais e mais usuários que não são o público-alvo para deslocamentos baixam o aplicativo e o usam com pouca frequência.

Com que frequência está sendo usado? Por volta de cem vezes por mês?

Nem perto.

Era cerca de sete a oito vezes por mês, e a retenção atingiu 40%, e diminuiu com o tempo para cerca de 30%.

Quando o Waze foi adquirido, a retenção era de cerca de 35%, o MAU, mais ou menos, de 27%, e as sessões por usuário por mês, de seis a nove, dependendo do país.

Portanto, só para ficar claro, se você quiser pensar em uso diário, espere de cinco a dez casos de uso por mês, e uma taxa de retenção de 30%, no máximo. Esse número talvez pareça muito baixo quando se pensa em um aplicativo de uso diário, mas se assemelha ao que acontece com um app de condições meteorológicas, mesmo que você pense que o verifica todos os dias. Na realidade, isso acontece de seis a nove vezes por mês.

Por exemplo, caso seu aplicativo esteja vinculado a um pagamento de fatura mensal, por volta do primeiro dia do mês, ele lançará notificações de pagamento para todas as faturas mensais. E pronto.

Mas você pode mudar essa situação se usar as notificações de modo correto.

Por exemplo, se enviar aos usuários um texto "Hora de pagar a conta de luz – clique aqui para pagar", é muito mais provável que maximize o uso.

Aqui está a regra geral sobre conversão: são necessários três usos para converter. Um usuário, depois de usar o aplicativo ou serviço três vezes, tem muito mais chances de permanecer ativo do que aqueles que tentaram apenas uma ou duas vezes.

Aí está o xis da questão. Encontre esses usuários, entre em contato com eles e convença-os a se converter. Você deseja medir o intervalo de tempo entre o primeiro, o segundo e o terceiro uso e contatar aqueles que estão atrasados no terceiro uso.

No entanto, de longe, o mais importante, como já mencionei, é sempre *ouvir* e *observar* os usuários, para que compreenda os problemas deles em relação à conversão e, posteriormente, continue a usar esses insights.

Voltando ao fundamental, sua jornada para descobrir o PMF é começar com qualquer nível de predisposição e aperfeiçoar em duas questões principais: conversão e retenção.

Como? Simplesmente observe os novos usuários e pergunte *por que* aos que falharam.

Portanto, até certo ponto, a única métrica de que você precisa é a eficiência do funil, e o único roteiro, o que o torna melhor. Aborde cada barreira individualmente e faça a ação corretiva necessária para removê-la.

Ao observar os usuários, lembre-se de que não existem os "errados"; é bem possível que a versão do produto precise explicar como usar o aplicativo ou o serviço de maneira mais simples.

Apaixone-se pelo problema, não pela solução

STARTDICAS

- Para alcançar o PMF, use o funil do usuário como principal forma de medir, remover ou melhorar uma barreira por vez.
- Embora queira acreditar que seus clientes sabem como navegar no sistema, a maioria dos usuários é novata, desinformada e não tem o hábito de ler instruções.
- A única maneira de vivenciar novamente uma primeira experiência de uso é observar novos usuários.
- Você só consegue aprender observando-os e perguntando aos que falharam em uma barreira: "Por quê? O que aconteceu?".
- Regra geral: usuários só se convertem no terceiro uso.
- Você ficará surpreso, mas o uso do produto é mais ou menos de sete vezes por mês, e aqueles que continuam usando-o para sempre representam apenas 30% de retenção passados três meses.
- Prepare-se para dezenas de iterações com o objetivo de remover barreiras e aperfeiçoar a conversão e a retenção.

CAPÍTULO 9

GANHE DINHEIRO

Gerir é fazer as coisas direito;
liderar é fazer as coisas certas.

Peter Drucker, consultor de gestão e escritor best-seller

Construir um modelo de negócios significa descobrir como ganhar dinheiro. Pelo que os clientes vão pagar e quanto? Não surpreende que essa será mais uma jornada de fracassos.

Um plano de negócios refere-se a quanto desse modelo se vai vender e quando. Quais as expectativas de receitas e despesas da empresa no decorrer de determinado número de meses e anos? Nesse sentido, um plano de negócios é essencialmente uma "projeção de lucros e perdas, P&L, de longo prazo".

Todos os planos de negócios que vi sempre projetam receitas iniciais no segundo ano. Esse número aumenta de cinco a dez vezes no terceiro ano; no quarto ano, a empresa se torna lucrativa; e, finalmente, atinge a marca de cem milhões de dólares no quinto ano. Se o seu plano é diferente, vou me surpreender, pois a realidade será muito mais difícil e demandará mais tempo.

Este capítulo aborda como definir e construir um modelo de negócios e como transformá-lo em um plano de negócios. Ainda que de-

Apaixone-se pelo problema, não pela solução

sejemos pensar nisso como uma escolha nossa, muitas vezes será ditada pelo mercado: o que faz sentido, qual o vínculo entre o valor que se cria e a recompensa que pode esperar, quais são algumas relações e regras de ouro comuns?

Embora já tenhamos falado sobre "trabalhar em fases" e também que, antes de se chegar ao PMF, não há nada que se deva fazer, fique atento a duas exceções:

- Se você espera que os clientes paguem pelo seu aplicativo ou produto, mensura-se o PMF por meio da renovação do pagamento feito por eles. Portanto, a descoberta do modelo de negócios é simultânea ao PMF.
- Você precisará de um modelo de negócios e um plano de negócios para arrecadar dinheiro, mesmo para uma rodada *seed*.

Um empresário me procurou pouco tempo atrás e disse:

– Estou construindo este produto e, como ele inclui hardware, construí o modelo e o plano de negócios da seguinte forma: calculei o CPV (custo dos produtos vendidos), dobrei esse valor e depois vou tentar vendê-lo no mercado.

Eu lhe expliquei:

– Você está indo de trás para frente. Precisa começar sabendo o quanto as pessoas estão dispostas a pagar. Em seguida, pergunte-se: "Podemos nos tornar rentáveis se esse for o preço de mercado?". Se a resposta for sim, vá em frente e construa seu produto. Se for não, nem comece.

O sujeito me explicou que, no modelo dele, a coisa seria rentável; no meu, talvez não.

– No final das contas, você não pode cobrar mais do que a disposição dos clientes em pagar – retruquei. – Ou você tem um modelo de negócios sob essa restrição ou não tem um produto. O mercado determina o preço.

Quando chegou a hora de criar uma rodada *seed* para o Waze, eu sabia que precisava contar a história de um modelo de negócios e também ter um plano de negócios. Então, criei um.

Nesse plano inicial, eu basicamente dizia: "Hoje aqueles que fazem mapas estão vendendo-os e ganhando cerca de um bilhão de dólares por ano. O mercado está em expansão, e eles vendem informações de trânsito. Por outro lado, meu custo para elaborar mapas e gerar informações de tráfego é quase zero em comparação ao deles. Então, vou vender esses dados por 25% do preço atual. Não haverá competição, na medida em que vão perder dinheiro".

Embora esse modelo de negócios tenha ressoado com os primeiros investidores, quando procurávamos aumentar nossa rodada B, continuamos lutando, pois não havíamos progredido o suficiente na jornada do PMF (ou seja, não éramos "bons o bastante"). Mas, mesmo sabendo o que fazer com o PMF, vender dados (o modelo de negócios do Waze na época) era muito mais complicado; enfrentávamos problemas para seguir em frente.

O produto não era bom o bastante basicamente porque os dados não eram bons o bastante, portanto, vendê-los se tornava quase inviável.

Certa vez, ouvimos um dos principais VCs – que já havia nos dito não – dizer: "Esses caras não têm a mínima ideia do que estão fazendo. Nem têm um modelo de negócios!".

Pouquíssimos investidores colocarão dinheiro em uma empresa que não tem um modelo de negócios. Lembre-se de que a frase "Nem têm um modelo de negócios" é a justificativa mais comum para VCs dizerem a si mesmos por que não estão investindo.

Apaixone-se pelo problema, não pela solução

No entanto, caso você descubra como criar muito valor para muitos clientes, descobrirá um modelo de negócios para monetizar o valor criado. Dizer isso a um investidor, porém, pode se tornar complicado.

Um modelo de negócios precisa ser simples e refletir o que os clientes estão comprando e quanto pagam pelo produto.

CRIAR VALOR

Ao construir seu modelo de negócios, presuma que, no início, os usuários que, segundo sua expectativa, vão pagar pelo produto relutem em fazê-lo. No entanto, este é o *input*[30] mais importante – a garantia de que você esteja criando valor de tal modo que os clientes se disponham a pagar.

A próxima fase é descobrir *como* eles vão pagar e, finalmente, *quanto*.

Depois de descoberto tudo isso em seu modelo, mais três elementos serão necessários:

- **Uma história de modelo de negócios** – uma explicação clara de como você ganhará dinheiro. Lembre-se, essa história precisa ser simples e comparável aos modelos de negócios de outras empresas bem-sucedidas, para que o cliente a aceite com facilidade... e também para os investidores a digerirem.
- **Uma fórmula** – como garantia de que o LTV (valor vitalício) do produto é significativo. A soma final – LTV menos CPV dividido por CAC (custo de captação do cliente) – deve ser ampla o suficiente para que você se torne rentável (três vezes quase sempre é bom o bastante).

---

30. *Input* ("entrada") é uma importante etapa da gestão de produto e corresponde ao momento de levantar ideias para a solução que será desenvolvida. (N.T.)

$$\frac{LTV-CPV}{CAC} > 3$$

A fórmula é meio complicada, mas aqui está um exemplo para facilitar: digamos que você esteja criando um aplicativo de educação/aprendizagem com um modelo de negócios de assinatura de cinco dólares por mês. Agora você já sabe, pela jornada do PMF, que, em média, seus usuários ficam por quatro meses. Portanto, o LTV é quatro meses vezes 5 = 20. Se o custo de captação do usuário for cinquenta dólares, você perderá dinheiro. Se for cinco, tudo bem, invista pesadamente nisso.

- **Tempo** – suponha que levará mais ou menos três anos para ajustar os dois primeiros elementos. Geralmente leva, e, em muitos casos, você ainda nem conhece o LTV até chegar lá.

Em relação a "quanto" os seus clientes estarão dispostos a pagar, vai depender do valor que você cria.

- Se criar um valor de X, deverá conseguir alguma coisa na faixa de 10% a 25% de X.
- Se X for um evento único (por exemplo, um download pago), receberá uma taxa única de 10% a 25% de X.
- No entanto, se o valor de X for criado continuamente, você deverá conseguir esse valor por ano (ou por determinados períodos).

Mas vamos dar um tempo aqui: como você sabe quanto é X?

Sua jornada se trata de criar valor, portanto, você deve ser capaz de mensurá-lo. E depois da descoberta, *todos* os argumentos de vendas para os clientes devem ser deste jeito: "Criamos valor X para você, fazendo X, Y e Z".

Apaixone-se pelo problema, não pela solução

Como você sabe se é 10% ou 25%? Depende da competitividade da sua oferta. Se você é o único que consegue fazer o produto, mire alto! E caso aconteça uma significativa disposição a pagar por ele, essencialmente um *gap* entre o valor percebido e o valor real, em que o cliente acha que o valor determinado é 2x, mas você sabe que é apenas 1x?

Ainda que pegar mais dinheiro "porque podemos" pareça a estratégia certa, a melhor de longo prazo é começar com um preço de mercado real e justo.

Existem dois motivos principais para manter uma estratégia de preço de mercado justo:

1. Você não quer que os clientes descubram que foram enganados, pois eles ficarão chateados e mudarão para outro assim que puderem.
2. Um mercado com margens muito altas atrai a concorrência, que reduzirá o preço a um patamar que você talvez não consiga manter. Alguns dirão que deve se empenhar para virar um monopólio e poder cobrar mais e ser mais rentável. Sem dúvida, aí está uma verdade, mas *apenas* se você der um jeito de defender a posição de monopólio. Caso contrário, estará provocando a concorrência com mais rapidez e pode ser bem complicado manter sua posição defensável.

Eis que surge então outro motivo, mais filosófico.

Ainda que a essência de um negócio seja obter o máximo de lucro para os acionistas ao longo do tempo, sua startup vai além de um mero negócio. Ela representa seu sonho, faz parte de você e do seu DNA. Portanto, cabe a você decidir se deseja maximizar os lucros ou se tenta maximizar o valor para seus clientes ou para o mundo.

DINHEIRO ADIANTADO?

Receber dinheiro adiantado é uma coisa atrativa, sobretudo se houver hardware envolvido.

Digamos, por exemplo, que você ofereça um aplicativo de monitoramento de saúde e, além dele, uma pulseira que monitora movimentos, batimentos cardíacos e outros *inputs* biológicos.

No entanto, como a pulseira é um hardware separado e você a está vendendo em uma caixa, precisa pensar se as pessoas estariam dispostas a pagar por ela. E você está certo, elas pagarão. Mas como precificar?

Imaginemos que você descubra que elas se dispõem a pagar 120 dólares pela pulseira. Esse valor adiantado é melhor do que uma assinatura mensal de dez dólares com um compromisso anual e a pulseira de graça?

Qual a melhor opção?

Eu poderia argumentar que o dinheiro em mãos vale mais porque, com o fluxo de caixa adequado, não precisará levantar tanto dinheiro para as operações. Ou poderia argumentar que um modelo de assinatura é melhor em razão das receitas recorrentes e LTV mais elevado.

Em 90% dos casos, prefiro a assinatura: mais LTV somado à receita recorrente significa que se mede a empresa pela taxa de receita anual (ARR),[31] e não pela receita.

- ARR significa a receita do último mês multiplicada por doze.
- Por outro lado, as receitas olham para o que aconteceu nos últimos doze meses.

---

31. *Annual Recurring Revenue* (ARR) é o termo em inglês para Receita Anual Recorrente. Trata-se de uma importante métrica que analisa o lucro proveniente de serviços de assinatura. A ideia é analisar esse lucro durante o tempo de vida útil da assinatura. (N.T.)

Apaixone-se pelo problema, não pela solução

Conclusão, se você está crescendo, a ARR será o número mais alto.

Mas sou ainda mais a favor das assinaturas porque elas o obrigam a lidar com o PMF mais cedo ou mais tarde. Para uma venda única, tão logo descubra não haver valor suficiente, talvez seja tarde demais.

Existe uma definição contábil para ARR – "a taxa anual de retorno de todos os contratos anuais" –, portanto, se o modelo de negócios da empresa for uma assinatura mensal e o assinante puder cancelá-la a qualquer momento, a ARR contábil será 0.

Para ser bem sincero, preocupe-se com isso até ter um CFO.

A AR (receita anualizada) é utilizada por empresas que não têm contratos anuais. Embora, em essência, seja semelhante à ARR (receita do último mês multiplicado por doze), do ponto de vista contábil, o elemento principal é a não exigência de um contrato anual. Portanto, por exemplo, uma assinatura mensal da Netflix que posso cancelar a qualquer momento é mensurada por AR, e não pela ARR.

DIFERENTES TIPOS DE MODELOS DE NEGÓCIOS

Embora você talvez imagine que há um número indefinido de casos de negócios e que sua empresa é tão especial que precisa criar um modelo novo e exclusivo, na realidade é muito mais simples usar algum já existente do que criar um novo.

Existem alguns que se aplicam a diferentes empresas e diferentes propostas de valor.

Já estabelecemos que o preço é derivado do valor criado; agora você só precisa decidir como precificar seu produto, e isso depende do que você oferece.

1. APPS DE CONSUMO

Existem três modelos de negócios nessa área.

- **Aplicativos pagos** – vêm em diferentes sabores e cores (por exemplo, taxa de aquisição única, compras no aplicativo), que basicamente dizem que se cria valor para o usuário, que paga uma vez ou ocasionalmente (a maioria dos games funciona assim), via assinatura (Netflix, NBA, jornal local) ou pagamento por uso (Uber, Fibo, Refundit). Esse modelo pode ter ainda outro sabor, *freemium*, ou seja, o pacote básico é gratuito e um pacote de valor mais elevado tem uma taxa premium associada a ele (Spotify). Se os usuários se dispuserem a pagar, daí sairão as maiores receitas esperadas.
- **Venda de dados** – vendem-se a terceiros os dados derivados do aplicativo. Quando você tem um app gratuito e vencedor, o que significa muitos usuários e, sobretudo, alta frequência de uso, esse modelo lhe permite vender os dados a terceiros e cobrar-lhes de acordo com um modelo B2B. No início do Waze, adotamos esse modelo – o aplicativo era gratuito, mas nos propusemos a vender os dados derivados, mapa e informações de trânsito. O Moovit também se baseia parcialmente nesse modelo: a empresa vende dados para autoridades de transporte público, planejadores, operadores etc. Conhecer a demanda (que o Moovit fornece) pode ajudar o executivo de transporte a se planejar com muito mais eficiência.
- **Publicidade** – esse modelo se aplica *apenas* quando existem muitos usuários, alta frequência de uso e alta duração de uso ou de intenção. Para a maioria das startups, aqui estará o deserto mais longo, em especial porque se precisa descobrir o PMF,

Apaixone-se pelo problema, não pela solução

depois o crescimento, e só então validar o modelo, pois exige relevância básica para os anunciantes de conteúdo (ou seja, muitos usuários).

2. APPS COM HARDWARE

E se você tiver um aplicativo de consumidor e um hardware associado a ele, por exemplo, um dispositivo de rastreamento ou, no caso do Engie, uma porta de diagnóstico a bordo (OBD) conectada ao computador do carro? Aí a coisa se complica, na medida em que, se você arcar com o custo do hardware, poderá perder dinheiro conforme cresce.

Veja as opções: ou subsidiar o dispositivo em troca de uma assinatura mais longa ou cobrar um valor a mais pelo dispositivo. Em geral, caso hesite sobre sua preferência, experimente os dois e veja qual funciona, o que se chama teste A/B. Nele o grupo A recebe um modelo, o grupo B, outro diferente, e você monitora a recepção de ambos os grupos.

Serão necessários muitos testes A/B para determinar não apenas o modelo, mas também o preço. Aplique-o simultaneamente (ambos os grupos ao mesmo tempo) ou ao longo do tempo (nesta semana, estou tentando A, na próxima, B).

Exceto se a maior parte do valor estiver no dispositivo, subsidiá-lo com uma assinatura mais longa é uma ideia melhor, inclusive maximizando a probabilidade de um engajamento mais alto e um modelo de negócios ARR.

Pense na Verizon, T-Mobile ou AT&T. Elas subsidiam um novo iPhone em troca de um compromisso de assinatura de dois anos. Se faz sentido para eles, provavelmente fará para todo mundo.

O elemento-chave está em de que jeito lidar com o fluxo de caixa se você estiver crescendo.

Imaginemos que seu dispositivo custe cem dólares, e você possa vendê-lo por duzentos. Ou então talvez opte por um modelo de assinatura de 25 dólares por mês, com um compromisso anual. É bastante claro que 25 × 12 = 300, e isso ultrapassa os duzentos, mas persiste o risco de um assinante cancelar a assinatura e você perder dinheiro.

Pense na sua impressora ou na sua máquina de café expresso. Os aparelhos não são tão caros – podem até ser subsidiados –, mas se faz a maior parte do dinheiro na tinta ou no café. Você pode, é claro, levar esse modelo um passo adiante e criar uma impressora *totalmente* grátis, desde que o cliente assine um compromisso de dois anos para papel e tinta.

Por outro lado, cobrar duzentos dólares antecipadamente fica mais complicado do que oferecer uma assinatura de 25 dólares por mês. E, claro, há de se pensar no fluxo de caixa.

Com uma assinatura, você gasta cem dólares antes mesmo de ter um assinante, o que só será recuperado decorridos quatro meses do período de assinatura. Como resultado, talvez seja necessário financiar esses dispositivos por seis a oito meses (pagando antecipadamente o custo do dispositivo no mês X, o despacho dele em X + 2, o registro da assinatura em X + 4, mais quatro meses até você recuperar o custo dele).

Tais elementos, separadamente, talvez não se tornem um problema, mas, se você está desfrutando um crescimento de 4x ano a ano, uau, incrível, e está registrando dez mil assinantes no primeiro ano, seu financiamento do hardware é de cerca de 100 × 8/12 × 10.000 = 670.000 dólares. No ano seguinte, serão 2,7 milhões; conclusão: você precisará desse dinheiro.

Em síntese: se tiver dinheiro, subsidiar o dispositivo para uma assinatura mais longa é um modelo bem melhor. Em termos de geração de valor para uma empresa, receitas recorrentes são sempre muito melhores.

Apaixone-se pelo problema, não pela solução

3. B2B SAAS – SOFTWARE COMO UM SERVIÇO

Provavelmente o modelo de negócios mais comum e preferido em B2B é o SaaS. Nesse modelo, é fornecido um aplicativo/sistema/solução/plataforma ou qualquer outro como um serviço pronto para uso, cobrando taxas mensais ou anuais.

Existem muitos tipos de taxas periódicas: taxa fixa mensal, taxa por associação, um preço por usuário dentro do cliente, por uso, ou por valor.

Todas as opções são boas. O mais importante nesse modelo fica com a questão da recorrência; uma vez que o cliente esteja satisfeito com o valor que você traz, o *churn* será muito baixo, e essas receitas continuarão quase para sempre.

Portanto, o crescimento da receita é exponencial – tudo o que tivemos no ano passado *mais* toda a nova receita.

Mas qual é melhor? Taxa fixa? Por associação? Por uso? Por valor?

A princípio, você não sabe, e isso não importa. Com o tempo, calibre o seu discurso de vendas e modele-o de acordo. Você está em busca de alguma coisa simples, com um ciclo de vendas curto, e que maximize suas receitas/lucratividade de longo prazo (o que em muitos casos significa maximizar a ligação entre o valor que você cria e a recompensa que obtém).

4. B2B HARDWARE

E se você estiver vendendo hardware, como servidores, computadores, carros, dispositivos ou até mesmo uma usina de energia? Seria comum dizer que seu preço tem de se ligar ao CPV (custo dos produtos vendidos), mas ainda precisa estar associado ao valor que você cria e à competitividade do mercado.

Digamos que você tenha um dispositivo físico de segurança cibernética que monitora todo o tráfego de entrada e saída para que nada mal-intencionado entre em sua rede (e que é uma peça de hardware muito boa!). Se o CPV do hardware for X, você deve precificá-lo em 2X em prol de ter margem suficiente para se tornar lucrativo? Não! Aqui está um ponto de vista totalmente equivocado.

Mercado e disposição dos clientes de pagar determinam o preço. Então você observa custo e se pergunta: "Posso criar um negócio sustentável com esse preço e com tais custos? O modelo faz alguma diferença?".

Bem, imagine que você finalizou com o preço X (o valor que os clientes se dispõem a pagar) e consegue manter as despesas operacionais do negócio. Mas e serviços como suporte e manutenção? Eles representam receitas recorrentes.

Em geral, caso precise recuperar o custo do hardware, tente criar um modelo de negócios que inclua hardware mais anuidades – os componentes que serão acrescentados anualmente, como suporte, manutenção, seguro e atualizações.

Mas não os desconte; seu futuro se alicerça neles. Se for negociar, dê aos clientes um período de teste gratuito mais longo, mas não um desconto permanente no preço. Agora, caso não necessite recuperar o custo imediatamente, tente converter o modelo em um SaaS para que, em vez de vender hardware, alugue o serviço aos clientes.

5. B2B HARDWARE + SAAS

Chegamos ao óbvio: se você pode arcar com o custo do hardware, converta-o em SaaS.

Apaixone-se pelo problema, não pela solução

GANHAR DINHEIRO OU ECONOMIZÁ-LO?

A maioria dos modelos de negócios B2B pode ser traduzida em uma das duas opções:

- Nosso produto o ajuda a economizar dinheiro.
- Nosso produto o ajuda a ganhar dinheiro.

Qual é a melhor?

Você pode contar uma história diferente para o mesmo produto, então qual deve contar?

Podem surgir mais elementos, como economia de tempo, aumento da eficiência etc., mas tente vinculá-los a estes dois aspectos: ganhar dinheiro ou economizá-lo. Desse modo, terá um discurso de vendas mais fácil e um ciclo de vendas mais curto.

Você lembra que o meu dizia que uma revolução só se justifica por um motivo, a "vitória"? O mesmo princípio também se aplica aqui. Das duas opções, use a que funcionar!

Mas vamos supor que você possa escolher qualquer uma. Qual é a melhor?

A proposta de valor de economia de dinheiro é mais fácil de vender e de demonstrar, e você consegue com facilidade ajustar o modelo de negócios para se adequar a ela. E talvez conquiste ainda uma parcela relativamente maior da economia, mas limitada pelo total gasto.

Por exemplo, imagine que sua plataforma otimize a conectividade de dados de negócios e reduza os custos dos clientes em 30%, sem qualquer exigência de trabalho deles. Você deve adorar essa proposta de valor. É simples, clara, de fácil envolvimento.

Então, resolve pedir 25% das economias, e o cliente concorda. Portanto, se o gasto de conectividade de dados do cliente for de um milhão de dólares por ano e você conseguir economizar 30% desse valor, o que significa trezentos mil dólares brutos, cobrará do cliente 75 mil. A economia líquida dele agora é de 225 mil.

Aí está; esse é o máximo que você pode conseguir. Seu teto é o gasto total.

Em uma organização que gasta um milhão de dólares por ano em conectividade de dados, a economia de 225 mil não faz diferença. Será uma decisão de alguém do departamento financeiro, não do CFO, mas de uma pessoa um ou dois níveis abaixo.

Vamos colocar tais valores na perspectiva do consumidor: se minhas contas atuais de celular e internet forem inferiores a trinta dólares por mês e você me oferecer um jeito de economizar dez dólares, bem... ainda que eu deteste desperdício, como um usuário da maioria inicial, com certeza vou hesitar diante de uma mudança por tão pouco. Estarei preocupado pensando em uma chatice por tão pouco dinheiro?

Mas e quanto a ganhar dinheiro?

Agora o céu é o limite. Portanto, ainda considerando a mesma oferta, se você disser aos clientes que eles podem utilizar uma capacidade subutilizada e ganhar dinheiro com isso, a coisa fica muito mais atraente para a maioria dos potenciais clientes.

E mais, no B2B, você está vendendo para uma parte diferente da organização, aquela que tem orçamentos bem mais altos para gastar. No entanto, aí vem o desafio: será um ciclo de vendas mais longo e levará mais tempo para demonstrar valor.

Pense em uma empresa que otimiza publicidade e promoções. Ela poderá lhe dizer que, conosco, vai economizar 50% dos custos de marketing ou, conosco, vai duplicar o impacto de suas despesas com marketing.

Se você tem condições de escolher a história que vai contar – ganhar dinheiro ou economizá-lo –, sempre opte pela primeira opção. Dado que, ao se falar em economizar dinheiro, o pensamento é de que "do

Apaixone-se pelo problema, não pela solução

chão não passa", mas ao se falar em ganhar dinheiro o céu é o limite, os clientes vão se sentir mais empoderados com essa proposta de valor.

Bem no começo da minha carreira, quando era desenvolvedor de software na Comverse e depois gerente de produto, conheci o vice-presidente de vendas para as Américas da empresa, que me disse: "Em B2B, para ter sucesso, você pode ser apenas duas coisas: traficante de armas ou narcotraficante". Ele então explicou que o traficante de armas as vende para você e seu inimigo, portanto, você precisará comprar mais. O narcotraficante, de maneira similar, vende produtos que viciam tanto os clientes que eles não conseguem parar de comprar.

POR QUE A JORNADA DO MODELO DE NEGÓCIOS PARECE FÁCIL?

A resposta está nas confirmações iniciais recebidas de alguns clientes, as quais criam a falsa sensação de que o modelo funciona.

No início do Waze, fechamos um acordo bem grande com a Apple: ela licenciou nosso mapa em Israel para que fosse usado com o Apple Maps. Entendemos tal situação como uma confirmação do nosso modelo; ali estava a disposição dos clientes para pagar e uma prova de conceito para o plano de negócios e o tamanho do mercado.

Em 2011 fechamos pequenos acordos de dados de tráfego em Israel e alguns acordos de *pipelines* de vendas de megamilhões no Chile e na Colômbia, então parecia mesmo certo.

Mas não era.

Quando o modelo estiver certo, os clientes virão até você. Nesse sentido, essa jornada se assemelha bastante à do PMF: os clientes pagantes precisam de uma conversão rápida, os ciclos de vendas devem ser encurtados de acordo com o negócio, e tem de haver apenas um ou dois argumentos de venda para converter um cliente.

A resposta "Sim, quero isso; sim, estou disposto a pagar" precisa surgir bem cedo na discussão com um cliente, na primeira ou na segunda reunião.

Demorou muito tempo até percebermos que o longo ciclo de vendas não funcionava para nós. O ritmo lento do diálogo com as autoridades governamentais em relação ao aplicativo social+ do consumidor tinha um *gap* muito grande.

Assim, lá fomos nós em busca de um modelo de negócio diferente.

Ocorreram muitas discussões internas sobre o modelo certo, inclusive com uma voz de peso sugerindo que os motoristas pagassem pelo uso do Waze.

Hoje, se eu perguntasse a cem usuários do app se estão dispostos a pagar, muitos afirmariam que sim. Mas naquela época, mesmo que a disposição de pagar já estivesse estabelecida em algumas regiões, nossa principal preocupação era atingir a massa crítica em vários mercados importantes, e temíamos que, se os potenciais usuários descobrissem que o Waze era um aplicativo gratuito no início e, mais tarde, passaria a ser cobrado, seria mais difícil atingirmos a massa crítica.

Eu também achava que um modelo de negócio que cobrasse dos usuários acabaria perdendo para um modelo gratuito (como o Google Maps) e, portanto, não seria sustentável. Houve até quem alegasse que fomos bem-sucedidos na Alemanha *porque* o Waze era gratuito, e que os alemães acham que algo gratuito não é bom o suficiente.

Todo esse contexto talvez soe como outro motivo para cobrar dos usuários, mas na realidade simplesmente não éramos bons o bastante em comparação com as alternativas (como sistemas de navegação veicular embutidos).

Só depois de alguns anos de tentativa e erro chegamos ao modelo de negócios certo: publicidade.

Apaixone-se pelo problema, não pela solução

O MODELO CERTO

Como você sabe quando encontrou o modelo certo? Bem, ninguém vai saber até tentar. De antemão, talvez você crie argumentos a favor de vários modelos de negócios, mas o certo será aquele que funcionar.

Durante nossas discussões internas no Waze, surgiu a ideia de recorrermos à publicidade. Estávamos convencidos de que, com muitos usuários, alta frequência de uso e longa duração de uso, o modelo de publicidade seria o certo para nós e, em muitos casos, até agregaria valor aos usuários do Waze.

Tentamos descobrir se os clientes estariam dispostos a pagar por publicidade no Waze e, mesmo parecendo um mercado bem restrito no início, conhecíamos a regra do 10X. Conclusão: se no começo seu modelo de negócios parece estar gerando X, no fim é provável que chegue a 10X.

Cabiam-nos duas missões para nossa jornada no modelo de negócios de publicidade:

- Do ponto de vista do produto, precisávamos entender o que estava disponível no mercado e o que precisaríamos criar.
- E o mais importante da jornada: validar o modelo, tentar engajar alguns clientes e entregar algo rápido, para que obtivéssemos feedback assim que possível.

Criamos algo de modo bem rápido, percebendo que mais tarde precisaríamos integrar um servidor de anúncios e muitos outros componentes de tecnologia para um sistema completo.

Lançamos o primeiro modelo de publicidade para o Waze em Israel. Fizemos uma combinação de três elementos promocionais: uma tela inicial (o que se vê na tela quando se abre o aplicativo pela primeira vez), PDV (ponto de venda) no mapa (por exemplo, um posto de gasolina ou um café) e os resultados de pesquisa.

A primeira marca a utilizar o sistema foi a Eldan, não só uma das maiores locadoras de veículos de Israel, mas também uma concessionária gigantesca (ela vende os carros alugados terminado o período de aluguel de dois ou três anos), com 27 filiais em Israel.

Destacar esses locais com pinos localizados no mapa de navegação e em resultados de pesquisa parecia muito valioso para Eldan. Na época, o Waze já fazia muito sucesso em Israel, então esperávamos que tal exposição fosse significativa.

Não contávamos com o que aconteceria depois.

Na manhã seguinte, recebi um e-mail do chefe de gabinete do CEO da Avis: "O CEO gostaria de saber por que a Eldan está no mapa e a Avis não?". Esse foi o gatilho nos confirmando que estávamos no caminho certo, afinal, as pessoas se importavam. Os clientes vinham até nós.

Mas isso não bastou. Entramos em contato com os usuários para tentar descobrir se os estávamos sobrecarregando.

Não.

Em 2012 acertamos o modelo em Israel e começamos a pensar em promovê-lo globalmente, o que só aconteceu em 2013. Ainda hoje, quando falo com os usuários, eles me perguntam "Como o Waze ganha dinheiro?", e digo-lhes que o Waze vende anúncios. Muitos retrucam: "Mas não vejo nenhum anúncio no app". Vez ou outra, eu ouvia um pessoal perguntando: "Mas são tão poucos. Como conseguem ganhar dinheiro desse jeito?".

A partir desse ponto, mais uma jornada do PMF se iniciou – por um lado, com a criação do produto publicitário e, ao mesmo tempo, a tentativa de vendê-lo no mercado. Norteávamo-nos pela tese de que qualquer empresa de PDV deveria ser capaz de promover seu negócio no mapa por meio de um pino de marca, portanto, era um jogo de cauda longa[32], em que tudo se resumia à criação das ferramentas, e a coisa andaria.

Porém, tal estratégia foi completamente errada!

Nesse ponto, pensávamos que deveríamos integrar servidores de anúncios e usar seus recursos para detectar locais e, desse modo, fornecer um servidor de anúncios baseado em localização.

Outro erro.

O servidor de anúncios baseado em localização incorreu em um erro em virtude do comportamento dos usuários. Por exemplo, se você estiver em uma cidade procurando o Starbucks mais próximo, dois quarteirões de distância em qualquer direção não farão tanta diferença. No entanto, quando está dirigindo e procurando um posto de gasolina, se o mais próximo se localizar a trinta metros *atrás* de você, a informação será mais frustrante do que útil.

Os motoristas não se importam com a distância; *querem saber quanto tempo esse "desvio de rota" demandará*. Então, criamos nosso próprio servidor de anúncios focado em motoristas, destinos e direções, o que nos permitiu publicar anúncios relevantes com base nas rotas dos usuários, e não nas localizações.

Também percebemos que os motoristas não veem pop-ups e não gostam deles, exceto se estiverem presos em congestionamentos e parados, quando então se importam menos ainda com as janelinhas abrindo no navegador.

Mas nosso aprendizado mais relevante se referiu ao fato de os anunciantes precisarem de ajuda na compra de mídia, algo que não podíamos fornecer.

---

32. Em inglês, *long tail*. Refere-se basicamente à estratégia de varejo de se vender uma grande variedade de itens em pequenas quantidades. (N.T.)

Portanto, acabamos estabelecendo parcerias com várias empresas que vendiam anúncios em diferentes regiões para que usassem nossa mídia, além de outras que elas mesmas vendiam. O modelo de publicidade autorrealizada, embora continuasse, acabou virando uma parte menor do negócio.

A JORNADA DO MODELO DE NEGÓCIO NUNCA TEM FIM

Quando se está na fase do PMF, depois de descoberto o produto, isso não muda mais. Mas em relação à jornada do modelo de negócio a coisa muda de figura. Após encontrar algo que funcione, precisa-se desenvolvê-lo.

Também é possível que exista outro modelo de negócio ainda melhor e maior.

O Moovit começou a pensar em um modelo de negócio depois de atingir crescimento, quando a empresa já tinha cinco anos de existência. E logo nos perguntamos se o modelo de negócio do Waze seria adequado para o Moovit.

Se no Waze funcionou e foi tão bem-sucedido, por que não duplicar? Porque faltava ao Moovit um elemento-chave do caso de uso do Waze: duração do uso.

A maioria dos usuários do Waze está dirigindo enquanto o aplicativo roda na tela; no entanto, com o Moovit é diferente – os usuários abrem o app para verificar onde está o ônibus e quando vai chegar. Assim que ele aparece, o aplicativo é executado em segundo plano, até vir um lembrete do momento de descer.

Durante o trajeto, os usuários ficam nos celulares para ler e-mail, assistir à Netflix, navegar nas mídias sociais. Portanto, fica mais limitada a oportunidade para um modelo de negócio de publicidade.

No entanto, os dados coletados pelo Moovit são muito valiosos para planejadores de transporte, municípios, operadores de transporte público etc. Na verdade, em muitos casos, hoje estão *pagando* por tais informações, ainda que de maneira muito dispendiosa e ineficiente.

Imagine as pesquisas de origem-destino que fornecem ao órgão de planejamento de transporte público informações sobre de onde as pessoas estão vindo e aonde estão indo. Com os dados do Moovit, o que exigiria toneladas de pesquisas manuais vira uma tarefa *vapt-vupt*, até mesmo com uma pergunta muito simples: onde desembarcam as pessoas que embarcam no ônibus na estação X?

No entanto, o que soa óbvio nem sempre funciona assim.

A proposta de valor da FairFly é muito simples: economizar o dinheiro do usuário nas despesas de viagem. O modelo constituía uma derivação desse negócio: pague-nos uma parte da economia.

Entretanto, muitos clientes disseram: "Este modelo implica despesas desconhecidas no mês seguinte, e estamos tentando manter nosso orçamento ajustado. Que tal então pagarmos uma taxa mensal regular?".

Mesmo que a maioria dos clientes prefira vincular o modelo de negócio ao valor e pagar por economia, outros preferem uma tarifa fixa. Então, basicamente, tínhamos a mesma empresa, a mesma proposta de valor e dois modelos de negócio diferentes. Tal situação não é incomum: a maioria das operadoras de celular na Europa vende assinaturas e planos pré-pagos (*pay-as-you-use*).

A JORNADA NÃO É FÁCIL

Criar uma startup não é fácil, chegar ao PMF é complicado, mas descobrir um modelo de negócio, em alguns aspectos, é ainda mais difícil.

A parte mais árdua se refere às vendas, por causa do longo intervalo de tempo entre a validação de uma tese e outra.

Digamos que você seja uma startup B2B, e seu modelo de negócio se concentre em uma assinatura SaaS mensal. Seu cliente gosta da história e diz: "Vamos tentar. Que tal fazer um piloto ou um teste aqui?".

Você quer acreditar que "a coisa é isso", mas ainda enfrentará uma longa jornada pela frente. Talvez o teste se alongue por alguns meses, exigindo várias iterações do produto até que entregue valor real ao cliente. *Só* depois começam as negociações.

Às vezes passam-se meses entre a primeira interação e um acordo, e, no entanto, sabemos que apenas uma renovação é a parte do "negócio fechado". Depois do primeiro cliente, espera-se que o segundo e o terceiro sejam iguais, mas não serão.

Eles podem ter necessidades e nuances distintas e, em particular, diferentes percepções de valor e, por isso, exigir outro modelo de negócio. Como resultado, tem-se poucos clientes e mais de um modelo de negócio!

A jornada nesse aspecto apenas termina com a junção de três coisas: a história, o valor e a renovação.

- Se a **história** for simples, a maioria dos clientes dirá que lhes é interessante e relevante. Isso também significa que os vendedores podem contar a mesma narrativa para potenciais clientes, e vão observar reações semelhantes.
- **Valor** significa que o produto entrega o valor percebido apresentado na história.
- **Renovação** ocorre quando um cliente renova um contrato anual. Aí está a indicação mais clara de que se está entregando valor e os clientes estão dispostos a pagar. É a validação final do produto e do modelo de negócio.

Apaixone-se pelo problema, não pela solução

CICLO DE VENDAS

Uma das razões pelas quais os intervalos de validação (iterações) são tão longos não tem a ver com você. Os ciclos de vendas são longos para muitas indústrias.

Nesse tempo todo, quando eu conversava com empreendedores, sempre ouvia um ponto de vista comum: "Que pena, você não entende. Na minha indústria, os ciclos de vendas são muito longos".

E não estão errados.

Se você acha que os ciclos de vendas das operadoras de celular são longos, tente vender para a indústria automobilística.

Se acha que os dispositivos médicos têm um longo ciclo de vendas, pense em vender para seguradoras.

Esqueça as seguradoras; aí a coisa é fácil. Tente vender para o agronegócio – sem dúvida, um longo ciclo de vendas. Você criou um fertilizante maravilhoso que aumenta a produção em 25% ano a ano, e conta a novidade a alguns fazendeiros. Primeiro, eles riem, mas depois você consegue convencê-los por meio de uma boa história, e daí ouve: "Sabe de uma coisa, vamos tentar. Está vendo aquela árvore ali? Vá em frente".

E adivinha? Ele funciona! Seis meses depois, a árvore rende 25% mais.

E então você pergunta ao produtor:

– Está pronto para comprar agora?

– Bem – diz ele –, até agora testamos no outono. Agora vamos tentar na primavera.

Mais seis meses se passam e eles ainda não estão preparados. Afirmam que desejam ver o fertilizante em ação em outro grupo de árvores. Talvez você enfrente uma jornada de três a quatro anos até que digam: "No próximo ano, vamos usar seu produto em vez do antigo".

Ciclos de vendas são longos, todos sabem disso, e poucas coisas os aceleram. O medo e, em particular, o pânico e a competição estão dentre elas. Basta lembrar o que aconteceu com as vendas da Pfizer em razão do pânico e da preocupação com as vacinas para a covid-19, um tipo de medo difícil de ser produzido.

É mais simples enfrentar a concorrência no mercado de clientes. Em seu plano de vendas, tente envolver a maior parte da indústria para ter referências e, sobretudo, para acelerar o ciclo de vendas de todos, afinal, os concorrentes já estão em diálogo. O FOMO (*Fear Of Missing Out*) também funciona para empresas.

A RENOVAÇÃO DOS CLIENTES SIGNIFICA VALOR

Você já aprendeu sobre PMF – só está lá quando os clientes renovam; o mesmo princípio vale para o modelo de negócio. Renovação significa valor e um modelo de negócio correto. Embora possa existir outro melhor, ou ainda o mesmo, mas com um preço mais elevado, essas calibrações podem e devem acontecer ao surgirem mais clientes.

Mesmo que se viva uma jornada interminável para calibrar o modelo de negócio, a satisfação do cliente é fundamental para conquistar renovações. Portanto, ao iniciar o processo de vendas, concentre-se em três elementos:

- Visar ao sucesso dos clientes. Talvez contratar uma equipe dedicada a isso ou até mesmo nomear o líder do produto para tal função.
- Mensurar tudo para saber como alinhar o produto, ou a história, ou o kit de ferramentas de vendas.
- Evitar a tentação de maximizar as vendas antes das renovações. Caso contrário, poderá acontecer uma crise com vários clientes,

Apaixone-se pelo problema, não pela solução

e você desejará contê-la em um círculo menor de clientes. Esse é o aspecto mais importante dos três listados aqui.

Nesta etapa, *a função de visar ao sucesso do cliente é ainda mais importante do que conquistar novos deles.* Depois, feitas as renovações de cerca de 80% a 90%, chegou a hora de começar a construir a organização de vendas.

A CRIAÇÃO DE UM PLANO DE NEGÓCIO

Pense no plano de negócio como uma tabela do Excel de cinco anos que mostra, para cada ano (e até para cada trimestre nos primeiros dois anos), a história de negócio que você deseja contar. Como já falei, é essencialmente um P&L previsto, mas começa com os objetivos, como o número de clientes, usuários ou países/áreas metropolitanas de implantação.

Período	T1	T2	T3	T4	T5	T6	T7	T8	T9	T10
Novos usuários	1.000	2.000	3.000	4.000	10.000	20.000	30.000	40.000	60.000	90.000
Em Q *churn* %	60%	55%	50%	45%	40%	40%	40%	40%	40%	40%
Adições líquidas calculadas	400	900	1.500	2.200	6.000	12.000	18.000	24.000	36.000	54.000
Churn % depois do primeiro T	25%	25%	25%	25%	25%	25%	25%	25%	25%	25%
Total de usuários	400	1.200	2.400	4.000	9.000	18.750	32.063	48.047	72.035	108.026
Conversão em pagantes	10%	12%	14%	16%	18%	20%	22%	24%	26%	28%
Usuários pagantes	40	144	336	640	1.620	3.750	7.054	11.531	18.729	30.247
ARPU	$5,00	$6,00	$7,00	$8,00	$9,00	$10,00	$12,00	$15,00	$15,00	$15,00
Receitas	$200	$864	$2.352	$5.120	$14.580	$37.500	$84.645	$172.969	$280.937	$453.711
AR (Renovações anuais)	$800	$3.456	$9.408	$20.480	$58.320	$150.000	$338.580	$691.875	$1.123.748	$1.814.843

Digamos que você tenha desenvolvido um videogame e comece com suposições básicas sobre quantos novos usuários terá a cada trimestre e sobre o nível de rotatividade esperado.

Então você tem a proporção "converter para pagar" e a receita média por usuário (ARPU) para o período. Esse modelo simplista lidará com o fluxo de receita pelos próximos cinco anos.

Esse plano *top-line* de receita de negócios mostra que, daqui a cinco anos, você alcançará cerca de 1,3 milhão de usuários ativos e aproximadamente dois milhões de dólares por mês em receita.

É um bom plano?

Você está no segmento de videogames, o *churn* é alto, portanto, precisa trazer muito mais usuários para aprimorá-lo.

Apenas uma observação sobre como interpretar o plano de negócio já mostrado: é um plano trimestral, você começa no primeiro trimestre e vai até o 20º trimestre, cinco anos depois.

T11	T12	T13	T14	T15	T16	T17	T18	T19	T20
120.000	150.000	200.000	250.000	300.000	350.000	500.000	600.000	700.000	800.000
40%	40%	40%	40%	40%	40%	40%	40%	40%	40%
72.000	90.000	120.000	150.000	180.000	210.000	300.000	360.000	420.000	480.000
25%	25%	25%	25%	25%	25%	25%	25%	25%	25%
153.020	204.765	273.574	355.180	446.385	544.789	708.592	891.444	1.088.583	1.296.437
30%	30%	30%	30%	30%	30%	30%	30%	30%	30%
45.906	61.429	82.072	106.554	133.916	163.437	212.577	267.433	326.575	388.931
$15,00	$15,00	$15,00	$15,00	$15,00	$15,00	$15,00	$15,00	$15,00	$15,00
$688.589	$921.442	$1.231.081	$1.598.311	$2.008.733	$2.451.550	$3.188.662	$4.011.497	$4.898.623	$5.833.967
$2.754.356	$3.685.767	$4.924.325	$6.393.244	$8.034.933	$9.806.200	$12.754.650	$16.045.987	$19.594.491	$23.335.868

A próxima linha corresponde aos novos usuários. Quantos atrairá por trimestre por meio de seu empenho em marketing? O número será muito baixo no início, mas, em cinco anos, conquistará cerca de um milhão de novos usuários.

O desafio começa na próxima linha: "*churn* no trimestre".

Quantos dos novos usuários desistirão no decorrer do mesmo trimestre? Lembre-se, *churn* é o oposto de retenção. Embora inicialmente seja de 60%, com o tempo você vai se aprimorar e alcançar apenas 40%.

A linha seguinte refere-se a "adições líquidas calculadas", ou seja, quantos novos usuários (subtraindo os que desistiram) foram acrescentados no final do trimestre?

Em seguida vem a taxa de *churn* depois do primeiro trimestre. Os números de rotatividade são relativamente altos em virtude da su-

Apaixone-se pelo problema, não pela solução

posição subjacente de que esse é um *game* e, portanto, as taxas de rotatividade são inerentemente elevadas.

O resultado final desse exercício significa o número total de usuários ativos, que chega a cerca de 1,3 milhão decorridos cinco anos. Agora, se você não conquistar novos usuários no 21º trimestre, com o *churn* de 25% ao trimestre, terá menos de um milhão de usuários ativos. Sua máquina de marketing precisará atrair mais e mais novos usuários a cada trimestre para crescer.

A segunda parte do exercício é o modelo *top-line* de receita, que basicamente considera: nem todos os usuários serão pagantes, e acontece uma espécie de conversão dos ativos em pagantes (um modelo *freemium*). Aqui cada um dos usuários pagantes contribuirá com um valor médio (que aumenta com o tempo) de dólares por trimestre.

É um modelo de negócio bom? Ou será ruim?

A dualidade do modelo de negócio às vezes é frustrante. Se você apresentar esse modelo para arrecadar dinheiro para uma *seed* ou uma rodada A, não será financiável, na medida em que não evidencia uma perspectiva ampliada da coisa, ou a oportunidade não é expressiva o suficiente. Como resultado, é óbvio que não se transformará em um unicórnio em cinco anos. Portanto, você não é atrativo.

No entanto, se obtiver financiamento e apresentar uma *performance de fato*, viverá uma jornada incrível de sucesso. É bem provável que se torne lucrativo depois de cinco anos, com dois milhões em receita mensal e crescimento de 2,5 vezes na receita anual (AR) ano após ano.

Aí está uma empresa muito, muito boa.

Nesse ritmo, se o seu valor vitalício (LTV) sobre o custo de captação do cliente (CAC) for superior a três, conseguirá com facilidade financiamento para seguir em frente e acelerar o crescimento. Ainda que pareça muito ruim, se você alcançar um crescimento de 2,5 do quarto ao quinto ano, estará em uma faixa impressionante.

Embora a planilha do Excel apresente e calcule tudo, as suposições em torno de seu modelo devem ser as que fazem sentido. Um investidor as examinaria, bem como o resultado final, e decidiria se gosta; faça o mesmo. Olhe para as suposições e, em seguida, para o resultado final (resultados em cinco anos), para então decidir se a sua jornada vale a pena (esforços, custo alternativo, sacrifícios etc.).

QUANTIFICAÇÃO E QUALIFICAÇÃO DO VALOR

Como você sabe quanto valor está criando? Não sabe! Continue tentando e conversando com clientes ou usuários para descobrir – em um processo igual à busca por PMF ou por qualquer parte da jornada em que haja suposições subjacentes (a tese) – e tente validá-las com clientes *reais*. Mantenha o mesmo diálogo que o ajuda a entender quais recursos os clientes estão usando e por que é aquele que vai auxiliá-lo a qualificar e quantificar o valor.

CRIAÇÃO DA ORGANIZAÇÃO DE VENDAS

Demora para se desenvolver uma organização de vendas bem-sucedida, isto é, uma máquina de vendas com resultados previsíveis. Existem alguns elementos-chave para o sucesso nesse quesito: maturidade do produto, história de vendas e prontidão do kit de ferramentas de vendas.

Aqui está o caminho trilhado pela maioria das startups.

No começo, todos os primeiros cinco acordos são feitos pelo CEO ou por um dos fundadores, e, assim que se nota a reiteração do processo – a proposta de valor ou o preço, por exemplo –, muitas vezes alguém já se sente pronto para escalar a organização de vendas. Vem um vice-presidente de vendas, e espera-se que ele faça as vendas.

Apaixone-se pelo problema, não pela solução

Errado.

Uma organização de vendas é uma máquina suave que otimiza o processo de vendas. Existem de quatro a cinco funções fundamentais aí, e, se não houver um desempenho similar ao de uma orquestra, não vai funcionar. O vice-presidente de vendas atua como o maestro.

As funções são:

- *Pipelines* **de vendas** – função de abastecer a máquina de vendas e garantir que você traga *leads* com os quais ela vai lidar. Basicamente, se você acha que o vendedor consegue lidar com cem *leads* por ano, caberá ao gestor de *pipeline* abastecer cem *leads* qualificados por vendedor por ano.
- **Vendas** – função do pessoal que recebe *leads* qualificados e, por meio do processo de vendas, tenta fechar negócios.
- **Suporte de vendas** – função de apoiar os vendedores com os diferentes requisitos dos clientes (por exemplo, dados, discussão técnica, integração etc.).
- **Sucesso do cliente** – talvez a parte mais importante do processo de vendas: tem a função de garantir que o cliente, além de estar engajado no produto, esteja usando-o. Essa função alimenta o crescimento futuro desse cliente.
- **Operações de vendas** – função de otimizar todo o processo, fornecendo as ferramentas e a prática para gerenciá-lo.

Se chegou o momento de criar uma organização de vendas, certifique-se de que tem condições de criar também todas essas funções. Caso contrate um vice-presidente de vendas, ele precisará focar-se na criação da organização e não deverá vender.

Se você ainda não tem certeza de que esteja preparado e só deseja saber que o discurso de vendas está pronto, de nada adiantará trazer um único vendedor. Essa pessoa não tem o *feed* nem o acompanhamento ou suporte necessário para fechar negócios.

* * *

Aqui estão os quatro pontos-chave deste capítulo:

1. Descobrir um modelo de negócios é mais uma jornada de fracassos – e longa –, mas esta, em particular, gera mais frustração devido ao longo intervalo de tempo entre as iterações.
2. Depois de criar valor, sua derivada dele deve estar entre 10% e 25%.
3. Para otimizar essa jornada, comece com a quantificação e qualificação do valor que você cria. Em seguida, ajuste o modelo de negócio e o nível de preços para sua derivada de 10% a 25%.
4. Ao escolher um modelo de negócio, escolha aquele com receitas recorrentes.

Apaixone-se pelo problema, não pela solução

STARTDICAS

- 10x no decorrer do tempo; embora seu preço inicial possa não se pagar, com o tempo, assim que descobrir o modelo certo, esse número aumentará em uma ordem de grandeza.
- Ninguém pode fazer esse processo por você. Caso pense por um instante que outra pessoa vai descobrir o modelo e o plano de negócio em seu lugar, repense tudo. Você mesmo precisa qualificar os primeiros cinco a dez negócios.
- Ciclos de vendas independem de você. Ainda que crie e desenvolva a organização de vendas para torná-la uma máquina bastante suave, os ciclos de compra não dependem de você; portanto, alinhe-se a tais ciclos, em vez de tentar alterá-los.
- LTV/CAC > 3. O valor comprovado do tempo de vida de um cliente precisa ser pelo menos três vezes superior ao custo de captação dele, caso contrário, você não terá um modelo de negócio sustentável.
- O mercado, e não a empresa, determina o preço. No entanto, o custo é definido pela empresa, e o mercado não se importa com isso.

CAPÍTULO 10

CONQUISTE UM BILHÃO DE USUÁRIOS

Descobrir o crescimento é um pódio
olímpico – a jornada mais difícil de todas.

As pessoas costumam perguntar: "Qual é o problema? Eu vou criá-lo, e eles virão". Ou: "Qual é o problema? Um artigo no *New York Times* e estou feito". Ou ainda: "Qual é o problema? Com uma campanha de anúncios no Facebook, consigo quantos usuários quiser".

Bem, o crescimento, além de importante, é a jornada mais difícil, e bem poucos são bem-sucedidos em descobri-lo com facilidade. Este capítulo aborda a questão de descobrir como crescer, o papel do marketing, o boca a boca *versus* viral e o plano *go-to-market*.

DIA DO TIM COOK

A Apple lançou o aplicativo Maps em 19 de setembro de 2012, e, em todos os aspectos, foi um fiasco.

Apaixone-se pelo problema, não pela solução

O app não era bom o bastante e levou a um dos *mea-culpa* públicos mais notáveis da história da tecnologia.

Apenas nove dias depois do lançamento, Tim Cook, CEO da Apple, emitiu um impressionante comunicado de desculpas, dizendo que o Maps "ficou aquém" e que os usuários deveriam tentar outra alternativa. Entre suas recomendações, estava o Waze.

Na época, o Waze já estava indo bem em termos de PMF e, como resultado, tínhamos entre cinquenta mil e cem mil novos usuários por dia em todo o mundo, o que se traduzia em cerca de dois milhões de novos usuários por mês.

Gostamos de chamar o dia em que o CEO da Apple aconselhou os usuários a experimentar o Waze de "Dia do Tim Cook". Após o anúncio, o número de usuários do Waze aumentou 100% em comparação com o dia anterior, o que resultou em cerca de 160 mil novos usuários.

O impacto durou uma semana e depois diminuiu: 100% a mais de novos usuários no primeiro dia em comparação a um dia normal, 70% a mais no segundo dia, e aproximadamente 10% a mais por dia uma semana depois.

E, no entanto, o significado, embora pareça impressionante, rendeu somente cerca de 10% de aumento nos usuários durante todo o mês de setembro. Esse recorde de downloads diários se prolongou por um ano, e, quando enfim foi batido, a média diária de novos usuários havia mais do que dobrado.

* * *

O crescimento depende não de um único acontecimento, mas sim da consistência nos resultados e da capacidade de demonstrá-los ao longo do tempo. O plano GTM (*go-to-market*) precisará desencadear resultados replicáveis e maximizar a eficiência no decorrer do tempo. Não será um artigo de página dupla no *New York Times* que trará muitos clientes uma vez. Precisa-se de um plano que apresente resultados repetitivos.

EM QUE RITMO RÁPIDO SE DEVE CRESCER?

A pergunta mais relevante é: "Em que ritmo rápido se *consegue* crescer?".

No final de 2010, o Waze tinha mais ou menos 2,3 milhões de usuários no mundo. Noam Bardin, o CEO, e eu estávamos nos preparando para uma reunião do conselho de administração para definir a meta para o final do ano.

Noam me perguntou quantos usuários teríamos até aquele período.

– Dez milhões – respondi.

– E como vamos conseguir isso? – questionou.

– Dois a três milhões na América Latina, dois a três milhões na Europa e dois a três milhões nos Estados Unidos e em alguns outros lugares – expliquei.

– Tudo bem, mas como vamos *captá-los?* – Noam insistiu.

Eu tinha um monte de ideias, mas respondi:

– Não sei. Só sei que o mercado existe e vamos tentar diferentes abordagens até descobrirmos. Em particular, sei que precisamos mostrar um crescimento de 5x para levantarmos voo.

Encerramos o ano com 10,6 milhões de usuários; encerramos 2012 com 33 milhões e, cerca de cinco meses depois, quando o Google nos comprou, tínhamos um pouco mais de cinquenta milhões de usuários.

A tabela a seguir resume esses números.

Apaixone-se pelo problema, não pela solução

Data	Número de *wazers*	Multiplicador Y2Y
Jan. 2009	34.417 (todos em Israel)	
Jan. 2010	538.077 (ainda todos em Israel)	15x
Jan. 2011	2,6 milhões (quase metade em Israel)	5x
Jan. 2012	11,9 milhões (global – descobrimos o PMF)	4,5x
Jan. 2013	36,6 milhões	3,1x
Jun. 2013	50,9 milhões	2,2x

O fator de crescimento do ano zero ao ano um é um elemento indefinido. Na realidade, ninguém olha para o crescimento nesse período, mas a proporção de crescimento ano a ano (Y2Y – *year-to-year*) se torna fundamental para entender, na medida em que fornece não só o feedback que permite saber se você conseguiu o crescimento, mas também a verdadeira essência de uma startup no caminho para se tornar líder de mercado.

Se você olhar para empresas grandes, lucrativas e estabelecidas, o crescimento anual delas nos negócios é de 10%, um número razoável. Mais elevado é bom; menor, nem tanto.

Se você é uma startup, até chegar ao nível de uma empresa grande, lucrativa e estabelecida, precisa demonstrar um ritmo de crescimento muito diferente.

Uma vez criada, espera-se que cresça 10x, 5x, 4x, 3x e 2x nos próximos cinco anos. Para colocar as coisas em perspectiva, digamos que, quando você começa (ano zero), tenha cinquenta mil usuários; um ano depois, espera-se que termine com um total de quinhentos mil. No final do período de cinco anos, deve ter $10 \times 5 \times 4 \times 3 \times 2 \times 50.000 = 60$ milhões de usuários – aí está o tipo de crescimento de um unicórnio.

Se você é um negócio B2B e está vendendo um milhão de dólares no primeiro ano, no seguinte precisará atingir 5x isso, e então, de 3 a 4x, e daí 3x, e 2x a 3x, e então 2x. Portanto, um milhão no ano zero deverá estar entre 180 e 360 milhões cinco anos depois.

Dissemos antes que o PMF é o elemento mais fundamental, bem como a primeira parte da jornada, e que, se fracassar, você desaparecerá.

Acertar no modelo de negócios é quase sempre a jornada mais longa, pois o processo de validação segue em um ritmo lento. Mas o GTM ou jornada de crescimento é de fato o mais difícil. O número de fracassos nessa fase será bem maior.

QUANDO SE DEVE COMEÇAR A JORNADA GTM?

Se você é uma startup B2C, inicie sua jornada *go-to-market* assim que descobrir o PMF, não antes. O motivo é muito simples: se o seu produto ainda não está pronto, o *churn* vai ser alto (e a retenção, baixa). Portanto, se trouxer novos usuários, a maioria – se não todos – cairá fora.

Imagine um coador que você precisa encher com água. Para ter sucesso, você tem de agir muito rápido, ou selar os buracos antes de enchê-lo. Pois bem, a vedação dos orifícios de "drenagem" é o PMF.

Entretanto, no B2B, o PMF e o modelo de negócios não são tão separados. O crescimento começará tão logo se descubram ambos.

Embora com uma métrica diferente, a jornada é praticamente igual: provar que se consegue crescer com eficiência (em termos de negócios) e virar um player significativo no mercado. A principal diferença entre B2C e B2B está na definição de "eficiente".

Se você é um aplicativo gratuito e ainda não descobriu o modelo de negócios, captar usuários a custo zero (ou a um preço muito próximo de zero) faz sentido, mas não a um preço alto.

Caso você seja um produto B2B ou B2C pago e saiba que seus usuários estão gastando X dólares no primeiro dia e em geral 3X no próximo ano, então captá-los por menos de X faz sentido, mas por mais de 3X não, já que toda a sua jornada GTM se destina a melhorar a eficiência.

Apaixone-se pelo problema, não pela solução

Mesmo que no primeiro dia o seu custo de captação de clientes não faça sentido, no final da jornada terá de fazer.

WOM (BOCA A BOCA) E VIRAL –
O SANTO GRAAL DO MARKETING

Começo definindo esses dois termos, pois já vi muita gente confusa com eles.

"Viral" é o mais simples dos dois. Não se pode usar o produto a menos que mais alguém também o esteja usando. Se eu fosse a única pessoa no planeta com Messenger ou WhatsApp, esses aplicativos não me ajudariam muito e, portanto, para usá-los, precisaria convidar outras pessoas para que o fizessem também.

É claro que um produto de sucesso com viralidade tem um crescimento enorme, e o vencedor leva tudo. Lembre-se de que pode haver vencedores diferentes em vários mercados, como Uber nos EUA, DiDi na China e Grab em outras partes da Ásia, ou Messenger nos EUA, WhatsApp em outros lugares, por exemplo.

O WOM [boca a boca] é bem diferente.

Se eu perguntasse a cem pessoas como ouviram falar do Waze, provavelmente 90% responderiam "alguém me contou". Aí está o boca a boca.

Tente o mesmo com Uber, Netflix, Facebook e a maioria dos aplicativos que você usa diariamente. Se você estiver criando um app focado no consumidor e o mercado endereçável for grande, no final das contas, vencerá se conseguir o WOM.

No entanto, infelizmente, o WOM é relevante apenas para aplicativos usados com bastante regularidade.

Explico o porquê.

Como aprendemos no Capítulo 4, se o produto é usado mais do que algumas vezes por mês em média (digamos, até dez vezes, mas não todos os dias), então WOM é o caminho certo, pois o pessoal tem mais oportunidades de falar sobre ele.

Agora, imagine que apenas 10% de seus usuários contarão a alguém sobre o produto depois de o usar e, em seguida, 10% daqueles que ficaram sabendo se tornarão usuários.

Imaginemos que você já tenha um milhão de usuários. Se 10% deles contarem a alguém, são cem mil pessoas. Se apenas 10% deles se tornarem usuários, serão dez mil novos usuários (orgânicos).

Agora, se a frequência de uso do seu aplicativo for de uma vez por ano, são *apenas* dez mil usuários por ano (nada de excepcional; na verdade, você provavelmente teria uma taxa de *churn* bastante alta).

No entanto, se usarem seu aplicativo uma vez por mês, serão cem mil novos usuários ao longo de um ano, o que não é tão ruim, mas, de novo, não é o bastante.

Então, pense que, se usarem seu aplicativo todos os dias ou pelo menos dez vezes por mês (como no caso do Waze), e os usuários tiverem uma experiência positiva que os leve a contá-la aos amigos, o efeito composto será 3x o número de usuários no final do ano sem nenhum gasto com captações.

Esqueça o *churn* por um instante. Quero que perceba o impacto da frequência de uso no crescimento orgânico. Vamos manter a suposição de que apenas 10% dos usuários contarão a alguém sobre o produto e apenas 10% começarão a usá-lo, portanto, 1%.

Apaixone-se pelo problema, não pela solução

Frequência de uso	Usuários em janeiro	Usuários em dezembro	Fator X
Anual	1.000.000	1.010.000	1%
Mensal	1.000.000	1.126.825	12%
Semanal	1.000.000	1.677.688	67%
Dez vezes por mês	1.000.000	3.138.428	3x
Diário	1.000.000	37.783.434	37x

Para o Waze, a ferramenta mais eficaz em nosso arsenal de *go-to--market* foi o boca a boca. Não há nada como estar em um carro com um amigo e ver um app rodando no painel para fazer a pergunta: "O que é isso?".

Como é a curva do WOM na vida real? Tem o formato de um taco de hóquei, ou seja, crescimento exponencial.

Veja os gráficos do Moovit e do Waze na página seguinte. Apesar de os números serem diferentes e as métricas não serem idênticas – no Waze, envolve as pessoas que baixaram o aplicativo e o usaram, já no Moovit, alguém que usou o serviço por meio de um aplicativo ou da web –, a forma da curva é exatamente igual.

O mesmo vale para WhatsApp, Facebook e todos os aplicativos de consumo mais bem-sucedidos do mundo. Uma vez que o WOM entra em ação, o crescimento se torna exponencial.

O Moovit levou 436 dias para atingir o primeiro milhão de usuários, 107 dias para atingir o segundo milhão e cerca de 19 *horas* para atingir o último milhão antes de a empresa ser adquirida.

WOM é um resultante da frequência de uso.

Alta frequência de uso significa que se acabará com um marketing WOM.

Todas as outras atividades GTM que ocorrem antes são um meio de atingir a massa crítica para permitir o WOM.

Talvez demore anos para você atingir a massa crítica, mas, quando chegar lá, *todo o seu crescimento* será WOM.

Observe a tabela anterior; digamos que você tenha uma frequência de uso de dez vezes ao mês. Nesse caso, o WOM ou crescimento orgânico é de cerca de 3,13x ano a ano, 10x em dois anos e 100x em quatro anos.

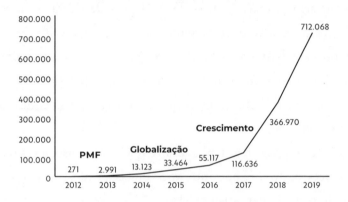

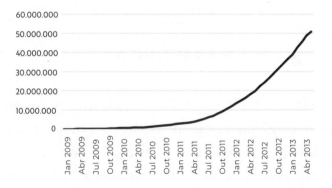

Se você começar com alguns milhões de usuários, 100x significa algumas centenas de milhões – com certeza uma posição de líder de mercado. Se, no entanto, começar com apenas mil usuários, 100 vezes esse número ainda é um número muito baixo. Para chegar aos primeiros milhões de usuários, você precisará de toda a máquina de marketing.

Apaixone-se pelo problema, não pela solução

ENTENDEMOS TUDO ERRADO

Vamos reordenar tudo e realinhar a estratégia de nossa startup.

Se o seu produto tem alta frequência de uso, comece com o PMF, vá para o crescimento e só então tente descobrir o modelo de negócio. Caso contrário, comece com o PMF, depois descubra o modelo de negócio e, em seguida, o crescimento.

O motivo é bastante simples: se você conseguir mostrar alto crescimento, isso maximizará drasticamente o *valuation* de sua empresa, permitirá a você levantar muito capital e tornará possível descobrir o modelo de negócio.

No entanto, caso não tenha alta frequência de uso, a captação de usuários será custosa e, portanto, você precisará mostrar que tem um modelo de negócio para sustentá-la.

A frequência de uso *define* a estratégia inicial e, claro, a *estratégia GTM*.

MARKETING 101

Até que enfim vamos começar a discutir o papel do marketing.

Já testemunhei muitas startups ao longo dos anos que, quando começam a pensar em marketing, ficam tremendamente confusas quanto ao papel dessa importante função. Portanto, ainda não há muita clareza em relação a como criar, contratar e medir o marketing.

Começo com o que já ouvi sobre o que os fundadores esperam do marketing:

- "Quero uma página dupla no *New York Times*" – esse papel cabe às RP [relações públicas].

- "Quero que eles comprem usuários no Facebook" – isso significa que o trabalho envolve captação de usuários.
- "Quero simplificar a aparência da empresa e aprimorar a mensagem" – isso significa que o marketing tem a ver com posicionamento estratégico.
- "Quero que o marketing forneça ferramentas para o pessoal de vendas" – isso significa que o marketing trata de estratégias de vendas.

Resultado: quase todos os CEOs enxergam a promoção como papel do marketing. Mas ele vai bem além, e, caso se engaje a equipe de marketing desde o início, ela vai criar a estratégia mercado-produto--preço e só depois a promoção no mercado.

O trabalho do marketing é *criar um sistema para acelerar a jornada do PMF*, e para tanto existem duas fases:

1. Conhecimento das necessidades para definir o produto e o mercado (quem são os usuários e onde estão) e fixar o preço, que deriva da disposição deles de pagar.
2. Promoção, cujo principal objetivo é levar os usuários/clientes a usar o produto.

Um ponto fundamental é: quão cedo se agrega o *head* de marketing?

Precisa-se contratar com antecedência alguém capaz de fazer *inbound marketing* [marketing de atração], provavelmente uma pessoa muito experiente, com muito conhecimento e que entenda os usuários, o produto e o mercado?

Ou precisa-se de uma pessoa completamente diferente em um estágio posterior da empresa, alguém que entenda de promoção, de *outbound marketing* [marketing tradicional] e das diferentes ferramentas

Apaixone-se pelo problema, não pela solução

de promoção? Essa pessoa simplesmente considera o *product-market-price* [preço de mercado do produto] – que é muito importante para os contratados mais cedo para o marketing – como previsto.

Esses são dois tipos muito diferentes. O primeiro é bastante raro, afinal, são poucos que conseguem definir o preço de mercado do produto; o segundo é mais comum. Então, se você diz "Estou procurando uma VP de marketing ou um diretor de marketing (CMO)", qual deles de fato quer? Do primeiro ou do segundo tipo?

É bem possível que a maioria dos currículos que receba seja dos candidatos do segundo tipo, aqueles focados em promoção. No entanto, caso deseje contratar um profissional do tipo dois para fazer o preço de mercado do produto, essa pessoa provavelmente falhará.

O contrário também apresenta baixa probabilidade de sucesso, considerando-se que a pessoa do tipo um é muito mais capaz de fazer apenas a parte da promoção e provavelmente não gostará do trabalho.

Então, agora que sabe o que o marketing pode fazer por você, decida se quer trazê-lo mais cedo (para a parte do PMF, cuja missão é atingi-lo mais rápido) ou mais tarde (quando a missão é acelerar o crescimento).

MARKETING DE PROMOÇÃO OU DESENVOLVIMENTO DE NEGÓCIOS?

A maioria das startups se dedica ao marketing quando chega o momento de atrair clientes ou usuários, mas já vi muitas empresas que precisam escolher entre recursos de marketing e desenvolvimento de negócios (BD) para atrair clientes.

Defino marketing como "trazer um usuário de cada vez", e BD como trazer *grupos* de usuários. Então, por um lado, farei RP – marketing online e offline, programas de indicação etc. – e, por outro, se usar meu chapéu BD, abordarei grupos, empregadores e equipes para envolver *seus* clientes ou usuários.

Conclusão: se você não sabe como trazer usuários, NINGUÉM mais saberá. Independentemente de optar por fazer a aquisição direta (marketing) ou indireta (BD), precisará *começar* trazendo os usuários diretamente.

Em geral, pense nas seguintes proporções:

- Se o seu *pitch* de vendas estiver correto, no final do ciclo de vendas, sua taxa de fechamento de vendas estará entre 25% e 75%.
- Na jornada de captação de recursos, seu fechamento seria entre 1% e 2%.
- No BD, a proporção é muito melhor do que na captação de recursos, mas muito menor do que nas vendas, ficando entre 5% e 10%.

Se, por exemplo, você tem um aplicativo de compras *tax free* como o Refundit, que simplifica tudo para as pessoas receberem o próprio dinheiro de volta durante a viagem, e acha que pode ir a agências de viagens (online ou físicas) ou a companhias aéreas, ou a qualquer setor de viagens, e dizer "Vamos fazer uma parceria; por que você não promove nosso aplicativo para seus clientes?", cerca de 5% a 10% dirão que sim. Mas ainda levará algum tempo para a implantação, e os resultados são às vezes decepcionantes.

Vou compartilhar algumas histórias que lhe fornecerão uma compreensão mais clara.

LOCATION WORLD

A parceira do Waze na América Latina, a Location World, foi, de certa forma, nossa porta de entrada. Eles seguiram nossas diretrizes sobre as

Apaixone-se pelo problema, não pela solução

atividades do GTM, além de acrescentarem algumas próprias. E aqui está quase o único modelo que funciona – você dá sua receita GTM, que alguém local vai seguir e fazer a própria localização e ajustes. No final das contas, a Location World era responsável por todas as atividades GTM na América Latina, exceto no Brasil, e tentamos dezenas de abordagens. Até certo ponto, eles nos ajudaram a escrever a receita do GTM.

TELEFÓNICA

A Telefónica é uma operadora móvel espanhola que se tornou global e líder de mercado na América Latina. A Location World a agregou como parceira de distribuição em vários países da América Latina, e promoveu o Waze na mídia dela mesma, incluindo uma tarifa especial para dados (ou seja, grátis) para usar o Waze e outros apps.

Demorou seis meses para que eles entrassem no negócio. Houve muitas conversas entre a Location World e a Telefónica, e precisei até viajar algumas vezes para vários lugares diferentes na América Latina a fim de que mantivessem as negociações.

Na época, a Telefónica tinha mais de um terço dos usuários móveis da região e havia se comprometido com gastos ATL *(above-the-line –* acima da linha), cuja publicidade se volta para um público-alvo mais amplo, como televisão ou rádio. Compare isso com os gastos BTL (*below the line* – abaixo da linha), em que a publicidade visa a um grupo específico de clientes em potencial.

A Telefónica imaginou usar todos os tipos de mídia, não só a deles, para promover o Waze. Esperávamos um aumento de 20% a 30% de crescimento nos países em que planejamos lançar a campanha. No entanto, os resultados foram bastante decepcionantes – um aumento de 2% a 3%, e só.

As atividades GTM de desenvolvimento de negócios exigem muita paciência; algumas delas nem sequer dão qualquer resultado; muitas outras vão entregar alguns, e apenas bem poucas entregarão resultados significativos.

O problema está no fato de não se saber qual é qual antes de começar, razão pela qual recomendo que se comece com o BD GTM. Mesmo depois de ter alguma tração GTM e saber o que funciona e o que não funciona, não espere que sua equipe de marketing tire um coelho da cartola – eles são profissionais de marketing, não mágicos!

HUTCHISON

Em 2012 o Waze captou recursos da Horizon Ventures e da Kleiner Perkins. A Horizon é o braço de investimentos de Li Ka-shing, um empresário muito conhecido em Hong Kong e proprietário da Hutchison, que por sua vez é proprietária da operadora móvel 3. Essa última, à época, tinha uma presença valiosa em alguns países da Europa, incluindo a Itália.

A Horizon nos falou que poderia ajudar e fez uma apresentação muito calorosa à 3 Itália. Eles disseram:

– Sabemos como promover seu aplicativo. Faremos uma campanha de SMS e a enviaremos a todos os usuários relevantes. Geralmente os resultados são impressionantes.

Demorou cerca de três meses até que lançassem a campanha.

Naquela época, nosso crescimento na Itália era muito bom, com cerca de três mil a cinco mil novos usuários por dia, o que totalizava aproximadamente de cem mil a 150 mil usuários por mês.

O dia da campanha teve resultados fantásticos, trazendo cerca de cem mil novos usuários. No dia seguinte, foram sessenta mil, e no dia posterior, cerca de quarenta mil, até retornar para três mil a cinco mil

Apaixone-se pelo problema, não pela solução

por dia, passada uma semana. Resultado: 250 mil novos usuários, resultado sem dúvida surpreendente, equivalendo a cerca de dois meses de crescimento orgânico, bem além do que esperávamos.

Levamos esse modelo para outras operadoras móveis, incluindo a TIM (Telecom Italia Mobile), Vodafone Itália e uma dezena de outras em diferentes países. Também conversei com os operadores da Hutchison 3 na Áustria, no Reino Unido e em outros países; nenhuma delas concordou em fazer uma campanha de SMS como a 3 Itália.

Uma resposta frustrante, uma vez que havíamos encontrado algo que funcionava com pouquíssimo esforço da nossa parte e não conseguimos envolver outras operadoras móveis.

Seis meses depois, com o Waze crescendo em ritmo mais rápido, voltei para a 3 Itália e sugeri que fizéssemos de novo.

Demorou mais três meses para lançar a campanha, e os resultados somaram cerca de cinquenta mil novos usuários no total, o que equivalia a somente mais ou menos uma semana de crescimento.

O que estou querendo dizer com essa história? Mesmo quando alguma coisa funciona, não se pode ter certeza de que vai funcionar de novo ou da mesma maneira em outro lugar.

TIM BRASIL

Durante minhas conversas com a TIM Brasil, o Waze não conseguiu nenhuma capacidade de distribuição (era muito cedo para eles); quando o Moovit apareceu, dissemos ao pessoal da TIM: "Ei, vocês perderam a oportunidade de fazer algo fantástico com o Waze – não percam de novo!".

Meu amigo Omar Téllez, na época o mágico presidente do Moovit Latin America, orquestrou o negócio que gerou resultados surpreendentes. Um ano depois de lançada a campanha, um quarto de todos os usuários do Moovit eram do Brasil, totalizando nesse período quinze milhões de usuários.

Considerando um bilhão de usuários do Moovit hoje, esse número não é muito, mas, para os cinquenta milhões que a empresa tinha naquela época, foi fenomenal.

No entanto, o Moovit, como o Waze, não conseguiu replicar esse sucesso em outros lugares.

ABC ENCONTRA O CARMAGEDDON

A rede de televisão ABC foi um dos principais gatilhos para a decolagem do Waze nos EUA. Perto do fim de semana de 4 de julho de 2011, havia uma grande obra programada para a rodovia I-405 em Los Angeles, a qual seria desativada e demolida. A mídia deu ao evento o nome de "Carmageddon", e, alguns meses antes da paralisação, a ABC nos procurou, dizendo que apenas nós conseguiríamos relatar o tráfego em tempo real, incluindo boletins de solo.

Como a ABC gostou de nossos boletins de fim de semana do Carmageddon, continuamos a trabalhar juntos. No decorrer de 2011, fomos a outras estações locais da ABC, tornando-nos a ferramenta que usavam para boletins de tráfego. A estação ficou muito satisfeita com os resultados bem superiores aos dos concorrentes, e nós também, pois conseguimos promoção gratuita e reconhecimento de uma grande marca.

O que mais ganhamos?

O Waze fornecia os boletins de tráfego para a ABC em Detroit (e em muitas outras cidades também). Se você me perguntar quantos novos usuários conquistamos após o noticiário das 23h em Detroit, respondo que provavelmente poucos – só uns cem.

Apaixone-se pelo problema, não pela solução

O número não parece muito, mas lembre-se de que os boletins eram transmitidos três vezes ao dia, trinta dias por mês e em cinquenta cidades diferentes, o que acabou sendo bem significativo.

AQUISIÇÃO DE DADOS

Você se lembra do *"flywheel"* do Waze? Quanto mais usuários houver, mais aprimorados serão os dados, o que aumentará a retenção e o uso e, portanto, trará mais usuários. Assim, além do desenvolvimento de negócios tentando conquistar usuários, tivemos muitos acordos de BD tentando trazer mais dados (em particular, dados de GPS de empresas de gerenciamento de frotas e mapas básicos de produtores de mapas).

Esse negócio acabou sendo mais fácil porque, como eles tinham os dados, foi bastante simples se envolverem. E mais: também era livre de riscos. Minha oferta geral para empresas de gerenciamento de frotas se assentava em uma premissa bem simples: forneçam-me seus dados de GPS em tempo real e lhes darei dados de tráfego em tempo real.

A coisa funcionou em alguns casos; em outros, as empresas responderam:

– Nossos dados são valiosos, outros os estão comprando, então nos pague por eles.

Acabamos pagando de dez a vinte centavos por veículo por mês. Assim, uma empresa de gerenciamento de frota com cinquenta mil veículos ativos recebia um cheque de cinco mil a dez mil dólares todo mês.

Quando chegamos ao nível em que nosso tráfego era bom o bastante sem eles, revisamos os negócios e acabamos com um dos três resultados finais a seguir:

1. O sócio concordou com o modelo de troca de dados brutos por dados de tráfego.

2. O sócio optou por nos dar um desconto de 50%.
3. O sócio decidiu rescindir o contrato.

O modelo de captação de dados de tráfego representou um salto para nós. Precisávamos disso no início para melhorar nossos dados de tráfego, mas, tão logo conseguimos usuários suficientes, não precisávamos mais. Agora, aqui vem uma informação importante: em cada parte da jornada, você pode precisar de diferentes ativos e, portanto, diferentes negócios de BD; aqueles que trazem usuários são os mais difíceis.

CINQUENTA OUTRAS MANEIRAS QUE NÃO FUNCIONARAM

Eu viajava muito por conta do Waze, tentando envolver esses parceiros para usuários e dados. Às vezes, viagens com cinco, seis ou até sete reuniões com vários potenciais parceiros não dava resultado algum; em outras vezes, conseguia alguma coisa, mas tão pouco que nem valia a pena. Os golpes de sorte, ainda que raros, quando aconteciam, valiam por todos os que deram errado. Pense no BD como marcar um gol do meio de campo em uma partida de futebol.

Existem três maneiras de enxergar essas "oportunidades":

- Se você não tentar, não vai conseguir.
- Se você marcar, ganha.
- Você sempre acha que o próximo vai ser o certo.

Caso decida tentar o caminho BD para trazer usuários, há duas alternativas principais:

- Muitos acordos que trazem alguns usuários cada um.
- Alguns acordos que trazem muitos usuários cada um.

Sempre se esforce para conseguir o segundo; é ele que fará diferença.

STARTUPS NÃO PODEM SE AJUDAR!

Todas as startups buscam a mesma coisa e, portanto, não têm muito a compartilhar. É comum que se conheça outro CEO e se descubra que ambos visam ao mesmo mercado endereçável. Estabelece-se uma relação de confiança com o outro CEO e deseja-se que ele ajude a conseguir usuários, mas o sujeito está pensando da mesma forma – que você pode ajudá-lo a conseguir usuários.

Adivinhe: você não tem usuários suficientes para promover aquele outro CEO, e vice-versa. Não importa o quanto tente, simplesmente não tem como ajudá-lo, e ele não dispõe de recursos para ajudar você.

Então, nem pense nisso!

A CONQUISTA DE USUÁRIOS (B2C)

No final das contas, quando falamos de marketing e crescimento, é isso que temos em mente: conquistar usuários. Nesse aspecto, há duas notícias: a boa é que, se você descobrir essa parte, ganha; a ruim se refere à dificuldade de conquistar usuários.

Com alta frequência de utilização, a estratégia é simples: invista na captação de usuários até que seu WOM funcione.

O Waze gastou pouco com marketing, apenas o suficiente para se manter na primeira página da app Store na categoria navegação. Investimos em RP para criar conscientização e atrair usuários. O Moovit gastou mais na captação de usuários até descobrir o WOM e o SEO (*search engine optimization* – otimização de mecanismo de busca).

Existem cinquenta, talvez até cem maneiras de atrair usuários, e, mais uma vez, será uma jornada de fracassos, tentando e tentando e tentando coisas diferentes até encontrar a que dá certo.

Comece respondendo a uma pergunta simples: quem são os seus usuários e onde eles estão? Afinal, tentar atrair novos usuários para o Waze em um país onde não há motoristas com smartphone é perda de tempo (por exemplo, Índia em 2010).

Se você não sabe responder a essa pergunta, então comece sua jornada de experimentos usando promoções para diferentes tipos de usuários em vários lugares e observe os resultados. Depois de saber quem eles são e onde estão, pense em outras ferramentas para promoções mais direcionadas.

ONLINE

Facebook, Google, Instagram, TikTok, LinkedIn e Twitter são plataformas que permitem colocar um anúncio ou promoção online. Algumas permitem que o usuário segmente seu público. Por exemplo, "somente adultos entre trinta e quarenta anos com filhos" verão seu anúncio.

Tratando-se de promoção online, o elemento mais importante se refere à possibilidade de medir os resultados em tempo real e fazer as correções necessárias de imediato. Então, se eu precisar descobrir se meu público-alvo tem de vinte a trinta anos, de trinta a quarenta ou de quarenta a cinquenta, no final do dia saberei.

Apaixone-se pelo problema, não pela solução

Por esse motivo, a maioria das startups vai gravitar em torno da divulgação online, o que, no entanto, não prova que seja a melhor em termos de eficácia, de atrair usuários relevantes etc.

Mais uma vez, duas notícias: a boa é que os canais online permitem que se fracasse de forma rápida; a ruim é que eles impedem o pensamento fora da caixa.

O marketing online e a capacidade de medir resultados de imediato são muito envolventes; é fácil esquecer-se de verificar outros modelos promocionais.

MÍDIA SOCIAL

Mídia social é um caso especial de atrair usuários buscando influenciadores com muitos seguidores. Presumimos que, se eles promoverem nosso produto, aqueles que os seguem também vão seguir. Alguns de fato vão, mas quantos? Não sei, você não sabe e, portanto, vale a pena tentar.

OFFLINE

Hoje quase nos esquecemos do mundo offline, mas, quando se sabe quem e onde estão os usuários, a divulgação offline talvez seja mais eficiente do que qualquer outra forma de promoção. Pense em uma oferta de "café grátis ao encher o tanque" em um posto de gasolina. Uma placa a quinhentos metros antes do posto funcionaria melhor do que um anúncio no Facebook?

RELAÇÕES PÚBLICAS

Muita gente pensa: "Qual é o problema com relações públicas?". Você consegue um artigo de página dupla no *New York Times* e pronto.

Só que não é fácil conseguir isso.

Contrata-se uma empresa de RP, e ela precisará de três meses de esforço para tentar conseguir essa apresentação em página dupla, às vezes até mais. Só que não há garantias de que serão bem-sucedidos. Em alguns casos, não funciona, e pode-se acabar aparecendo em uma coluna pequena em uma publicação de circulação bem menor. Ou mesmo nem aparecer. Lembre-se: ainda que consiga chegar ao *Times*, será um evento único.

Ter uma máquina de relações públicas bem-sucedida significa que você define corretamente seus objetivos, mantém seu curso e percebe que o processo todo leva tempo. Em última análise, uma boa campanha de RP pode ter muito impacto ou influência além de apenas downloads.

Nossa experiência mostra que RP funciona em alguns lugares e, em outros, é muito cara e menos eficiente. Um dos objetivos mais importantes de RP está em estabelecer credibilidade. Quando as pessoas ouvem sobre algo novo, algumas procuram informações. Se encontrarem apenas um site e mídia social, é uma coisa; se encontrarem várias publicações de mídia, é bem diferente.

Tudo se resume a entender qual é o público. Em geral, candidatos, parceiros, governos e investidores dependem mais de referências e, portanto, RP é mais importante, enquanto obter novos usuários pode se basear em WOM ou na captação de usuários em vez de RP.

RP, em essência, é local, em alguns casos, até hiperlocal, e em geral funciona melhor em lugares onde a mídia é nacional, e menos quando a mídia é local (como nos EUA). E mais, também pode determinar a estratégia GTM.

Acha que consegue fazer tudo isso sozinho? Não. Você vai precisar de uma empresa de RP. Eles são os especialistas, você não. Mesmo que seu grande amigo seja editor de um grupo de mídia, os resultados dependem

Apaixone-se pelo problema, não pela solução

de *muitos* desses contatos, nunca apenas de uma pessoa. A empresa de relações públicas mantém muitos relacionamentos com grupos de mídia.

ATL – ACIMA DA LINHA

Uma alternativa a RP é o ATL, que basicamente significa comprar anúncios de mídia tradicional (TV, jornal etc.). Portanto, se o *New York Times* não estiver interessado em escrever um artigo de página dupla sobre sua startup, é bem mais provável que concordem em publicar o conteúdo no mesmo espaço, mas como um anúncio, isto é, se você tiver condições de pagar!

Como saber se gastar X dólares em um anúncio de TV durante o Super Bowl produzirá melhores resultados do que um anúncio de página dupla exibido cinco vezes ou um anúncio no Facebook que atinja um milhão de usuários?

Bem, não tem como saber... se não tentar.

No entanto, os anúncios do Super Bowl são muito caros e possibilitam apenas uma única exposição. Para um anúncio ser eficaz, precisa-se criar uma campanha ao redor dele. Um anúncio de página dupla também é caro, e não há como fazer um experimento em pequena escala. Portanto, é mais adequado que se tentem anúncios online, pois pode-se começar em pequena escala e promover o ajuste de acordo com os resultados.

Essa abordagem ainda não garante que você alcance melhores resultados, mas pelo menos pode experimentá-la de forma imediata e com baixo custo.

CAC – CUSTO DE CAPTAÇÃO DE CLIENTE

Quanto custa captar um usuário? Com o tempo, você ajustará a métrica e melhorará os resultados.

Em geral, o CAC se refere a gastos diretos na captação de usuários, portanto, o custo do departamento de marketing ou da taxa de retenção da agência de relações públicas não está incluído.

Com o tempo, você terá aprimorado bastante seu CAC por meio de tentativa e erro. No final das contas, está medindo diferentes métodos de marketing aqui, para otimizar o retorno, gastar menos e atrair usuários mais relevantes.

O resultado final se iguala ao total gasto em marketing dividido pelo número de usuários adquiridos em um período, incluindo o crescimento orgânico. Uma vez que ele se torne exponencial (ou seja, ganham-se mais usuários do que se perdem), comece a tentar reduzir os gastos com marketing.

FTV – FIRST-TIME VALUE

Quanto valor você gera na primeira vez que um usuário usa seu aplicativo ou serviço?

- Se for o Waze, o número é próximo de zero.
- Se for um aplicativo pago (digamos, um que ajuda os usuários a se preparar para o GMAT[33]), esse número é o preço líquido do aplicativo.

---

33. Referência ao *Graduate Management Admission Test* (GMAT), prova de admissão exigida, sobretudo, por escolas de negócios nos Estados Unidos e na Europa. (N.T.)

Apaixone-se pelo problema, não pela solução

- Se for um aplicativo *pay-per-use*, o valor será o da primeira vez que o usuário pagar pelo uso.

Esse número é superimportante, pois vai indicar quanto você está disposto a gastar em marketing.

Em geral, em serviços ou aplicativos de alta frequência de uso, ou modelo de assinatura, esse número é menos relevante, pois é possível calcular o valor da vida útil (LTV) com relativa facilidade.

No entanto, com serviços e aplicativos de baixa frequência de uso, não se conhece o LTV; nem mesmo é possível saber se *haverá* um segundo uso. Decorridos alguns anos, sim, já se saberá, mas no início não se tem ideia do que é o LTV e, portanto, a referência deve ser o valor inicial (FTV).

O melhor exemplo de FTV está no mercado de viagens.

As pessoas não viajam com tanta frequência, e, se você conseguir um novo usuário para o seu novo guia de viagens, não faz a mínima ideia de quando esse cliente aparecerá de novo, se é que vai aparecer.

Depois de descobrir esse número, se FTV > CAC, continue gastando mais em marketing, pois está ganhando dinheiro.

O número mágico aqui é três: se você gastar X por usuário ativo, e se um usuário ativo gerar em seu primeiro uso mais de 3X, estará no caminho certo. Basicamente, encontrou uma máquina geradora de caixa. Agora precisa levantar capital para gastar mais e em seguida descobrir se a proporção de 3:1 melhora ou não quando se trata de números maiores.

LTV – VALOR DE VIDA ÚTIL

Quanto vale um cliente ao longo da vida dele como usuário? Na verdade, não se sabe quanto tempo dura a "vida útil" de um aplicativo ou serviço, mas, depois de um ano, pode-se estimar com base no *churn*.

Assim, se o *churn* anual for de 33%, vale supor que o tempo de vida de um usuário do aplicativo é de três anos. Depois, você vai aprender qual o gasto anual e a duração da vida útil, e poderá calculá-lo com mais precisão.

Inicialmente, suponha que são de dois a três anos para o seu modelo e que, após rodá-lo por esse período, você poderá reajustá-lo. Essas estimativas dependem de o usuário estar pagando ou não, e de você estar vendendo anúncios ou dados.

Se, no entanto, você conseguiu provar FTV/CAC > 3, gaste. Se não sabe, continue ajustando os modelos de negócio até que a fórmula seja válida. O ajuste refinado dos modelos é uma jornada de experimentação múltipla.

CRESCIMENTO ORGÂNICO

Crescimento orgânico é simples: não se faz nada e os usuários vêm, o que, obviamente, constitui o Santo Graal do marketing e costuma ser atribuído ao boca a boca. Em essência, o crescimento orgânico é tudo quando não se tem ideia de onde os usuários estão vindo.

No final do dia, você mede as adições líquidas (novos usuários menos usuários *churned*) divididas pelo gasto total em marketing – esse é o seu CAC. Se tiver um número maior de usuários orgânicos, essa proporção melhora significativamente.

Apaixone-se pelo problema, não pela solução

AGREGADORES DE MÍDIA

Em muitos casos, você vai descobrir que, quando precisar fazer vários testes, trabalhar com um agregador de mídia facilita o trabalho.

Um agregador de mídia é uma empresa que implanta um orçamento de captação de usuários em vários tipos de mídia, em várias plataformas de anúncios simultaneamente, com resultados iniciais mais rápidos.

No fim, você precisará trazer esse processo para dentro da empresa a fim de construir a expertise, o know-how e a capacidade de mudar de escala. Um agregador de mídia será um excelente ponto de partida, porém, para mudar de escala, você precisará deixar de terceirizar essa função (a certa altura, o mesmo pode acontecer com outros setores do negócio, como jurídico, financeiro etc.).

PROGRAMAS DE INDICAÇÃO

Muitos aplicativos e serviços acreditam no WOM, razão pela qual tentam incentivá-lo recompensando indicações de usuários. Assim, caso indique a um amigo e ele se inscreva, haverá uma recompensa.

O Uber usou esse método para financiar seu crescimento, e foi um grande sucesso. Em outros casos, no entanto, foi bem menos eficaz.

Em geral, não gosto de indicações, porque sinto que estou vendendo meus amigos ou tirando vantagem deles, mas é só a minha opinião.

Se o WOM não estiver funcionando muito bem, tentar acelerá-lo com um programa de indicação pode funcionar.

SEO – OTIMIZAÇÃO DO MECANISMO DE BUSCA

SEO é como você faz com que o Google e outros mecanismos de pesquisa coloquem alguém/alguma coisa com mais prioridade nos resultados de pesquisa. Dessa forma, quando pesquisarem termos relevantes no Google, você será um dos primeiros resultados.

O Moovit usou o SEO como uma ferramenta poderosa para atrair usuários. Basicamente, criamos uma página de destino para todas as pesquisas possíveis de "Como chegar a…". Assim, tínhamos "Como ir da Times Square à Washington Square", "Como ir de X a Y de ônibus" e "Como chegar de metrô aonde preciso amanhã às 19h".

Criamos páginas de destino para todas as combinações possíveis, de qualquer lugar para qualquer lugar a qualquer momento.

Talvez você esteja pensando: "Calma aí; são milhões, se não bilhões, de páginas de destino!".

Exatamente.

Cada uma delas leva a uma resposta específica direta, e, em muitos milhões de casos, isso é convertido em um usuário baixando o aplicativo.

Fizemos o mesmo com várias outras das minhas startups para gerar os melhores resultados de pesquisa.

TNBT OU AGI – A PRÓXIMA GRANDE NOVIDADE OU OUTRA GRANDE IDEIA

Seu plano de captação de usuários deve incluir a próxima grande novidade ou outra grande ideia (na verdade, muitas delas). Então, você estará pronto para entrar nessa jornada, percebendo que continuará tentando.

CINQUENTA MANEIRAS DE ATRAIR USUÁRIOS

Ao começar a pensar em seu plano GTM e em seu plano de "atrair usuários", vá para uma sala de reunião com um quadro branco e escreva nele todas as formas como você acha que vai atraí-los. Em seguida, traga o restante da equipe de gestão para que acrescentem ideias à lista.

Apaixone-se pelo problema, não pela solução

Continue até totalizar cinquenta linhas de itens no quadro, ou seja, cinquenta maneiras diferentes de atrair usuários. Em seguida, inicie sua jornada de experimentos em direção à captação de usuários.

Lembre-se, caso não tenha cinquenta, não estará pronto para começar.

A ideia dos cinquenta é simples: ninguém se apaixona por um método; apaixona-se pela jornada até encontrar o método que funciona.

Pense em encontrar uma nova fonte de petróleo.

Pode ser preciso perfurar cinquenta vezes, mas, quando você detecta qualquer sinal de óleo, começa a ir cada vez mais fundo. O mesmo princípio também vale aqui.

No início, as cinquenta maneiras são muito diferentes, mas, depois de obter alguma tração inicial, comece a ir cada vez mais fundo.

Se para a Refundit o melhor marketing fosse no aeroporto de destino (para entregar fisicamente material de marketing sobre o aplicativo aos passageiros que chegam), teríamos otimizado esse direcionamento, abordando potenciais clientes na esteira de bagagens, ou após a alfândega, ou no ponto de táxi.

MARKETING B2B

Alguns anos atrás, conversei com um VP de marketing e vendas de uma empresa B2B e perguntei qual era o papel do marketing e qual o de vendas.

O sujeito respondeu:

– Quem consegue vender, vende. Quem não consegue, é marketing. – E então explicou melhor: – Criamos uma máquina de vendas bem lubrificada que gera *leads* e faz *sales calls* [propostas de vendas], depois as qualifica para que os executivos de vendas tentem fechar negócios. Então, seguimos esses *leads*.

– Certo, isso é ótimo – falei. – Mas qual o papel do marketing?

– Ele "embeleza o material de vendas" – respondeu.

Mostrei-lhe algumas maneiras pelas quais o marketing pode mudar tudo e atrair clientes e, mais tarde, ele implementou muitas delas.

Quando nos encontramos um ano depois, o sujeito me disse que os ciclos de vendas da empresa agora eram muito mais curtos, e que não precisava mais forçar os *leads* – eles estavam vindo!

Essa é a ideia – mesmo que você feche negócios um a um, cara a cara, o marketing ainda pode fazer mágica. Criar consciência no mercado, estabelecer credibilidade, criar um kit de ferramentas de vendas e materiais de engajamento do cliente muito melhores, essas e uma dúzia de outras maneiras levam a pelo menos um dos seguintes resultados:

- encurtar o ciclo de vendas;
- aumentar o mercado endereçável;
- gerar *leads* qualificados;
- maximizar a probabilidade de renovações;
- estabelecer um nome de marca e reivindicar a propriedade de um mercado.

EXISTE BOCA A BOCA NO B2B?

Talvez você diga que "não", mas não é verdade.

Imagine que você é um vendedor e sua empresa está usando o aplicativo de software Salesforce. Alguns anos depois, muda para uma empresa diferente que ainda usa o Microsoft Excel. Imediatamente você se torna um promotor do Salesforce. Eis aqui um exemplo de boca a boca.

O boca a boca demanda mais tempo e, em muitos casos, você já trabalhou em seus planos GTM e de captação de clientes. Então per-

Apaixone-se pelo problema, não pela solução

cebe que está começando a receber ligações de potenciais clientes que ainda nem contatou, tudo por boca a boca.

Nas comunidades de desenvolvedores, isso acontece mais rápido por vários motivos, inclusive por estarem mais conectados e compartilhando informações. Para outros aplicativos e produtos, às vezes demora um pouco, mas, quando você chega lá, alcançou um *flywheel* que o torna o líder de mercado.

ORGANIZAÇÃO DE MARKETING

Existe uma receita para criar a organização de marketing certa? Depende dos objetivos.

Se você trouxer um CMO desde o início para descobrir o preço de mercado do produto, então é essencialmente um show de uma pessoa só. Ela pode ser o líder de marketing do produto, mas ainda precisa ser um profissional de marketing, entender os usuários e ter experiência em mercados semelhantes e melhores.

Você tem um CMO e ele *não* é um profissional de marketing externo, um executivo de relações públicas, um especialista em *marcom* (*marketing communication* – comunicação de marketing) ou um comprador de mídia online.

Se você está procurando alguém para atrair usuários, comece com uma pessoa capaz de orquestrar todas essas funções (*outbound* marketing, relações públicas, *marcom*, online) e, na entrevista, peça ao candidato que gere cinquenta maneiras de atrair usuários. Se ele for bem-sucedido, diga-lhe que pode começar.

Caso esteja focado na captação de usuários online, contrate alguém que conheça a área.

Sintetizando: sua primeira pessoa *deve* ser alguém que faça acontecer, alguém que faça o trabalho sem contratar mais gente.

STARTDICAS

- Existem pelo menos cinquenta maneiras de captar usuários – não inicie a jornada antes de preparar uma lista de experimentos.
- Métrica – se você não medir a eficácia do marketing, como saberá o que está funcionando e o que não está?
- Simplesmente comece – essa jornada, embora difícil, tem curtos intervalos de tempo entre os experimentos. Então, simplesmente comece os experimentos de marketing o mais rápido possível;
- Saiba quando contratar um CMO – ao iniciar sua empresa, você precisa de alguém para liderar a estratégia *product-market-price*. Numa fase posterior, no momento de crescer, essa talvez não seja a pessoa certa. Contrate alguém capaz de gerar a estratégia "cinquenta maneiras de captar usuários".
- Uma organização focada em vendas precisa de marketing para reduzir os ciclos de vendas e maximizar o TAM (mercado total disponível).

CAPÍTULO 11

TORNE-SE GLOBAL

Existem mais smartphones
na Índia do que nos EUA.
Na verdade, mais que o dobro.

Durante o processo de edição deste livro, apagamos e colocamos de volta este capítulo até chegarmos ao veredicto final: ele ficaria. O motivo foi bem simples, pois aqui propomos uma perspectiva para o momento em que você precisa descobrir uma estratégia que lhe permita tornar-se global, o que talvez lhe seja valioso e pouco trivial. Espero que concorde comigo.

A estratégia de "tornar-se global" depende de onde você começa. Se sua empresa está sediada nos Estados Unidos, é bem provável que vire líder de mercado muito antes mesmo de pensar no mercado global. No entanto, caso comece em um lugar pequeno (como Israel, Estônia ou Suécia), terá também um mercado interno bem reduzido, portanto, pense logo nessa questão.

A terceira opção envolve começar em um grande mercado, como Rússia, Japão, Alemanha, Índia ou Brasil, e passar muito tempo nele construindo sua liderança local. Então, passados muitos anos, você decide que deseja se tornar global. Nesse caso, o básico não funcionará; você precisará definir uma estratégia diferente.

Neste capítulo, não só discutiremos as maneiras pelas quais você pode se tornar líder de mercado global, o que implica conquistar vários mercados-chave, mas também o ajudaremos a descobrir *aonde* ir, *quando* ir e *como* chegar lá. Se sua base de operação fica em um país pequeno, pense de modo global antes mesmo de começar. Qualifique o problema em outros mercados; pense no PMF que precisaria alcançar em seu pequeno país e, em seguida, ajuste-o para um mercado maior.

Israel é bem pequeno, do tamanho de Massachusetts e com a mesma população (mas com mais startups). Lá, um dos aprendizados mais importantes é que nenhum VC investirá se o mercado estiver limitado apenas a Israel. A capacidade de se criar uma empresa grande e bem-sucedida, que atenda somente ao mercado israelense, é pequena. E o mesmo acontecerá na Suécia, Estônia, Holanda etc. Portanto, se o seu mercado é pequeno, pense de modo global desde o primeiro dia.

O elemento-chave é a questão: *onde está seu mercado?*

PRINCIPAIS MERCADOS

Achamos que os principais mercados estão nos EUA, na China, no Japão, na Alemanha e no Reino Unido, mas na verdade existem outros para conquistar (e mais fáceis).

Pense nos principais aplicativos ou serviços da internet e pergunte-se: "Quais são os principais mercados em termos de uso?". Se respondeu os EUA, em geral até estaria correto, mas e os números dois, três e quatro?

Tal cenário pode mudar com o tempo, mas os cinco principais mercados são quase sempre os mesmos:

Apaixone-se pelo problema, não pela solução

- Google: EUA, depois Brasil, Índia e Reino Unido.
- YouTube: EUA, depois Rússia, Brasil e Japão.
- Facebook: EUA, depois Vietnã, Brasil e Reino Unido.
- WhatsApp: Brasil, depois Índia, México e Indonésia.
- Instagram: EUA, Brasil, Rússia e Itália.
- Waze: EUA, França e Brasil.
- Moovit: Brasil, Turquia, Itália e EUA.
- Uber: EUA, Brasil, México e Reino Unido.

Consegue imaginar isso?

É bem possível que alguns países dessa lista nem lhe tenham passado pela cabeça como alvo de expansão. Mas pense bem, existem 210 milhões de pessoas no Brasil, 1,3 bilhão na Índia, 275 milhões na Indonésia e 115 milhões no México – com certeza não são países pequenos! Há mais veículos andando pelo Brasil do que no Reino Unido, na França, na Itália e até na Alemanha.

LUGARES PEQUENOS *VERSUS* LUGARES GRANDES

As culturas dos países pequenos e dos grandes são bem diferentes. Se eu precisasse definir isso em uma palavra, escolheria "adaptabilidade".

Para fazer negócios, os pequenos países precisam se adaptar aos grandes. Estes, ao contrário, podem ser quase autossuficientes em termos de negócios e, portanto, não necessitam se adaptar ao resto do mundo; é mais provável que o resto do mundo se adapte a eles.

O resultado pouco varia: startups que nasceram em um lugar pequeno descobrem a própria globalização cedo… e por um bom motivo.

Se você mora em um país com um mercado pequeno, assim que descobrir o PMF, ou mesmo antes, precisará se deslocar para um mercado novo e maior.

Se você estiver em um mercado grande, por exemplo, os EUA, comece em sua cidade natal, depois vá para São Francisco e então, uma a uma, crie uma área metropolitana. Portanto, caso marque presença em todo o país, ele se transformará em sua "cidade natal".

Nos próximos cinco anos, sempre que se perguntar "Onde devo investir agora?", a resposta deve ser em seu local. Só depois comece a pensar em outros lugares.

Porém, se você está no Brasil e começa em São Paulo, e em seguida pensa em Rio de Janeiro, Belo Horizonte, Brasília, Salvador, Fortaleza e Curitiba como mercados posteriores, levaria cerca de cinco anos para se estabelecer em uma posição de liderança no mercado brasileiro. Tentar descobrir a liderança no mercado global será um enorme desafio. Conquistar a liderança regional na América Latina é factível, mas, passados cinco anos, ir do Brasil para os Estados Unidos ou para a Europa será quase impossível.

QUANDO IR?

Se você vem de um lugar pequeno e pretende se tornar líder de mercado global, depois de duas a três iterações de produto, mesmo se ainda não for bom o bastante (mas está começando a parecer que vai ficar), seu aprendizado e aprimoramento se tornarão muito mais significativos no *grande* mercado-alvo, onde objetiva chegar ao PMF, e não com mais iterações no mesmo pequeno mercado doméstico.

No entanto, caso esteja nos EUA ou na China, só pense em se tornar global depois de descobrir o PMF em "casa". É mais provável que sua jornada nesse sentido se inicie somente depois de descobrir o crescimento ou o próprio modelo de negócios.

O desafio acontece quando você vem de outro país grande, por exemplo, Alemanha, Brasil, México, Rússia, Índia, Indonésia, Japão,

Apaixone-se pelo problema, não pela solução

Reino Unido, França etc. Muitas vezes, apesar de já preparado para se tornar global, poderá ser tarde demais para virar líder global. A jornada para descobrir o PMF em um mercado doméstico e, em seguida, ter tempo para crescer em casa e se tornar líder de mercado em seu país de origem leva em média cinco anos.

E aí tornar-se global se transforma em um problema, na medida em que pode haver uma concorrência acirrada já estabelecida nos mercados-alvo, e você estará competindo contra players locais ou globais. Costuma ser bem complicado encontrar líderes de mercado globais no espaço tecnológico que começaram nesses grandes países. Na maioria dos casos, quando decidiram crescer globalmente, já era tarde demais para virarem líderes no mercado global.

E SE NÃO ACONTECER?

Caso não se torne global logo, talvez perca a oportunidade de se tornar líder de mercado global.

Aqui estão algumas razões que fazem com que você perca essa oportunidade:

- **DNA** – o DNA da sua empresa é local, os principais líderes são locais, você pensa como um local, portanto, tornar-se global demanda um salto em seu processo de pensamento. E ainda há o risco de ser necessário substituir parte da gestão, o que sempre é difícil, pois exige que você priorize a expansão para outros países. Se não levar isso a sério e se toda a equipe de gestão for local, será bem difícil criar uma tração significativa.
- **O próximo país** – se você já tem cinco ou seis anos como organização focada no mercado local – por exemplo, Alemanha – e decide ir para outros países, qual escolher? Os

mercados mais fáceis de vencer são Áustria, Suíça e República Tcheca. Se você começou no Vietnã, Tailândia, Camboja e Filipinas seriam escolhas adequadas. Tudo isso maximizará o mercado e fará a empresa crescer, no entanto, infelizmente, *não* vai aproximá-lo de virar líder de mercado.

- **Estratégia de M&A** [*Mergers and Acquisitions*] – se você começou em um país grande, pode ter percorrido uma longa jornada para se tornar líder de mercado em seu local de origem, e, para se tornar global, recorre à estratégia por meio de fusões e aquisições (F&A). Se você fosse o Groupon, por exemplo, seria muito fácil conquistar atividades semelhantes no local e depois se expandir de modo global por meio delas, lembrando que cada qual já demonstra capacidade de se tornar líder de mercado local.

AONDE IR?

Aqui está minha estratégia: **escolha um mercado significativo e fácil de conquistar.** Pense, sobretudo, em todas as coisas que favorecem chegar ao sucesso nos vinte principais países em termos de PIB – eficácia de RP, nível de dor, de conexão social do mercado etc.

Agora pense nos fatores que dificultam a conquista de um mercado, como competitividade (existem concorrentes e que posição ocupam no mercado?) e quão dispendioso é o CAC (custo de captação do cliente).

Provavelmente, os resultados apontarão EUA e China em termos de oportunidade, ainda que, ao mesmo tempo, nesses países seja bem difícil vencer. RP não funciona (ou custa muito se você quiser vencer), e a captação de usuários é bastante dispendiosa, dado que são mercados altamente competitivos.

Em segundo lugar quanto à dificuldade de vencer surgem Reino Unido e Japão. Porém, se você conseguir ser bem-sucedido lá, ambos serão referências fantásticas para os investidores.

Em seguida eu destacaria Brasil, México, Itália, Espanha, Turquia e Indonésia como grandes mercados onde vencer pode ser mais fácil. RP funciona, os mercados são socialmente conectados e, em geral, a concorrência é escassa ou até mesmo inexistente. E mais, é provável que o CAC seja muito menor.

Agora essa é uma fórmula vencedora!

Uma das minhas startups descobriu o PMF com relativa rapidez. A dor que abordaram era bastante significativa, e o valor estava evidente.

Tão logo decidimos ir a outros mercados, discutimos muito sobre qual seria nossa escolha. Eu era um forte defensor de países como México, Brasil, Itália e Espanha, mas a equipe insistiu no Reino Unido, onde seria mais barato e factível, pois não tínhamos financiamento suficiente para ir aos EUA (quase sempre o mercado mais significativo).

Sugeri que o CEO conversasse com outros executivos.

– Aonde devo ir globalmente? – perguntou a Nir, CEO da Moovit. Em outras palavras: "Como você decidiu aonde ir?".

– Fui a Brasil, México, Itália, Espanha e Reino Unido ao mesmo tempo, e foi a decisão certa – respondeu Nir. – Acabamos nos saindo bem em quatro deles. No Reino Unido a coisa não funcionou, porque havia alguns concorrentes fortes, mas vencemos onde não havia concorrência; RP e nossas campanhas de captação de usuários caminharam bem.

No momento em que escrevo este livro, o Brasil e a Itália continuam os números um e três, respectivamente, em relação ao uso do Moovit.

Apesar do conselho, o CEO voltou para sua equipe e eles optaram pelo Reino Unido, em parte por causa do idioma (os israelenses trabalham com mais facilidade em territórios de língua inglesa), e em parte porque era o que os investidores queriam ouvir.

Infelizmente, fracassaram no Reino Unido e, como resultado, enfrentaram dificuldade de levantar capital (já que não tinham tração fora de Israel). Quando a empresa enfim levantou algum capital, voltou para o Brasil e o México, onde obteve muito mais sucesso.

Considere também o financiamento. Se você já obteve êxito nos EUA e arrecadou muito dinheiro, ir ao Reino Unido não parece uma má ideia. Londres fica a um voo de várias cidades dos EUA, e ambos os países falam a mesma língua.

Embora no Reino Unido seja provavelmente de cinco a dez vezes mais dispendioso para atingir o mesmo número de usuários do que no Brasil, no México, na Turquia, na Indonésia etc., você estará conquistando um mercado em que é difícil vencer – não apenas para você, mas para todos.

A estratégia de *go-to-market* também se baseia no financiamento:

- A fórmula mais medíocre de startup: vá a um país significativo onde seja fácil vencer.
- A valiosa fórmula inicial: vá a um país que causará o maior impacto e servirá como uma referência estelar.

Independentemente do lugar em que sua startup se enquadra, não se esqueça: cometa erros com bastante rapidez. Isso significa ir em paralelo a vários países com a suposição subjacente de que não há especificidades de mercado (como regulamentação ou infraestrutura) nas quais você tropece.

Apaixone-se pelo problema, não pela solução

COMO IR?

Sem dúvida, aqui está uma resposta bastante simples – determinação e um fundador para apoiá-lo.

Encontre um sócio local capaz de se empenhar nessa atividade, ou ainda contrate um gestor nacional cuja tarefa é tornar a empresa bem-sucedida no mercado daquele país.

No entanto, uma *joint venture* (JV) é uma *má* ideia. Se você deseja trabalhar com uma empresa local, considere dois elementos fundamentais:

- Tenha certeza de que você é importante para o sócio local. Portanto, ele deseja que seja bem-sucedido, não está nessa apenas como mais um experimento.
- Certifique-se não só de que você pode desistir se a parceria não funcionar, mas também de que tem competência para tentar novamente no mesmo mercado, com outro sócio ou uma estratégia diferente.

Mesmo sendo boa a ideia de compartilhar sucesso e esforço, a estrutura de uma JV às vezes é muito problemática.

Em primeiro lugar, não há como sair dela. Como uma empresa de dois acionistas, no caso de divergências, você vai acabar em um beco sem saída. Um não pode executar sem o outro e, no entanto, nenhuma das partes deseja que o relacionamento dure.

Em segundo lugar, o que é ainda mais problemático, uma JV, por definição, é ineficiente, às vezes tão ruim quanto organizações sem fins lucrativos, com uma gestão com menos incentivo para criar valor para os acionistas, que na verdade nem o são. O CEO local da JV está muito mais próximo dos acionistas locais do que de você.

Tal cenário gera uma situação em que a JV tende a gastar mais dinheiro do que o necessário. Isso acontece em organizações cujo objetivo prioritário é permanecerem vivas.

As vantagens de uma JV são facilmente criadas em um tipo de acordo que regule alguns elementos fundamentais:

- Quem está fazendo o quê? Por exemplo, o sócio local providencia esforços de suporte e marketing, enquanto sua startup fornece o sistema e a localização.
- Qual é o valor criado em razão de estarmos juntos e como é dividido? Por exemplo, será 50/50 sobre as receitas? Alguma coisa diferente? Por quê?
- Termos. E se não quiserem mais fazer negócios juntos? Como terminam? Às vezes, por meio de um longo (muito longo) período de aviso prévio; às vezes, por taxas de rescisão. A rescisão pode estar associada a objetivos; assim, se estes não forem alcançados, a rescisão é considerada "segundo a vontade".
- Orçamento. Quem vai gastar quanto e com o quê?

No exemplo, fica-se com duas opções: usar o funcionário como gestor nacional e construir a atividade local do zero, ou então estabelecer um acordo de parceria local.

O que escolher?

Como em muitos outros momentos da jornada, você terá de tentar e ver. Inicie a busca por um sócio local e um gestor nacional ao mesmo tempo, e siga em frente com o primeiro que encontrar.

Em muitos casos, você encontra os dois!

Apaixone-se pelo problema, não pela solução

MERCADOS DESAFIADORES

Há alguns anos, um dos meus CEOs disse que deveríamos nos expandir para a China. Perguntei-lhe por quê.

– O mercado é gigantesco! – respondeu.

– Você está certo, o mercado é colossal – afirmei. – Mas também requer foco e muita atenção. – Concordamos nesse aspecto, mas a pergunta era: o que isso de fato significa? E continuei: – Você ou seu cofundador vão ficar presentes 100% na China pelos próximos doze a dezoito meses?

O outro cofundador era técnico, não voltado para negócios, então obviamente era impossível que a empresa e ele se mudassem, pois o sujeito precisava estar junto à equipe de desenvolvimento. E mais, tornar-se global exige habilidades de negócios, e não técnicas.

A resposta do CEO foi simples:

– Não posso dedicar 100% do meu tempo e atenção à China nesta fase; ainda temos muita coisa para fazer aqui.

Meu comentário também:

– Então você não está pronto para a China.

Caso inicie sua startup em Israel, provavelmente tenha como mercado principal e mais lucrativo os EUA. Se for isso, e se você já tiver atingido o PMF em Israel, o CEO ou um dos fundadores deverá se mudar para os EUA para que a empresa seja um sucesso lá.

Suponha que vá precisar de muito financiamento.

Como regra geral, você precisaria de dez milhões de dólares ou mais para criar uma tração que lhe permitiria levantar capital adicional nos EUA.

Entretanto, se sua startup estiver sediada nos Estados Unidos, o primeiro mercado, óbvio, será lá. A questão de se tornar global só ganhará relevância daqui a muitos anos.

Esses quatro mercados – EUA, China, Japão e Reino Unido – são os mais desafiadores, por alguns motivos:

- Grandes e influentes, são os mercados que mais atraem empresas.
- Tal atratividade resulta em muita concorrência, com alto custo de captação de clientes.
- Todas as ferramentas de marketing são caras. Além disso, alguns mercados exigirão uma abordagem cultural muito diferente.

O Reino Unido está em uma posição singular. A maioria das startups sediadas nos Estados Unidos, ao chegar o momento de se tornar global, escolhe automaticamente o Reino Unido. Na maioria dos casos, isso acontece depois de estabelecer uma posição importante no mercado norte-americano e, portanto, levantar fundos significativos. Como resultado, demonstram disposição de gastar para conquistar esse mercado.

Conclusão: se você é uma pequena startup em busca do primeiro mercado-chave, ir para o Reino Unido o levará a enfrentar a concorrência local e, de maneira muito mais agressiva, a concorrência sediada nos EUA, que é mais amadurecida e com mais recursos para gastar muito em marketing.

O MUNDO

Aqui está uma maneira muito simplista de resumir o mundo: observe o PIB per capita e presuma um comportamento semelhante de negócios/consumidores em países com ideias semelhantes. Em seguida, procure outros pontos similares, por exemplo, comportamento social e cultural. Por fim, encontre seu mercado total disponível (TAM).

Apaixone-se pelo problema, não pela solução

Todos esses números estão disponibilizados no *World Factbook* do governo dos EUA, que é encontrado facilmente com uma pesquisa no Google.

Agora elabore uma lista dos trinta principais países por PIB. É provável que comece com EUA, China, Índia, Japão e Alemanha e, depois, Rússia, Indonésia, Brasil, Reino Unido e França. Os próximos dez da lista incluirão países como Itália, Espanha, México, Turquia, Coreia do Sul, Canadá e Polônia.

Ainda que alguns dos países talvez o surpreendam, você pode eliminar nomes da lista por qualquer motivo (por exemplo, aqueles onde é muito difícil ser bem-sucedido, ou aqueles para os quais não quer ir).

Mantenha sua pesquisa com a lista já reduzida em termos de TAM (em clientes, não em dinheiro), concorrência, existência do problema que está tentando resolver ali etc.

Depois de tudo isso feito, escolha entre três e cinco países para começar.

Em alguns casos, tente a captação de usuários online para verificar se determinado país é de fato relevante e pouco dispendioso. Veja ainda se consegue encontrar um sócio local capaz de investigar mais para você, até por meio de pesquisas que atendam a seu sentimento instintivo – o mesmo que você fez no início de sua jornada. Assim, terá convicção sobre quais lugares funcionariam. Então, foque esses três a cinco países em paralelo.

A DIFERENÇA ENTRE UBER E LYFT

Enquanto estou escrevendo este livro, o valor de mercado do Uber é de cerca de noventa bilhões de dólares, e o da Lyft, de cerca de dezenove bilhões. Caso você resida na cidade de Nova York, deve estar usando os dois aplicativos. Quando vê que o preço e o tempo de espera em um são altos, tenta o outro.

No entanto, não existe Lyft em São Paulo, nem em Paris ou na Cidade do México. Uber é global; Lyft, doméstico.

Se planeja ser líder de mercado, pense globalmente.

STARTDICAS

- A fórmula – pense em todos os mercados relevantes e escolha aqueles mais fáceis de conquistar e que sofrem muito com o problema que você está tentando resolver. Você quer um mercado com uma concorrência quase inexistente e com os custos de captação de clientes pouco dispendiosos.
- Escolha um mercado grande – nos Estados Unidos, se você for bem-sucedido em São Francisco ou em Nova York, estará no caminho certo para conquistar o mercado. Talvez você decida começar em um local menor, mas precisará expandir rápido para todo o país ou para um mercado grande.
- Trabalhe concomitantemente – pense nos principais mercados que você está tentando conquistar e inicie alguns ao mesmo tempo. Considere Índia, Brasil, Indonésia, México, Itália, Espanha, Turquia e França.
- Países semelhantes – delineie as comparações entre países usando *pouquíssimos* critérios.

CAPÍTULO 12

PREPARE-SE PARA O *EXIT*

O fim é apenas o começo
de uma nova jornada.

Adi Barill, consultora de mídia

Era 1º de maio de 2020. Faltavam apenas alguns dias para o Moovit fechar seu acordo de aquisição com a Intel por pouco mais de um bilhão de dólares quando ela apresentou uma nova demanda: "Queremos que 100% dos acionistas assinem o acordo, incluindo todos os que têm procurações e mesmo aqueles com apenas 0,01% das ações".

O CEO do Moovit, Nir Erez, achou que isso seria muito fácil. Havia cerca de uma dúzia desses acionistas, e todos já haviam assinado o acordo, mas a Intel insistiu em incluir também ex-funcionários que haviam exercido opções.

A equipe jurídica do Moovit tentou explicar à Intel que não havia necessidade, pois todos tinham procuração no conselho de administração. No entanto, eles não cederam.

Na época da aquisição, o Moovit tinha oito anos e cerca de duzentos funcionários, mas, nesse período, cerca de setenta deles deixaram a empresa e exerceram suas opções. Portanto, tinham "ações ordinárias" da empresa, mantidas pelo agente fiduciário do plano de opção de compra de ações.

Nir e o cofundador do Moovit, Roy Bick, se dividiram na tarefa de ligar para todos os setenta ex-funcionários no fim de semana. Fechado o negócio, Nir me contou que aqueles dois dias foram a parte mais gratificante de toda a jornada. Ele adorou ligar para dezenas de ex-funcionários, dizendo que havia um acordo e que eles deveriam esperar uma recompensa muito boa – um evento que mudaria a vida de muitos –, e que isso aconteceria na semana seguinte.

Alguns desses funcionários haviam saído recentemente; outros, anos antes; mas todos ficaram sem palavras.

Para Nir, cada uma dessas ligações representou um momento incrível de compartilhar toda a jornada da montanha-russa na essência da criação de valor para todos os funcionários que participaram dela.

Quando o Google adquiriu o Waze – um acontecimento que mudou a vida de todos os 107 funcionários da empresa na época, bem como de alguns que já haviam saído –, comunicamos a todos de uma vez. Ainda não tínhamos aprendido sobre o poder do um por um.

Essa experiência me fez compreender que, quando eu fizer meu próximo anúncio de *exit*, será um a um, como o Moovit fez, para permitir a cada funcionário um momento de comemoração particular.

NADA SE IGUALA À PRIMEIRA VEZ

Nos capítulos anteriores, comparamos a primeira experiência do usuário com o primeiro beijo; falamos sobre se apaixonar pelo problema e pelo comprometimento com a longa, tortuosa e muito exigente jornada da montanha-russa. Mas não há nada na vida que o prepare para esse primeiro *exit* (exceto talvez seu primeiro bebê).

Apaixone-se pelo problema, não pela solução

Quando você cai em si, passa por uma montanha-russa emocional. Ao mesmo tempo, sente orgulho e preocupação, sorte e recompensa. Os altos e baixos estão agora em nível pessoal, e se referem não apenas à startup.

Começa-se a pensar sobre o evento de mudança de vida que acabou de acontecer.

Imagina-se o futuro, depois se certifica de que o negócio vai mesmo acontecer.

Pensa-se em todas as pessoas que se juntaram àquela jornada e naquelas que ajudaram ao longo dela.

Pensa-se na família e nas pessoas que receberão ajuda com os recursos que se terá em breve.

Pensa-se em outra startup.

No final das contas, esse é um evento que transforma a vida. Nada mais será igual, e não há nada que nos prepare para isso.

Antes, neste livro, aconselhei-o a encontrar um mentor e a cercar-se de outros CEOs com quem possa compartilhar sua solidão.

Agora, eu lhe diria que, se você for abrir o capital, acrescente à lista alguém que já fez isso antes, alguém que abriu o capital da própria empresa e, se você estiver indo para uma fusão e aquisição, alguém que vendeu a empresa antes. Eles serão capazes de ainda lhe fornecer outra perspectiva crítica.

O EFEITO "UAU"

Quando você recebe uma oferta de que gosta, duas coisas acontecem, e muitas vezes ao mesmo tempo:

- A primeira é pensar no que isso significa para você e imaginar o dia seguinte.

- A segunda é se perguntar: "O que preciso fazer agora?".

Em geral, uma vez que há uma proposta, uma das coisas mais imediatas é fazer cálculos: "Qual vai ser a minha parte? E a da minha equipe e funcionários?".

Quando o Waze foi adquirido, foi "UAU, UAU, isso é diferente de tudo que já experimentei antes". Era dez vezes maior do que qualquer coisa que eu fizera até então, o suficiente para me aposentar, para cuidar da próxima geração, o suficiente para quase tudo que eu imaginasse.

Sou uma pessoa bastante simples. Minha ideia de diversão é passar um inverno inteiro em um apartamento do Airbnb em uma estação de esqui; não preciso ser dono do resort, nem de um chalé. Mas tenho grandes sonhos, e quero criar um impacto ainda maior e continuar a criar valor para muitas pessoas reiteradas vezes por meio de minhas startups.

De imediato, começa-se a imaginar o que vai acontecer no dia seguinte? Nem sempre. Outras perguntas podem surgir, tais como: "A quem preciso dar apoio e ajudar?" e "Que outras promessas fiz a mim mesmo?".

Mas o verdadeiro UAU quando vendemos o Waze estava em outro lugar.

- Que tal quanto ao maior valor já pago por um aplicativo? (Esse recorde não durou muito; apenas alguns meses depois, o Facebook adquiriu o WhatsApp por muito mais.)
- E quanto ao reconhecimento de que você mudou o mundo?
- E quanto ao impacto que isso terá em tanta gente?
- E quanto a um pouco de orgulho local, tornando-se o único aplicativo de consumidor israelense a chegar ao clube do unicórnio?
- E quanto a se tornar um empreendedor celebridade?
- E, claro, quanto à grande quantidade de dinheiro que muda a sua vida?

Eu estava indo bem antes do *exit*. Na verdade, tive alguns *miniexits* [minissaídas] anteriores.

Na Comverse, eu tinha *stock options*[34], que usei para construir minha primeira casa.

No Waze, vendemos ações secundárias em 2012, e acabei levando para casa o que, para mim, na época, era muito dinheiro.

E então vem um *exit* de 1,15 bilhão de dólares.

Algumas pessoas imaginam (e eu me deparo com casos desse tipo o tempo todo) que, se eu vendi minha empresa por um bilhão de dólares, devo ter esse dinheiro todo no bolso, certo?

Bem, no dia da aquisição, eu possuía menos de 3% do Waze e, ainda assim, foram trinta milhões. Muito dinheiro, certo? E era mesmo. Foi um evento que mudou minha vida. Nunca havia visto tanta grana assim.

Na época, eu tinha 48 anos.

Mas aí a gente paga impostos, se divorcia e acaba com muito menos, mas ainda o bastante para eu me aposentar, o que, no entanto, nunca me passou pela cabeça. Pensando em causar um impacto maior, investi a maior parte do dinheiro em novas startups que venho sempre criando.

MEU BEBÊ

Há outro aspecto no *exit*: a empresa não é mais sua.

Falei há pouco tempo com a filial local de uma empresa americana que havia adquirido uma startup israelense dois anos antes. Na ligação, disseram: "Costumávamos ser chamados de XYZ, mas não podemos mais dizer esse nome". (E não, não era Voldemort.)

---

34. Referência a um mecanismo de compra de ações, que tem se tornado muito popular, por parte dos funcionários de uma empresa. (N.T.)

Embora o que vai acontecer com nosso bebê faça parte da negociação e das conversas com o parceiro adquirente, na verdade existem apenas duas opções: ou a empresa não será mais nossa, ou será.

- O Waze permaneceu como Waze por pelo menos nove anos após a aquisição.
- O Moovit continua sendo Moovit, e o Nir continua como CEO.

No entanto, as coisas nem sempre funcionam assim. A Intel adquiriu a Telmap e, dois anos depois, decidiu encerrá-la. Na época em que a Intel/Mobileye adquiriu o Moovit, os veículos autônomos eram importantes para eles e, como parte disso, o transporte público autônomo também era.

Mas e se mudarem de estratégia?

Desistir do nosso bebê significa *deixá-lo ir*. Ele não é mais um bebê, está maduro agora, e nós o estamos deixando livre, e não desistindo dele.

Para fins de discussão, suponha que a identidade e a independência de sua empresa *não durem* após a aquisição. Isso muda seu ponto de vista sobre o negócio? Se for esse o caso, não a venda. Se acha que levará muito tempo até que isso aconteça, não se preocupe; provavelmente não estará lá quando isso acontecer.

VOCÊ, SUA FAMÍLIA, SEUS COLABORADORES E SUA REPUTAÇÃO; SEU MUNDO, E DEPOIS OS OUTROS

Beleza, então aconteceu um evento que mudou sua vida, e você acha que sabe o que quer fazer a seguir. Aqui está a ordem de importância real das coisas em que deve pensar.

Priorize uma combinação de muitas coisas: seu bem-estar, ego, alter ego, sua reputação, os próximos X anos, seu futuro.

Imagine esse cenário todo e pergunte-se: "Isso é bom para mim?".

Agora considere as alternativas e os riscos associados a elas. Sua família. O que isso significa para eles?

O *exit* do Waze estava em toda a mídia e, até certo ponto, um pouco detalhado demais. Alguns dias depois, quando a turma do ensino médio de minha filha deveria fazer uma viagem escolar bem cara, a professora disse à classe que, agora, minha filha podia facilmente patrocinar a excursão para todos.

Pense no que há a ganhar e a perder. É bom para sua família?

Em seguida, vêm seus colaboradores, pessoas que foram fundamentais para chegar lá. Isso representará um acontecimento de mudança de vida para eles? Você cuidou deles? Sente-se orgulhoso de ter feito isso?

Caso contrário, não é tarde demais para corrigir alguma distorção promovendo a estruturação do negócio. Certifique-se de fazê-lo. Leia o início do capítulo novamente; você quer de fato se orgulhar de ter cuidado de seus colaboradores.

Depois de pensar em si mesmo, em sua família e colaboradores, considere o restante: o conselho de administração e os acionistas. Claro, eles deveriam estar felizes, mas, quando você está fazendo malabarismos com as prioridades, eles são os últimos em quem deve pensar.

MONTANHA-RUSSA RADICAL DE EMOÇÕES

Você já leu aqui várias vezes que criar uma startup é uma montanha-russa, e já estabelecemos que a captação de fundos é como uma montanha-russa no escuro – não se sabe o que está por vir. Tudo isso é apenas um treinamento básico para o que está por vir quando você contempla um acordo de fusão e aquisição.

Em janeiro de 2013, a imprensa israelense insistia que a Apple estava prestes a adquirir o Waze por quatrocentos milhões de dólares. Na verdade, nunca falamos com a Apple, mas muitas pessoas vieram me parabenizar, enquanto outras vieram pedir apoio financeiro. Chegou a um ponto em que tive dificuldade de convencer minha mãe de que não poderia sustentar certo parente distante porque não possuía quatrocentos milhões de dólares. E eu precisava contra-argumentar a frase mais incrível: "Mas o jornal disse...".

Naquela época, porém, estávamos conversando com o Google. Eles nos ofereceram quatrocentos milhões, que recusamos, pois achávamos que poderíamos fazer melhor. Nosso progresso fora fantástico, então pensamos que deveríamos continuar. Essa soma de dinheiro significava cerca de quinze milhões só para mim, muito mais do que eu ganhara até então. É por isso que esse momento se torna pessoal e radical. Com a captação de recursos, você está pensando no plano e na visão da sua empresa; para transações de M&A, seus sonhos e família passam a fazer parte da equação, já que tal decisão mudará a sua vida e a deles.

TUDO É PESSOAL AGORA

Até que haja um acordo na mesa, o patrimônio é considerado "papel-moeda" – talvez ele se concretize, mas na realidade não se pode comprar nada com ele.

Porém, no momento em que se concretiza um acordo na mesa, ali está dinheiro *de verdade*, e é bem possível que você o trate de maneira diferente. No final das contas, a decisão de vender uma empresa é cerca de 99% pessoal. Você, seus cofundadores e sua equipe de gestão devem se perguntar o que isso significa para todos, o que muitas vezes impulsiona a intuição e decisões.

Mas a coisa toda vai além.

Apaixone-se pelo problema, não pela solução

Recompensa é quantificável; reconhecimento, não. Um acordo de M&A engloba ambos, recompensa *e* reconhecimento pela jornada inteira, e o longo caminho é reconhecido pela indústria e pela comunidade de startups, praticamente por todos.

Para alguns, a recompensa é a parte mais importante; para outros, é o reconhecimento ou o impacto. E a combinação dessas duas partes torna a coisa pessoal.

Agora, é importante entender o seguinte: pessoal não significa necessariamente racional.

Vez ou outra, empreendedores me procuram para saber o meu ponto de vista. Querem saber se devem vender ou não.

Pergunto-lhes: "Qual a sua intuição? Porque posso dar de cinco a dez razões pelas quais você deveria vender, assim como de cinco a dez razões pelas quais não deveria. O que você quer ouvir?".

A MONTANHA-RUSSA DO M&A DO WAZE

A mídia informou que a Apple deveria adquirir o Waze por quatrocentos milhões de dólares, e, embora não fosse verdade, tornou-se uma montanha-russa por si só. Os colaboradores vinham sem parar nos perguntar o que isso significava para eles, e vários amigos ligavam para parabenizá-los.

Com meus parentes mais próximos, foi tudo fácil. Disse-lhes: "Prestem atenção: não há acordo, é isso", ainda que fosse difícil explicar por que os jornais e as emissoras de TV haviam noticiado um acordo inexistente.

Mesmo que a Apple nem sequer tivesse feito uma oferta, os artigos de duas páginas no jornal publicados na época potencialmente levaram o Google a fazer uma oferta por conta própria naquele janeiro.

Noam Bardin, CEO do Waze, me ligou para dizer que o Google havia convidado a ele e sua equipe para a "sala secreta" no Vale do Silício. Amir e Ehud estavam na cidade, então podiam ir naquele mesmo dia. Eu também queria muito estar ali, mas, como estava em Israel, desejava ainda mais que a reunião acontecesse logo.

Noam, Amir e Ehud me ligaram depois da reunião e disseram que o Google concordara em oferecer um M&A em dinheiro. Passados alguns dias, recebemos o *term sheet* do Google e nos decepcionamos ao descobrir que a proposta real era de quatrocentos milhões. Na época, estávamos no caminho certo e ainda tínhamos muito do dinheiro que havíamos captado seis meses antes.

Eu já vinha pensando que deveríamos tentar levantar de cinquenta a cem milhões de dólares com um *valuation* superior a quatrocentos milhões. Aconteceram até conversas iniciais sobre uma rodada de captação de fundos com *valuation* de setecentos milhões.

A oferta de quatrocentos milhões significaria uma mudança de vida para mim, mas achei que poderíamos e deveríamos fazer melhor.

Comemoramos o momento e a oferta, e depois decidimos não apenas dizer não, mas também que não iríamos vender por menos de um bilhão.

Colocando as coisas em perspectiva, até aquele momento não tinha havido aquisições do tipo. Nunca houve um acordo de mais de um bilhão para um aplicativo antes.

E aí veio a segunda oferta.

Em abril de 2013, uma empresa dos EUA, uma das dez maiores do mundo, que não tinha mapas e pensou que eles e comunidades seriam ótimos para o que ofereciam, entrou em contato conosco dizendo que talvez estivesse interessada em adquirir o Waze e que deveríamos discutir o futuro.

Apaixone-se pelo problema, não pela solução

Era muito cedo para até mesmo considerar a seriedade da proposta, mas, depois de uma semana, quando pensamos que tínhamos um bom entendimento do futuro compartilhado, colocaram na mesa um *term sheet* com o valor de um bilhão.

O único problema: o negócio proposto era basicamente assentado em ações. Eles eram uma empresa de capital aberto, e era o mais próximo possível de dinheiro, mas o valor também podia variar devido às flutuações no mercado de ações.

Eu estava no escritório apoiando Noam em sua jornada de captação de fundos e preparando-me para a fase de *due diligence* quando a oferta chegou.

Pensei no seguinte: os trinta milhões que eu ganharia mudariam a minha vida. E então também pensei em todas as pessoas no escritório: "Beleza, esse cara vai curtir um evento que mudará sua vida, e aquele também, definitivamente vai mesmo". Percebi que isso iria impactar a vida de quase todos no escritório, aqueles que começaram cinco anos antes, assim como os que começaram há cinco meses também.

"UAU, causar tanto impacto para tantas pessoas vai me fazer a pessoa mais feliz do planeta", pensei. "Terei o maior prazer em dizer que sim."

Talvez minha situação fosse diferente da de muitos dos colaboradores. Eu já sabia que não ia permanecer ali depois da venda, pois já estava criando a Pontera. O Moovit também exigia minha atenção, e havia mais startups que eu queria criar.

Enfim, eu estava pronto para seguir em frente. Ao mesmo tempo, havia outra voz dizendo: "Opa, estamos conversando com um investidor que injetará cerca de cem a 150 milhões de dólares na empresa, o que nos dará o financiamento de que precisamos para nos tornar ainda mais significativos e mais impactantes".

Amir e Ehud estavam entusiasmados; ali estava um evento que mudaria a vida de todos nós. Discutimos a questão. Todos nós compartilhamos a intenção de dizer sim.

E dissemos SIM.

Rapidamente reunimos o conselho de administração a fim de obter a aprovação para entrar na fase de negociação e *due diligence*.

Com um valor de um bilhão de dólares, aprovaram de bom grado!

E daí começou a jornada de negociação.

Queríamos manter as tratativas em segredo até mesmo dos colaboradores, mas, se o comprador precisasse fazer a *due diligence*, o que aconteceria se, de repente, aparecesse um monte de caras de desenvolvimento corporativo? Nossa equipe com certeza perceberia.

Disfarçamos a visita como uma verificação de *due diligence* para um novo investidor.

Enquanto negociávamos com o potencial parceiro adquirente a essência do *term sheet*, nos explicaram que, para eles, o sigilo era fundamental. Se houvesse vazamento, não haveria acordo.

Como parte da conversa sobre o *term sheet*, dissemos a eles que a Microsoft era um investidor na empresa e tinha ROFN (*right of first notice* – direito de primeira negociação). Estávamos legalmente obrigados a dizer-lhes que tínhamos uma oferta de aquisição por uma grande empresa americana, mas não os detalhes. Na verdade, tínhamos certeza de que a Microsoft, sem os mapas adequados, também faria uma oferta pelo Waze, mas nunca fez.

Após a aprovação da versão final do *term sheet*, iniciou-se a fase da *due diligence*. Nosso potencial comprador veio aos nossos escritórios e ficou impressionado com o que havíamos construído até então. Decorrida uma semana, voltaram para os EUA.

Apaixone-se pelo problema, não pela solução

"Isso não é um investidor fazendo *due diligence*", disse-me Samuel Keret, que dirigia as vendas. "Isso é *due diligence* para uma transação de M&A."

Naquela época, pouquíssimas pessoas sabiam sobre a venda. Decidimos compartilhar o que estava acontecendo em relação às negociações com a direção da empresa; não fazia sentido deixá-los de fora.

Uma semana depois, a equipe de desenvolvimento corporativo voltou a Israel para mais discussões, momento em que apresentaram algumas novas condições, em especial, que todos os colaboradores--chave deveriam se mudar de nossos escritórios em Israel para os EUA.

– Isso não vai acontecer – dissemos quando nos olhamos. – Algumas pessoas talvez até se sintam confortáveis com a mudança, mas a maioria delas não vai querer.

Recusamos. Então quiseram iniciar novas negociações sobre quantos membros da equipe seriam realocados e quais funções seriam transferidas.

– Nem isso podemos perguntar – dissemos –, porque precisaremos dizer o porquê da pergunta, e o sigilo cairá por terra.

Após cerca de um mês de negociações e *due diligence*, parecia que estávamos empacados, sobretudo por causa desse desalinhamento futuro.

Na nossa cabeça, eles não sabiam o que fazer conosco. Na cabeça deles, estávamos sendo teimosos ao insistir que a maioria da empresa permaneceria em Israel.

Em 9 de maio de 2013, a imprensa israelense noticiou que o Facebook estava em fase final de *due diligence* para adquirir o Waze por um bilhão de dólares; os rumores eram mais ou menos corretos; estávamos no meio de uma negociação.

No entanto, a imprensa não sabia que estávamos *empacados* na negociação. O *gap* entre o desejo do comprador de realocar a equipe e nosso desejo de permanecer como uma única empresa em Israel era muito grande, mas a incerteza sobre nosso futuro compartilhado foi o elemento que travou o negócio. Apenas um mês antes, eu havia imaginado cerca de 25 milhões de dólares a caminho de minha conta bancária. Agora, não mais. O que havia começado havia apenas algumas semanas e parecia prioridade por parte deles (e definitivamente nossa principal prioridade) tornou-se uma prioridade baixa por parte do adquirente.

Para nós, restava voltar a arrecadar fundos e administrar a empresa.

Mas aí veio o *term sheet* do Google, com uma oferta muito melhor do que antes: 1,15 bilhão de dólares em dinheiro. O nome, Waze, permaneceria, e havia um acordo mútuo sobre a visão de ajudar os motoristas a evitar congestionamentos. Inexistia qualquer plano para nos fundir com o Google Maps.

Também ficou claro que nossa sede permaneceria onde estava, ou seja, não precisaríamos nos mudar para os escritórios do Google em Israel, a menos que decidíssemos fazê-lo. Quanto ao nosso escritório de Palo Alto, ele se mudaria para Mountain View, onde fica o Google, embora houvesse apenas cerca de dez pessoas ali na época, então concordamos.

Voltamos ao primeiro comprador com quem estávamos negociando, pois tínhamos uma cláusula de *no-shop*, e dissemos que havia outra oferta, não solicitada, que acabara de chegar. Eles responderam que estávamos livres para aceitá-la.

Um dos itens do *term sheet* de uma página do Google era que eles poderiam fechar o negócio em uma semana. Dissemos que sim e ficamos esperando que desse certo. O Google era um comprador melhor para nós; eles conheciam a área e, no fundo, eram o nosso único concorrente sério.

Perceberam também que nosso produto era ótimo, tanto em termos de mapa, tráfego, recursos de mapeamento, quanto do próprio aplicativo, bem superior ao do Google Maps.

Apaixone-se pelo problema, não pela solução

Imagine a montanha-russa da *due diligence* realizada em uma única semana (acabou levando em dez dias.) Alguns de nós, como Fej Shmuelevitz, que coordenava comunidades e ao mesmo tempo lia cada palavra dos documentos, não dormimos por uma semana, e, se conseguimos algumas horas de sono, foi no chão do nosso escritório jurídico.

Em alguns casos, estávamos parecendo verdadeiros rompedores de acordo durante a fase de *due diligence*.

– Apenas nos dê um mapa para avaliar – disse-nos o Google em certo momento logo no início. Então, é claro, enviamos a eles o mapa de Tel Aviv.

– Isso está ótimo – responderam –, mas é do seu quintal. Podem nos dar algo mais?

Enviamos nosso arquivo sobre a área da baía de São Francisco.

– Isso também está ótimo, mas qualquer um no mundo vai deixar o seu mapa da Bay Area tinindo. Por favor, entreguem outra coisa.

Sugeri que lhes déssemos uma lista de países para escolher, mas queríamos de fato que escolhessem a Malásia, onde o Waze fez muito sucesso. Fora de Israel, tínhamos o melhor mapa de lá, e era 100% feito pela comunidade.

Enviamos a eles uma lista de países, incluindo Chile, Brasil, Costa Rica, Malásia, França, Itália e Suécia, lugares onde sabíamos que nossos mapas eram excelentes.

Qual escolheram? Malásia. E assim terminou a *due diligence* de qualidade de dados.

Então surgiu outra coisa.

– Vocês têm acordos de parceria em muitos países – Brasil, o resto da América Latina, Indonésia, África do Sul – comentou o Google. – Mas temos nossos próprios parceiros geográficos em lugares diferentes, então não precisamos dos seus.

A princípio concordamos, mas sugerimos fazer a mudança somente depois de fecharmos o negócio, pois sentimos que tínhamos muito tempo.

Eles aceitaram, mas, passados três dias, mudaram de tom: "Queremos que todos os seus acordos de parceria sejam encerrados" foi a mensagem vinda de cima. Tal ação resultaria em alguns milhões de dólares a serem pagos em taxas de rescisão antecipada. O Google concordou em pagar mesmo se o negócio não se concretizasse.

Por fim, o Google exigiu que os principais colaboradores e gestores permanecessem e criou um bônus de retenção apropriado para eles. Funcionou: quase todos ficaram pelo período de tempo acordado. Alguns saíram logo depois. Noam permaneceu no Google até 2021.

Fechamos o negócio em 9 de junho de 2013.

O DNA DEFINITIVO

Durante os cinco anos e meio de jornada formal do Waze, dois colaboradores faleceram. O primeiro foi nosso *office manager*, que morreu em um acidente de carro; o segundo foi nosso desenvolvedor sênior, que morreu de câncer alguns anos depois. Ambos estavam entre nossas primeiras contratações.

Estabelecemos um fundo fiduciário para manter o plano de *equity* para ambos, com os cônjuges como beneficiários. Quando o Waze foi adquirido, ambas as esposas se tornaram milionárias, junto com cerca de 75% dos colaboradores do Waze.

Todos nossos funcionários tinham *stock options*, desde os mais recentes até o zelador, adorado por toda a equipe. Se há alguma coisa de que me orgulho é a gratificação dada a todas as pessoas que me acompanharam ao longo dos anos – no Waze, no Moovit e nas minhas outras startups.

Apaixone-se pelo problema, não pela solução

QUANDO DIZER SIM

Dizer "sim" a uma oferta de *exit* mudará drasticamente sua trajetória. Aqui estão alguns bons motivos para fazê-lo e o que você precisa considerar:

- Este é um evento de mudança de vida para você? Se assim for, pense positivamente sobre isso.
- É um evento que mudará a vida de muitos de seus colaboradores? Se assim for, pense ainda mais positivamente sobre o negócio. Se não, tente estruturá-lo para que seja.
- Como você imagina o futuro? Está disposto a se comprometer por mais alguns anos nessa jornada?
- Você está cansado de liderar esta jornada? Nesse caso, talvez esteja na hora do *exit*.

Não "faça a média" dessas considerações. Em vez disso, use apenas as respostas exatas. Portanto, se está cansado e é um bom negócio, há um *exit* para você.

Se for um evento traumático, e se ainda consegue continuar administrando o negócio para sempre, mesmo assim eu o encorajaria a pensar positivamente sobre o negócio.

AÇÕES SECUNDÁRIAS

Isto é muito importante: venda ações secundárias sempre que puder e, em particular, quando estiver na jornada ascendente.

Imagine que você tem uma boa tração e, após cerca de cinco anos, leva a empresa a um *valuation* de 250 milhões de dólares. Você arrecada cerca de cinquenta milhões e a rodada está com excesso de subscrições. Nesse caso, considere a venda na faixa de 10% a 20% de suas participações.

Digamos que você possua 10% da empresa. Dez por cento disso, ou seja, 1%, significam o valor de 2,5 milhões para levar para casa.

Agora imaginemos que sua startup esteja progredindo ainda melhor e, um ano depois, você consiga levantar cem milhões adicionais com um *valuation* de 750 milhões. Vender 1% significa que cerca de oito milhões vão para o seu bolso.

Então, mais alguns anos se passam e você atinge um *valuation* de cinco bilhões, caso em que 1% significa cinquenta milhões para você.

Existem quatro razões para vender ações secundárias, e todas são superimportantes:

- **Recompensa e reconhecimento** – você já está há cerca de cinco a dez anos e tem uma boa tração, e deve ser reconhecido e recompensado por essa grande conquista. Você é muito especial por ter trazido a empresa para este lugar, e isso merece uma comemoração.
- **Paciência para continuar** – uma vez que você está vendendo ações e levando dinheiro para casa, seu apetite por um negócio maior aumenta. Um empreendedor que não vendeu ações secundárias tem mais chances de vender a empresa mais cedo do que alguém que já ganhou uma quantia significativa de dinheiro.
- **Redução do risco em seu portfólio** – se você for um jovem empreendedor, mais de 90% de sua riqueza podem estar escondidos dentro da empresa. Se eu fosse seu consultor financeiro, diria que deve estar louco – nesse nível de risco, ter 90% de seus ativos em uma única cesta é demais.
- *Top-up* – sua diretoria quer que você seja feliz, paciente e motivado. Se acharem que você não tem motivação suficiente, aumentarão suas participações patrimoniais com mais ações ou

Apaixone-se pelo problema, não pela solução

opções adicionais. Caso não ajam desse modo, o próximo investidor o fará (talvez você precise dizer-lhes que o façam).

Em alguns casos, quando uma oportunidade menos relevante está em jogo, os investidores não querem que os fundadores vendam ações secundárias; preferem vê-los empenhados e temem que um acordo secundário ou um *miniexit* [minissaída] reduza a motivação deles.

Minha experiência diz o contrário: experimentar um *miniexit* deixa você mais motivado e, sobretudo, mais disposto a correr riscos maiores.

Quando vender ações secundárias?

- Quando puder e quando fizer sentido.
- Quando você puder conseguir uma quantia significativa de dinheiro, que seja importante para você e que não ocorra à custa da empresa.
- Quando você já estiver há vários anos na criação da empresa e perceber que esse período vai durar mais alguns anos até chegar a um evento de liquidação.

Quanta motivação e apetite você terá depois dessa venda secundária? Li certa vez um estudo em que perguntaram às pessoas o seguinte: "Quanto dinheiro a mais você precisa para sentir que já é o bastante?". O número foi bem consistente; quase sempre o dobro do que já possuíam.

Então, alguém com cinquenta mil dólares em economias disse que com cem mil sentiria que era o bastante, e alguém com um milhão disse que seriam dois milhões, e alguém com trinta disse sessenta milhões.

Para pessoas com aspirações muito altas, em vez de dobrar, o fator era 10x.

Se for esse o caso, sua motivação e seu apetite não vão diminuir, pelo contrário: caso venda ações secundárias, eles só vão aumentar.

E os colaboradores? Ocorre exatamente o mesmo. Se houver uma oportunidade de venda de ações secundárias, você deve incluí-los, em especial aqueles que já estão há muito tempo na empresa.

Seu trabalho como CEO é cuidar de seus colaboradores. Essa será a parte mais gratificante da jornada.

EXCERCENDO AS OPÇÕES

O plano ESOP (*Employee Stock Ownership Plan*) israelense, ao contrário do plano ISO americano, permite aos funcionários exercerem suas opções sem quaisquer implicações fiscais. Adia-se o evento até a venda das ações. O plano que tínhamos no Waze permitia aos colaboradores que se desligavam ou eram desligados exercer as opções em até noventa dias após o término do vínculo empregatício. No Waze, tivemos um colaborador que entrou bem no início e conseguiu alguns planos de ações, pois nosso modelo determinava que todos os tivessem. Após cerca de um ano, porém, nós o demitimos, portanto, ele tinha noventa dias para exercer as opções *vested* (ou seja, comprar seus planos de ações pelo preço vigente no contrato original). Teria custado a ele cerca de dez mil dólares do próprio bolso para exercer essas opções.

No entanto, ele me disse:

– Não vou comprar as opções por dois motivos: no momento, dez mil dólares são muito para mim, mas, em particular, não acredito mais na empresa.

– O que mudou? – perguntei-lhe.

– Vocês me mandaram embora, então não acredito mais na empresa – respondeu.

– Você acreditava na empresa quando entrou? – questionei.

– Claro! – exclamou.

– Você acreditava na empresa noventa dias atrás?

Apaixone-se pelo problema, não pela solução

Mais uma vez, ele respondeu afirmativamente.

– Então, o que mudou? – insisti.

– Já falei – replicou meio impaciente. – O Waze me demitiu!

A maioria das pessoas é movida pelo ego. Se optarem por sair por vontade própria, tendem a ainda acreditar na empresa e, portanto, exercerão suas opções. No entanto, se fossem dispensadas, o que se passa na cabeça da maioria é mais ou menos isso: *Eu acho que sou muito bom. Se eles me demitiram, não sabem nada, portanto, não acredito na liderança, o que significa que a empresa não terá sucesso.*

Aquele cara perdeu uma oportunidade de cerca de 250 mil dólares, o que poderia mudar a vida dele na época.

Como CEO, não se envolva na questão de saber se ex-funcionários devem exercer as respectivas opções. Dependendo de onde você esteja, talvez até seja ilegal dar tal tipo de conselho. Apenas transmita uma explicação muito simples e transparente sobre a posição patrimonial de cada funcionário ao contratá-los. Pense em repassar tal mensagem uma vez por ano.

Algumas empresas adotam uma posição muito vaga sobre a remuneração do capital, enquanto outras são muito transparentes. Sugiro o seguinte: de vez em quando (digamos, a cada seis meses), escolha dez funcionários aleatoriamente e pergunte a eles: "Quantas opções (ou RSU – *restricted stock units*)[35] você tem? Quanto representa isso como uma porcentagem de suas participações? Quanto vale hoje?".

Na minha opinião, eles precisam saber.

Um amigo meu trabalhou no Moovit logo no início da empresa; ajudou-os por um tempo e depois saiu. Ele tinha algumas opções já adquiridas, e eu o incitei a exercê-las.

---

35. RSU (*Restricted Stock Units*) é uma forma de compensação financeira que o empregador oferece ao empregado, na forma de ações da empresa. (N.T.)

– São cerca de cinco mil dólares, e estou meio sem dinheiro – disse-me.

– Vou lhe emprestar o dinheiro – afirmei.

Ele exerceu as opções e foi uma das pessoas para quem Nir ligou pouco antes da transação.

Os cinco mil se transformaram em cerca de 150 mil, com certeza um evento significativo para ele.

Cerca de trinta segundos depois dessa ligação, Nir me ligou para dizer que se sentia muito feliz; ele tinha ouvido pelo telefone um choro de alegria.

Trinta segundos depois, meu amigo me ligou, contando sobre a ligação de Nir.

SEMPRE LEVE UMA PROPOSTA DE NEGÓCIO

Caso queira discutir um negócio, comece provocando um... e então tudo vai se tornar realidade.

Quando há uma oferta de verdade na mesa, comece a pensar se gosta dela. Mesmo que o *timing* não seja o certo, mesmo que ainda não tenha feito um progresso significativo ou o *valuation* seja baixo, nada como uma oferta para fazer as coisas andarem. Desse modo, será mais fácil levantar capital, obter o apoio de investidores existentes e contratar funcionários quando tiver um acordo na mesa, e depois também.

Como isso pode parecer?

"E se adquiríssemos vocês?", ou "Vocês estariam abertos a discutir uma M&A?", ou ainda uma reunião com a equipe de desenvolvimento corporativo cujo trabalho é adquirir empresas, ou um banqueiro dizendo "Posso conseguir um comprador por um bom preço". No entanto, nada disso constitui uma oferta.

Apaixone-se pelo problema, não pela solução

Uma oferta é um *term sheet* com a intenção de adquirir a empresa. "Ofertas sem oferta" são, na verdade, questões de *due diligence* de um potencial parceiro.

Nos primeiros dias do Waze, Arkady Volozh, CEO da Yandex (um buscador russo e provedor da web), visitou Tel Aviv e nos encontramos. Ele me disse: "Que tal se eu oferecesse cinquenta milhões de dólares para adquirir o Waze?".

Respondi que consideraríamos qualquer oferta, mas provavelmente recusaríamos.

Arkady usou esse método como investigação de *due diligence* para compreender nosso nível de comprometimento com a jornada.

Alguns anos depois, em nova visita a Israel, ele tinha um encontro agendado com Nir no Moovit e alertei-o: "O sujeito vai perguntar se vocês estão à venda e fará uma oferta de teste de cinquenta milhões de dólares, ou talvez até mais. Não importa o valor, diga não; é apenas *due diligence*".

A principal razão de levar um acordo para a mesa é acelerar o processo. Lembre-se, sua empresa é única, não há muitas como ela. Se um comprador quer comprá-la, quer comprar a *sua*, e não outra qualquer. Desde que você seja independente, não há pressa para essa decisão. O interessado poderá adquiri-la hoje, amanhã, no próximo ano ou quando quiser, e não importa o valor.

Entretanto, se houver um negócio na mesa, a oportunidade de adquiri-la ou mesmo de investir em você pode desaparecer, portanto, tal negócio agiliza o processo. Esse acordo pode ser para um M&A, uma grande rodada de financiamento ou para um IPO.[36]

---

36. IPO é a sigla para *initial public offering*, ou "oferta pública inicial" em português. Representa a primeira vez que uma empresa receberá novos sócios realizando uma oferta de ações ao mercado. (N.T.)

IPO *VERSUS* M&A

Há um ditado comum no mundo dos negócios: "Fingir até conseguir", mas nem sempre é válido.

Ao levantar capital, seus investidores esperam ouvir que você planeja construir uma grande empresa e que esta, no final, se tornará de capital aberto. Isso é exatamente o que você deve dizer a eles. Mas a decisão real de abrir o capital é muito diferente.

Considere seriamente abrir o capital se:

- você acha que tem uma coisa de fato grande, deseja continuar administrando-a para sempre e está convencido de que sua empresa iniciante é uma oportunidade única na vida;
- não imagina que alguém vá adquirir sua empresa;
- levantou muito dinheiro com um *valuation* muito alto (e isso significa que a lista de potenciais compradores agora é muito menor).

Gerir uma empresa de capital aberto é muito diferente; envolve muita dor de cabeça e significa mais uma grande mudança nos rumos da companhia.

Se é o que você deseja, converse com dois ou três CEOs que abriram o capital das próprias empresas nos últimos três anos, não sobre o *road show* do IPO[37], mas sobre os anos *seguintes*.

---

37. No processo de IPO, em que as empresas abrem o capital, é comum que seja feito um *road show* com o objetivo de apresentar o negócio para potenciais investidores. (N.T.)

Apaixone-se pelo problema, não pela solução

Em muitos casos, não dependerá de você. M&A é uma oportunidade; IPO, o padrão; PE (*private equity*)[38], outra oportunidade que está em algum lugar entre eles.

Quanto mais progresso você fizer e quanto mais elevado for a *valuation* que conseguir, algumas das oportunidades de antes diminuirão e não mais constarão como opção. Por cem milhões de dólares, muitas empresas podem adquirir você; por um bilhão, são muito menos que o farão; por dez bilhões, muito poucos, se houver.

No fim das contas, tudo se resume a algumas perguntas que você precisa fazer a si mesmo:

- Este é um evento de mudança de vida?
- Quero manter minha empresa para sempre?
- Quero lidar com as dores de cabeça de uma empresa de capital aberto?
- Tenho alternativas?

Depois de responder a essas perguntas, seu caminho ficará bastante claro.

DIZER NÃO

Para conseguir o acordo que deseja, diga NÃO àquele que *não* deseja.

Um dos meus CEOs me procurou um dia e disse que poderia haver uma negociação para M&A. Era um fundo de *private equity* tentando unir algumas empresas para obter melhor posição no mercado.

Meu comentário: "Ótimo. E qual é o problema?".

---

38. Criados nos Estados Unidos na década de 1980, os fundos de *Private Equity* são uma modalidade de investimento na qual uma gestora adquire parte de outra empresa em crescimento. (N.T.)

Alguns dias depois, ele voltou com um acordo que parecia ser X em dinheiro mais 2X em patrimônio líquido da futura combinação. A quantia para X era bem baixa, então mesmo 3X também continuava bem pouco.

– Se existe essa proposta, você gostaria de aceitá-la? – perguntei ao CEO, que respondeu com um não. Continuei insistindo: – Se fosse duas, três, cinco ou dez vezes mais do que ofereceram, você a levaria em conta?

– Por cinco a dez vezes, sim – disse ele. – Então, como devo negociar para chegar a esse ponto?

– Diga NÃO! – exclamei.

– Desse jeito? – perguntou.

– Bem, você pode ser mais educado: "Obrigado por sua consideração, mas a resposta é NÃO".

– Devo dar ao potencial investidor de PE alguma orientação sobre o que nos interessaria? – continuou.

– Não! – enfatizei. – Um não simples é a única resposta relevante aqui. Se quiserem propor outra coisa, eles vão fazê-lo. Se você lhes der qualquer espaço para negociação e propuserem um valor aproximado de X, caso diga não, eles podem voltar com alguma coisa bem diferente.

A única maneira de alterar significativamente os termos do negócio é por meio de uma oferta competitiva. Se o comprador ficar com medo de perder o negócio, o preço poderá subir drasticamente.

Perder um acordo não significa o mesmo que "sem acordo", mas sim que outra pessoa vai aceitá-lo.

Então, se houver uma oferta na mesa e você disser não, o comprador primeiro irá embora, mas depois (em meses ou até em um ano) poderá voltar com uma nova oferta.

No entanto, se houver um acordo competitivo na mesa, a opção de voltar no futuro não vai existir e, portanto, a oferta melhorará drasticamente.

DIZER NÃO NEM SEMPRE É UMA BOA IDEIA

Em algum momento nas "eras pré-históricas" do ecossistema da alta tecnologia (por volta de 1999), um amigo meu, que estava em uma startup na área de e-mail, recebeu uma oferta de aquisição de 150 milhões de dólares.

Na época, era um valor muito alto, e ele detinha cerca de 25% da empresa, o que significaria quase quarenta milhões no bolso.

A última rodada da empresa antes disso fora de trinta milhões, com um *pre-money valuation* de cinquenta milhões. Lembre-se, estávamos em 1999, época em que *valuations* não realistas eram comuns, como no final de 2021 e início de 2022, e meu amigo ficou atônito com a ideia de ganhar quarenta milhões. Queria dizer sim.

E daí pediu minha opinião, e eu a dei: "Se você acha que é um bom negócio, que é um evento que vai mudar sua vida e acha que o destino da empresa poderá ser cumprido, diga sim".

No entanto, um dos investidores da última rodada vetou a ideia: "Acabamos de investir em você para construir uma empresa de bilhões de dólares, não apenas para ganhar o dobro do nosso dinheiro. Você é um CEO de classe mundial. Não há como não conseguir levar essa empresa a um *valuation* de bilhões de dólares em alguns anos". E convenceu meu amigo a dizer não.

Então veio o *crash* das pontocom em 2000, seguido por uma longa jornada na montanha-russa.

A oferta seguinte não veio até 2005, e foi de apenas trinta milhões, dessa vez com preferências de liquidação. A proposta significava zero dólares para meu amigo, que disse não mais uma vez. No final, houve um negócio muito pequeno alguns anos depois, sem nenhum dinheiro para ele. Apenas um *retention package*.

Tenho outros exemplos de que dizer não foi a melhor opção, mas tenha em mente que você está no banco do motorista e, mesmo que haja pessoas gritando no banco de trás, o condutor ainda é você.

BANCOS DE INVESTIMENTO

Ao negociar o acordo no Waze, discutimos internamente se deveríamos contratar um profissional de *investment banking*.

Investment banking é um segmento bancário que auxilia empresas em IPOs, M&A etc., ajudando-as a encontrar negócios e oportunidades, além de atuar como consultor ou mediador em tais transações. O principal argumento contrário à contratação de um profissional dizia que poderia haver menos de dez pessoas participantes no mercado que fossem relevantes para nós. Esses players tinham bolsos recheados para pagar o preço, e um deles já era acionista (Microsoft). Além disso, se um potencial comprador ainda não estivesse pensando em nós, não conseguiríamos fazê-lo em pouco tempo.

Hoje penso muito diferente.

A capacidade de criar uma oferta competitiva em um período de tempo muito curto é limitada; torna-se muito mais fácil para um banqueiro assumir essa tarefa. Em particular, o banqueiro, por meio da negociação, criará mais tempo para as licitações competitivas. Você não se envolverá com uma oferta alternativa antes de ter uma; o banqueiro, sim.

Outra razão pela qual acredito na necessidade de um banqueiro é simples. Você tem uma capacidade limitada para negociar o acordo; não viu outros acordos negociados com o comprador com o qual está no início de um relacionamento, então não tem certeza se pode nego-

Apaixone-se pelo problema, não pela solução

ciar como se não houvesse amanhã, pois *existe* um amanhã. No entanto, um banqueiro consegue.

A questão-chave envolve quando agregar o banqueiro, e a resposta é assim que você se questiona: "Se houver uma oferta duas vezes maior do que o *valuation* da última rodada, considerarei favoravelmente". Essa é a hora de começar a construir um relacionamento com um banqueiro.

Quando a coisa não vai funcionar? Se você levar o banqueiro para uma situação em que já existe uma oferta na mesa e esperar que ele negocie em seu nome. Eles não gostam de fazer isso.

Enquanto eu trabalhava na Comverse, queríamos adquirir uma empresa de Cambridge, Massachusetts, na área de reconhecimento de fala. Colocamos uma oferta na mesa. Eles aceitaram, mas rapidamente acrescentaram: "Aguarde, informaremos quem é nosso banqueiro em alguns dias".

Na realidade, não houve tempo suficiente para gerar lances competitivos, e o banqueiro não conseguiu nem mesmo criar uma alternativa. Quando chegou a hora de negociar, fechamos um acordo menor do que o valor que nos dispúnhamos a pagar.

Sempre há espaço para negociação, mas, em sua essência, ela é uma transferência de poder por meio do diálogo. Se não existirem alternativas, esse poder fica limitado.

Caso você queira o acordo e saiba que será quase impossível dizer não, encontre alguém que o faça com facilidade e o envie para negociar. E se deseja fechar o negócio, muitas vezes negociará com várias partes ao mesmo tempo: o comprador, sua família, seus acionistas e em nome de outros grupos, como os colaboradores.

Ainda assim, o negócio pode ser bom para você, mas ruim para os investidores da última rodada, ou para os primeiros investidores. Lembre-se das prioridades: você, sua família, seus colaboradores e, só então, seus investidores.

A ESSÊNCIA DE UM ACORDO DE M&A

Como funciona um acordo de fusões e aquisições? Existem alguns aspectos relevantes aqui, que se assemelham a um investimento, tipo quanto estão dispostos a pagar. E outros têm a ver com o *"day after"* – a visão e o objetivo comercial da aquisição, o que é ainda mais importante.

Examine o acordo sob três pontos de vista:

1. **O futuro bilateral.** Você está de acordo com a visão e a nova missão resultante do M&A? Consegue enxergar como a integração vai funcionar? Quem do lado da organização compradora está comprometido com isso? Gosta de seu novo chefe e da nova posição e título que vai ter? Por quanto tempo está comprometido a ficar? Não apenas você experimentou a jornada mais desafiadora de sua vida na última década, mas também agora se espera que fique mais três anos para realizar a integração. Como se sente nesse sentido? E quanto ao nome da sua empresa – sua marca continuará existindo? Mesmo que não se importe com o futuro e planeje sair o mais rápido possível, e esteja lá apenas pela recompensa em dinheiro do negócio, ainda assim terá que se engajar para o futuro, caso contrário, não haverá acordo. Se o comprador não acreditar que você está comprometido com o futuro compartilhado que ele imagina, desistirá do negócio.

2. **O acordo.** De quanto é? É em dinheiro ou em patrimônio? Qual o valor do pacote de retenção para os colaboradores e para você? Existe um *"earn out"*[39], em que parte do preço de

---

39. *Earn-out* é um mecanismo de contrato utilizado em fusões e aquisições de empresas e corresponde à parte do pagamento que é concluída ao longo do tempo, mediante o cumprimento das metas de desempenho previstas nas cláusulas. (N.T.)

Apaixone-se pelo problema, não pela solução

aquisição se baseia no desempenho ao longo do tempo? Se sim, para quem, quando e com base em quê? Que tal uma *holdback*, em que se mantém o dinheiro sob custódia para garantir que o vendedor atenda certas condições antes que seja liberado? Quanto e para quem? Antes mesmo de falar sobre o valor em dinheiro, pense no futuro.

3. **Você.** Qual é a sua visão e como ela se compara à nova visão? Você pode ser bem-sucedido? Consegue se imaginar com um novo chefe e um DNA corporativo diferente?

Independentemente do resultado, inicie a negociação com um acordo sobre o futuro bilateral e o papel de sua startup nele. Se inexistir futuro, não haverá mérito no negócio.

Você deseja respostas muito simples para várias questões-chave:

- "Por que você quer adquirir nossa empresa?"
- "O que você (comprador) ganha com isso?"
- E agora relativamente a você mesmo: "Como imagina o futuro daqui a cinco anos e após cinco dias da conclusão da transação?".

Mesmo que a estrutura do acordo já tenha sido discutida ou apresentada, os primeiros dias de negociação devem enfocar na questão de um futuro bilateral. Caso você aprecie o acordo, mas não o futuro, estude redefini-lo e, se continuar não gostando, pense em seus colaboradores antes de dizer não – você faria esse negócio por eles?

Retomemos o acordo. Nem todos os milhões são iguais, por exemplo,

- cem milhões de dólares em dinheiro é um tipo de negócio;
- cem milhões em patrimônio líquido de uma empresa de capital aberto é outra coisa; e

- o patrimônio líquido de cem milhões em outra empresa privada é completamente diferente.

No primeiro caso, você, seus acionistas e colaboradores recebem dinheiro.

O segundo caso se assemelha bastante ao primeiro, mesmo supondo que exista algum período de *lock-up* em que você, como funcionário de uma empresa de capital aberto, não poderá comprar ou vender ações por um tempo. Tal período talvez se prolongue por poucos meses. Em geral, você conseguirá sacar o dinheiro com relativa rapidez e facilidade.

O terceiro exemplo, no entanto, se diferencia muito dos anteriores. Você basicamente substituiu um potencial resultado por outro diferente, e não tem ideia de quando o novo potencial se materializará (se é que vai), nem sabe quão grande será.

BÔNUS DE RETENÇÃO

O comprador sabe que a equipe é superimportante. Na verdade, ele está comprando a equipe e a tração que ela criou. Está preocupado, pois colocará muito dinheiro no negócio; você, seus gestores e colaboradores vivenciarão um evento de mudança de vida e depois sairão.

Assim, o comprador quer que você mostre comprometimento com todo o processo, esperando confiar em suas palavras, mas, ao mesmo tempo, ele vai criar um bônus de retenção para você, para seus gestores e para colaboradores-chave a fim de mantê-los recompensados durante todo o período de integração e depois dele.

Esse bônus de retenção pode levar de dois a cinco anos; digamos que seja por um período de três anos. Aqui está um exemplo de acordo com um bônus de retenção: trezentos milhões de dólares, compreenden-

Apaixone-se pelo problema, não pela solução

do 250 milhões para os acionistas e um bônus de retenção de cinquenta milhões para manter os colaboradores-chave pelos próximos três anos.

Agora, imaginemos que você possua 5% da empresa no dia do M&A, o que representa 12,5 milhões em dinheiro e mais um tanto em retenção.

Quanto mais?

O comprador vai lhe propor um valor significativo – talvez até cinco milhões por ano nos próximos três anos –, o que provavelmente será o bastante para fazer você ficar, ou com certeza será tão significativo que você pensará a respeito!

Mas e se o valor a receber é muito mais elevado, por exemplo, cem milhões? Não haverá bônus de retenção significativo em comparação aos cem milhões em dinheiro.

Digamos que haja um bônus de retenção de dez milhões anuais pelos próximos três anos. No entanto, você tem ações no valor de cem milhões. O comprador talvez lhe diga que receberá apenas setenta milhões em dinheiro, e o restante estruturado como uma retenção adicional de trinta milhões, paga desde que você permaneça lá pelos próximos três anos. Então, o bônus de retenção se torna significativo o bastante em relação ao dinheiro inicial.

No acordo com o Waze (o que foi fechado), o Google ofereceu 1,15 bilhão de dólares em dinheiro. Desse total, 75 milhões foram para retenção. Nós, da gestão, achamos que o valor não era suficiente para manter os colaboradores-chave pelos três a quatro anos seguintes. E então negociamos com o conselho de administração e com os acionistas para mudar o valor para um bônus de retenção de 120 milhões.

Óbvio, o Google concordou. Em vez de o dinheiro ir para os acionistas, iria para os colaboradores – muito melhor para eles.

Mas então nos lançaram uma pegadinha: propuseram que a equipe de gestores desistisse de parte do dinheiro, cujo valor seria duplicado durante o período de retenção. Assim, por exemplo, abriríamos mão de 25 milhões e receberíamos cinquenta milhões no decorrer dos três anos seguintes.

Se você quer ser bem-sucedido nos anos seguintes, a retenção é obrigatória, não só para o comprador, mas também para você, a fim de que consiga manter sua equipe. Exija que seja parte do acordo, que só se concretizará com isso.

Quem não gosta de bônus de retenção? Os acionistas! Porque retenção significa basicamente que estamos tirando um pouco deles e distribuindo para os colaboradores, e estamos fazendo isso de uma vez só, no dia da liquidação. Até certo ponto, equivale ao ISO ou a qualquer outro *equity plan* que você esteja usando.

Caso esteja em um *equity plan* generoso, em que a maioria dos colaboradores ainda seja *unvested*, a necessidade de retenção será baixa. Já vi pacotes de retenção variando de 5% a 50% do negócio, mas a regra geral é simples: deve ser suficiente para manter todos os colaboradores-chave durante o período relevante.

A palavra "suficiente", no entanto, se impõe como um desafio. Quanto é o suficiente?

"EARN OUTS" E *"HOLDBACKS"*

Com certeza, ainda que um bônus de retenção seja necessário e não haja acordo sem ele, um tipo completamente diferente de monstro é o *"earn out"*. Basicamente, significa que a parte em dinheiro do negócio é pequena, mas pode dobrar, triplicar ou quadruplicar caso você alcance metas específicas definidas pelo parceiro adquirente.

Até soa promissor, mas na verdade é bastante nefasto, afinal, alguém vai tornar você responsável por seu plano e suas metas de três anos, mas não se comprometerá a fornecer um orçamento para esse período.

Apaixone-se pelo problema, não pela solução

É quase impossível que uma startup forneça previsões ou metas precisas para um ano; por três, absolutamente impossível.

Vamos imaginar que você tenha uma startup B2B, crescendo 2,5 vezes em relação ao ano anterior, com setenta clientes e uma ARR total (receita recorrente anual) de quinze milhões. Seu plano de negócios sugere um crescimento de 3x no ano seguinte, 2,5x no posterior e 2x no terceiro ano.

Nesse caso, um acordo em dinheiro mais retenção pode ser assim: trezentos milhões em dinheiro e mais 75 milhões em retenção. Supondo que possua 10% do patrimônio, isso resulta em cerca de trinta milhões em dinheiro para você, mais a retenção.

Um acordo *earn-out* seria mais ou menos assim: cem milhões em dinheiro; mais cinquenta milhões de retenção; mais cinquenta milhões se as metas do primeiro ano forem atingidas, cem milhões para os objetivos do segundo ano e 150 milhões se atingidas as metas do terceiro ano.

Mesmo que esse negócio pareça maior e melhor, o nível de incerteza é tão alto que o risco se torna grande demais.

Aqui estão alguns dos riscos mais comuns:

- Não há como garantir que você estará lá para receber o *earn out* quando chegar a hora.
- Seu plano trienal era muito ambicioso e previa a execução de um programa e um orçamento, mas você não sabe se terá algum ou ambos.
- O comprador pode mudar de estratégia e tornar seus planos originais irrelevantes.

Lembre-se sempre de que o *earn out* se aplica para *todos* os acionistas, então você vai trabalhar pesado nos próximos três anos para atingir as metas, mas receberá como recompensa apenas 10% do negócio. Os investidores que nem estão mais envolvidos com a empresa aproveitarão mais os benefícios.

O principal problema de um *earn out* é que, na maioria das vezes, não é pago; acontece alguma coisa em algum momento da jornada.

"*Holdback*", outro mal necessário, é quando o comprador está dizendo: "Não tenho tempo suficiente para fazer uma *due diligence* completa e, de qualquer maneira, se for um grande negócio, enfrentaremos vários pleitos, então vamos colocar X% do negócio no que é basicamente uma conta-caução para lidar com esses potenciais eventos. Tal dinheiro será liberado no futuro, assim que ficar claro que não há mais pendências".

Afloram várias questões aqui: quem está incluído na retenção? Todos os acionistas? Apenas as ações ordinárias? Ou todos, exceto colaboradores?

Outro desafio diz respeito a esse dinheiro já ter sido pago pelo comprador, que, então, não se importa com isso. A maior parte pertence essencialmente aos investidores da empresa adquirida, com os quais o comprador também não se importa. Ainda assim, é ele que detém a chave do fundo de retenção.

Em síntese, não conte com a retenção, ou pelo menos não em sua totalidade.

Também já vi outra situação bem estranha, quando um comprador adquire apenas 70% da empresa. Nesse caso, a pergunta é: o que acontece com os 30% restantes das ações e, em particular, o que acontece com os acionistas? Não haverá mais liquidez, pois a maioria (os 70%) não vai vender, nem precisa comprar o restante.

Apaixone-se pelo problema, não pela solução

Por um lado, essa é uma maneira simples de obter um desconto de 30%. Existem *"put"* e *"call" options*[40] associadas ao negócio. Assim, por exemplo, ao comprar 70% de uma empresa, o comprador paga X como preço por ação, e também há a possibilidade de ele ter a opção de comprar os 30% restantes a um preço ligeiramente superior a X, digamos 1,2X, dentro de dois a três anos. O vendedor, por sua vez, tem a opção de vender esses 30% a um preço um pouco inferior do que X, digamos, 0,8X.

Como resultado, muito provavelmente o comprador adquirirá a empresa inteira, mas com 30% pagos depois.

CONSULTORES FINANCEIROS, FISCAIS E JURÍDICOS

Vou admitir algo chocante aqui: gosto de pagar impostos, pois isso significa que há lucro, e o lucro é bom. Mas é importante destacar que não gosto de pagar impostos a mais por falta de planejamento.

Há mais ou menos um ano, um empresário que conheço de longa data entrou em contato e pediu meu conselho. Ele estava em uma negociação de M&A e não tinha ideia do que dizer.

Durante nosso encontro, eu o orientei sobre a essência do negócio e sobre os elementos mais importantes. Até mesmo o apresentei a um advogado.

Algumas semanas depois, ele me procurou de novo.

– O negócio está quase fechado – disse. – O comprador vai adquirir 75% das ações hoje e concorda com a participação nos lucros daqui para a frente, portanto, não haverá *put* ou *call options* sobre os 25% restantes.

---

40. *Put option* obriga um sócio ou a própria empresa a adquirir a participação de outros sócios, por um preço predefinido. Por outro lado, *call option* obriga um sócio a vender sua participação aos outros sócios, mediante pagamento de um valor predefinido. (N.T.)

Contou também que já tinha doze anos de jornada e a empresa passara por várias rodadas de financiamento. Quase toda a participação de 9,9% dele estava em opções da última rodada, ocorrida um ano antes.

Fizemos um cálculo rápido juntos.

– Em um negócio de cinquenta milhões, tenho quase 10%, ou seja, cinco milhões – explicou. – Setenta e cinco por cento disso são 3,75 milhões. Após uma alíquota de imposto de 25%, ficarei com quase três milhões em dinheiro, mais do que jamais ganhei; com certeza, aí está um evento que mudará minha vida.

– Só um instante – interrompi. – Suas opções não estão na categoria de imposto sobre ganhos de capital. Você deve procurar alguém para ajudá-lo antes de fechar o negócio, a fim de garantir que seja tributado pela menor taxa.

Em Israel, conforme as regulamentações fiscais, os funcionários que recebem opções de ações, em geral, são tributados com uma alíquota de 25% (a faixa de imposto regular em Israel é de gritantes 47%). Há uma decisão especial da Autoridade Tributária de Israel que estipula que, se a venda de ações acontecer mais de dois anos depois do dia da concessão, elas poderão ser vendidas como ações secundárias, ou como parte de um M&A com uma faixa de imposto de ganhos de capital mais baixa.

Em um acordo de M&A, todos os rendimentos dessas opções são tributados a uma alíquota menor. Então, basicamente, estão exercendo-se as opções e vendendo as ações no mesmo dia, e ainda é possível aproveitar a faixa de imposto sobre ganhos de capital de longo prazo.

No entanto, a coisa não funcionaria assim nos EUA. Caso alguém esteja exercendo suas opções e vendendo as próprias ações no mesmo dia (como em uma transação secundária de ações, por exemplo), será tributado pela taxa de ganhos de capital de curto prazo – uma faixa de imposto muito mais alta.

A alternativa é exercer as opções e manter as ações por pelo menos um ano antes de vendê-las.

Talvez neste momento você pergunte: "Mas, calma aí, como vou saber que haverá um comprador daqui a um ano?".

Conclusão de todos esses casos aqui relatados: *você precisa de um consultor tributário para planejar com antecedência, não na hora de um acordo.*

Recomendo-lhe que encontre um consultor financeiro o mais cedo possível, ou pelo menos assim que sua *equity* seja significativa, e por um motivo bem simples. O consultor dirá que você é louco. "Quase cem por cento de seus ativos financeiros estão vinculados a uma empresa."

A verdade vai mais além. Seu salário e seu 401(k) também estão vinculados a uma única empresa, a sua.

O que você deveria fazer?

Vender ações secundárias. De novo e de novo e de novo.

E quanto ao aspecto legal?

Você deve ter um ponto de vista jurídico sempre que estiver discutindo negócios e precisa de suporte 24 horas por dia tão logo as negociações comecem. Se houver um advogado negociador em sua equipe, faça com que negocie por você.

Nitzan Hirsch-Falk (H-F & Co. Law Offices) foi nosso principal consultor jurídico no Waze, no Moovit, e também fará parte de meus negócios futuros. Ele é um verdadeiro negociador, assume riscos e concretiza as coisas, que é exatamente o que eu desejo.

CONFLITOS DE INTERESSE

Todo negócio, por definição, envolve um grande conflito de interesses. O maior desafio é que esses conflitos se alteram, se remodelam e mudam durante os processos de negociação e transação.

Pense no fundamental: seus investidores se preocupam com o resultado do negócio *para eles*, vão pegar o dinheiro e ir embora, mas você precisará ficar. *Você* lidará com o depois de amanhã, não eles.

Ao mesmo tempo, está negociando com o adquirente, tentando fazer o melhor negócio para sua empresa e seus acionistas. Mas daí vem que, um segundo depois, o comprador é o novo acionista, e vocês terão de trabalhar juntos nos próximos anos.

E seus colaboradores?

Você deseja que eles consigam o melhor resultado possível do negócio e continuem com você nos próximos anos da jornada. Aí está a oportunidade de garantir que sejam bem recompensados.

É um grande desafio tentar conciliar todos esses interesses e ainda deixar todo mundo feliz. Mas você não precisa deixar todo mundo feliz; só precisa garantir que fechará o negócio (e assim todos *ficarão* felizes) e permanecer comprometido com o DNA da sua empresa.

Existem algumas alavancas a que você poderá recorrer para mudar o equilíbrio entre hoje e amanhã e entre você, seus colaboradores e os acionistas. Puxe-as com cuidado. Exagero pode estragar o negócio, e então, claro, ninguém ficará feliz.

Que alavancas puxar?

- **Retenção *versus* dinheiro.** Embora uma alta retenção seja boa para o futuro e para os colaboradores, não é boa para os investidores. A melhor prática é incluir no orçamento o bastante para ter uma recompensa significativa para os colaboradores nos próximos três anos.
- **Quem participa de uma retenção?** Você deseja excluir colaboradores; os investidores querem se excluir. A melhor prática aqui é aplicar a retenção para *todos* os acionistas, incluindo você

Apaixone-se pelo problema, não pela solução

e os colaboradores, a fim de que ninguém consiga sacar dinheiro da retenção.

- **Retenção *versus earn out*.** Em um *earn out*, todos participam, inclusive os acionistas. Na retenção, apenas os colaboradores ficam.

O maior desafio, no entanto, está em outro lugar.

Vejamos, você não está em uma posição confortável para negociar se estiver tentando agradar a todos. Portanto, DEIXE OUTRA PESSOA *NEGOCIAR* o acordo, por exemplo, seu advogado ou um membro confiável do conselho (supondo que exista um).

Você deve presumir que o comprador está fazendo a mesma coisa. A organização compradora quase sempre tem uma unidade que se preocupa mais tarde com a conclusão do negócio, aquela da qual você fará parte. O negociador, por outro lado, está na equipe de desenvolvimento corporativo do comprador; ele não precisará trabalhar com você no dia seguinte, portanto, estará em uma posição muito melhor para negociar.

A GESTÃO DOS INVESTIDORES DURANTE O PROCESSO

Se isso for uma questão de conflito de interesses, você e seus investidores não estão em consonância e, portanto, será necessário gerenciá-los durante o processo.

Vamos pôr as coisas em perspectiva aqui:

Seus investidores terão os próprios advogados para negociar a parte que lhes cabe do negócio, a fim de obter o máximo para os acionistas.

Não nos esqueçamos, porém, de que esses são os *seus* acionistas. Investiram quando você precisou, e cabe a você protegê-los em relação aos direitos deles; como CEO, você deve responder àquilo que lhes interessa.

Mas não há futuro para eles na empresa; não precisarão permanecer nela após a transação. Você, sim. Para ter sucesso mais tarde, precisará de sua equipe, que ela fique.

Portanto, deixe espaço para negociar com todas as partes – comprador, conselho, investidores e colaboradores. Considere sempre a incerteza. Por exemplo, talvez você não tenha recebido os requisitos de retenção ainda, ou talvez não esteja claro se haverá um *earn out* ou não.

No final das contas, os acionistas existentes estão na posição mais fraca para negociar. Se eles pretendem ganhar uma quantia significativa de dinheiro, não vão se opor. Ao mesmo tempo, não podem forçá-lo a fazer um acordo.

O DIA SEGUINTE

O sol continua brilhando, mas só isso permanece igual depois que você fecha o negócio. A montanha-russa radical do "fechamento do negócio" acabou, e você ainda está, por um lado, em estado de euforia, e por outro, exausto.

Então, acorda na manhã seguinte e *tudo* muda: o nome da sua empresa; a jornada, que chegou ao fim e recomeçou; seu saldo bancário; seu chefe; o reconhecimento das muitas pessoas que se importam.

No entanto, o elemento mais significativo que mudou se refere ao fato de você não ter a mínima ideia de a quem deve se reportar, quais são seus novos objetivos, quem é importante na nova organização. Basicamente, caiu de paraquedas com toda a sua equipe em uma empresa em funcionamento, e agora precisa iniciar uma nova jornada.

O que fazer primeiro?

Reúna os colaboradores e conte-lhes o que está acontecendo. Sugiro que diga alguma coisa do tipo "Vocês se tornarão funcionários da XYZ na próxima semana, por isso estamos aqui, essa é a nova visão e

Apaixone-se pelo problema, não pela solução

me esforçarei para entender o que tudo isso significa para nós. Nesse período, por favor, sejam pacientes".

Depois vá até seu novo chefe acompanhado da equipe de gestores, e elabore um plano de cem dias.

Então volte para sua família e diga: "Lembram como estive ausente em uma longa jornada nas últimas três semanas enquanto estávamos negociando? Adivinhem? Serão mais algumas semanas do mesmo jeito".

Depois que o plano estiver definido, você retorna para sua equipe e explica os novos objetivos e metas. Reitera o acordo e tem uma conversa individual com cada membro da equipe. Por fim, você os envia ao RH e ao CFO para o total entendimento da nova realidade e do que o negócio significará para eles.

Comecei minha carreira na Comverse como desenvolvedor de software, e depois passei para produto e marketing. Em 1994, mudei-me para os Estados Unidos.

Em 1997, a Comverse, que era a número dois no mercado global de correio de voz, fundiu-se com a número três, a Boston Technology. A Comverse era bem forte internacionalmente no segmento de operadoras móveis, enquanto a Boston era forte no mercado doméstico, com operadoras de telefonia fixa. As ações de mercado de ambas eram bem complementares.

No dia do anúncio, eu estava no escritório da Comverse em Nova York. O presidente da empresa reuniu todos os colaboradores para nos contar sobre o negócio. Em uma apresentação de quinze a vinte minutos, fez uma pausa e disse:

– Embora isso seja importante, tenho certeza de que todos se preocupam com uma coisa: o que vai acontecer comigo.

Retruquei imediatamente, na frente de todos:

– Você entendeu tudo errado. Na verdade, não nos importamos com o que vai acontecer com você; queremos saber o que vai acontecer com a gente!

Aí está o mais importante: quando acontecem mudanças, o pessoal se preocupa primeiro consigo mesmo. Resolva essa situação imediatamente, pois os rumores começarão a circular com incrível rapidez.

O acordo Comverse-Boston Technology foi bem simples – uma troca de ações entre duas empresas de capital aberto –, portanto, não houve nenhum evento de liquidez para os colaboradores. E mais, as pessoas só se importavam com o que iria acontecer com elas.

A seguir veio o famoso enigma do NIH[41] (*not invented here* – não inventado aqui), que é parte integrante de tantos eventos de M&A.

A Comverse construiu um sistema de correio de voz, assim como a Boston Technology. Qual deles permaneceria a plataforma do futuro e o que aconteceria com todo o pessoal que trabalhava na outra?

Em 1998, voltei para Israel, mas ainda viajava muito para os Estados Unidos e levei quase um ano para "quebrar o gelo" com algumas pessoas da Boston Technology. Fiquei sabendo que estavam muito desconfiadas do negócio. E me perguntei por quê.

A aquisição transcorrera de forma que nenhum dos colaboradores da Boston Technology fosse demitido no primeiro ano. Porém, eclodiu uma teoria sem fundamento de que, no dia seguinte, passado esse período, todos seriam demitidos. Só quando entenderam que não seria assim começaram a compartilhar mais e a deixar de ficar tão na defensiva.

Vejamos outra perspectiva.

---

41. Essa síndrome descreve a dificuldade, quase sempre bem significativa, de dar crédito ou adotar soluções já encontradas ou desenvolvidas por outros, na resolução dos nossos problemas ou na criação de novos produtos e serviços. Essa dificuldade também está por trás da resistência que temos em cooperar com outros. (N.T.)

Apaixone-se pelo problema, não pela solução

O Google Maps tinha seu aplicativo de navegação, tecnologia própria de criação de mapas e fontes de dados de tráfego. Então nos perguntamos: quanto tempo levaria até que eles engolissem completamente o Waze, sugassem todo a nossa PI (propriedade intelectual) e se livrassem de todo o nosso pessoal?

De fato, não havia uma única pessoa no Waze que não estivesse com essa ideia martelando na cabeça. Na verdade, muitos que encontrei ao longo dos anos me fizeram a mesma pergunta: "Por que eles *não* fundiram tudo em uma coisa só?".

Faço a mesma pergunta de forma diferente. Para o pessoal do Google Maps, a pergunta era oposta: "Por que diabos estamos adquirindo outra empresa que faz exatamente a mesma coisa que nós e por que lhes garantimos que não vamos engoli-los?".

O Google adquiriu o Waze com o entendimento de que nosso app era melhor e mais funcional, com uso sete vezes superior ao do Google Maps. Se eu estivesse no Google naquela época, provavelmente repetiria a mesma pergunta da época em que estava na Comverse: "O que vai acontecer comigo?".

Então, por que o Google ainda mantém duas ofertas de mapa e tráfego, e não uma?

Ainda que eu desconheça a resposta, por não ter permanecido no Waze após a venda, imagino o seguinte: se você tiver os produtos número um e dois no mercado e combiná-los em um único produto, ninguém poderá dizer se este ou aquele é melhor, ou qual continuará líder de mercado. Se você mudar seu produto drasticamente, é até possível que se torne menos do que "bom o bastante", que as pessoas caiam fora e mudem para outra coisa.

Quando a gente se acostuma com algo, não quer mudar. E se nos forçamos a isso, não temos como saber se permaneceremos no topo.

DOIS DIAS DEPOIS

Pronto, você passou pelos primeiros cem dias da integração, definiu os objetivos, as metas, os planos, o orçamento e os bônus de remuneração e retenção. Parabéns! Agora está como gestor de uma divisão dentro de uma grande corporação, não mais uma startup.

Mesmo que todos os objetivos de negócios pareçam bem e você saiba que pode alcançá-los, o DNA mudou. Agora você faz parte de uma entidade muito maior, o que implica várias mudanças:

- Você não pode falar com a imprensa; o departamento de relações públicas cuida disso.
- Não pode emitir um boletim informativo para os usuários sem que o departamento jurídico o "higienize".
- Não pode contratar um candidato antes que a vaga de emprego tenha passado pela política de contratação da empresa adquirente.
- E, por fim, você se vê travando batalhas das quais não gosta, as quais na verdade detesta. E começa a repensar todo o negócio.

Talvez até imagine: "Como vou sair dessa!?".

Enquanto não estava no Google, conversei com meus amigos de lá. Um dia, um deles me disse:

– Chega; para mim já deu!

– Qual é o problema? – perguntei.

– É como se eu precisasse de aprovação por escrito para peidar, e se permitirem, só posso dar um tipo de peido.

Outro amigo me disse que a empresa estava desperdiçando muito dinheiro, mas, quando tentou se manifestar, parecia que ninguém se importava.

Apaixone-se pelo problema, não pela solução

Três meses depois, o primeiro deles me contou que estava saindo. Conversamos enquanto andávamos de bicicleta.

– E a retenção? – perguntei. – Se bem me lembro, você tem um belo bônus de retenção para ficar, não é mesmo?

– Tenho – confirmou.

O valor girava em torno de 750 mil dólares anuais, muito significativo para ele.

Perguntei:

– Isso significa dois mil dólares por dia, certo?

– Isso – concordou. – Ou mais ou menos cem dólares por hora, mesmo quando durmo!

– Então, durante o passeio de bicicleta, você estava ganhando cem dólares, e agora que estamos tomando café na praia, também está ganhando cem dólares, não é?

Ele concordou com um movimento de cabeça.

– Beleza, então vamos continuar pedalando nos fins de semana e rediscutir o assunto de novo daqui a três meses – propus. – Se você ainda quiser cair fora, então pode sair, mas com duzentos mil dólares a mais.

Ele ficou.

Você também deveria ficar, afinal, se não estiver presente, ninguém irá cuidar da sua equipe nem entregar os resultados esperados. Você disse que faria isso, e sua palavra ainda conta. Decorrido de um a dois anos, comece a procurar alguém que o substitua, para que saia se quiser.

Não existem decisões certas ou erradas; apenas uma decisão a ser tomada.

O COMPROMISSO DE FICAR

Aqui está uma coisa fácil de fazer, mas não fácil de manter.

Uma vez que decidiu que gostaria de aceitar a oferta – talvez por ter sido um evento que mudou sua vida, talvez porque esteja se sentindo cansado e desgastado com a jornada –, não importa o motivo, o compromisso de ficar faz parte do acordo.

Mas também é uma faca de dois gumes: por um lado, caso diga ao comprador que não quer ficar, ele não vai fechar o negócio, pois precisa de você; por outro, caso diga que ficará apenas por dois anos e não por quatro, estará enviando um sinal de que não acredita na visão ou em sua capacidade de cumpri-la.

Então, você acaba concordando com tudo o que estão pedindo.

Aqui vão mais algumas dicas quando se trata de negociar e permanecer na empresa:

1. Deixe outra pessoa negociar em seu nome. Não dê outro sinal além do compromisso de entregar resultado. A mensagem principal deve ser, no entanto, que não há nada no mundo que você consiga entregar em quatro anos que não consiga fazer em três.
2. Não se preocupe com a jornada que está por vir na nova organização. Se não quiser ficar, encontrará um *exit*.
3. Crie uma distribuição de retenção diferenciada, caso contrário, o desgaste maior será o que vai acontecer depois do término do período de retenção!

Não existe nada que o prepare para essa gigantesca reviravolta em sua jornada, em parte, porque sua vida mudou para sempre, em parte, porque vivenciou três períodos completamente diferentes em um tempo muito curto – antes da oferta, durante a transação e no dia seguinte. Cada um é diferente, e parece não haver conexão entre eles.

Apaixone-se pelo problema, não pela solução

STARTDICAS

- **Quando vender** – se o negócio for um evento que vai mudar a sua vida, comece a pensar nele de forma positiva. Se também gosta de como será o dia seguinte, pense no negócio de maneira ainda mais positiva.
- **Quatro coisas a considerar** – você, sua equipe, hoje e amanhã.
- **Um negócio melhor** – Pode haver um negócio melhor, mas, para consegui-lo, você precisará "cozinhá-lo" por um tempo. Um banqueiro de investimentos tem potencial para conseguir aquilo de que você precisa se agregá-lo mais cedo à jornada.
- **A transição do dia anterior para o dia seguinte** – essa será a transição mais radical da sua vida: tudo muda, não uma, mas várias vezes.
- **Leia este capítulo de novo quando estiver prestes a discutir uma oferta.**

FINAL FELIZ

Este livro começou de um projeto cujo objetivo era maximizar as probabilidades de sucesso de empreendedores, e por um bom motivo: o mundo precisa de vocês! Precisa cada vez mais de empreendedores bem-sucedidos com a missão de resolver problemas e tornar nosso mundo um lugar melhor.

Espero que tenha encontrado aqui alguns insights que irão ajudá-lo em sua jornada.

Aproveito esta oportunidade para resumir as conclusões mais relevantes dos capítulos anteriores.

- **Construir uma startup é uma jornada de fracassos** – você tenta alguma coisa e não funciona, depois tenta outra, que também não dá certo, até que alcança uma que finalmente funciona. Portanto, o mais importante para maximizar a probabilidade de sucesso é tentar mais, e o jeito de tentar mais é fracassar bem rápido.
- **Não existem ideias ruins** – os empreendedores devem aceitar e estimular o fracasso como um modo de progresso de suas organizações.
- **Conheça os usuários** – há algumas regras fundamentais sobre os usuários que você e sua equipe de produção precisam aceitar. Primeiro, eles pertencem a grupos diferentes: inovadores, *early adopters* e maioria inicial. Um usuário de um grupo não conse-

Apaixone-se pelo problema, não pela solução

gue entender as emoções e a mentalidade daquele que está em outro grupo; portanto, conheça diferentes usuários e entenda os problemas e as percepções deles. A segunda regra importante se refere ao fato de que a maioria de seus usuários nos primeiros anos serão novos. Ninguém consegue vivenciar uma experiência de primeira vez pela segunda vez. Assim, a única maneira de você ter uma noção disso é *observá-los*.

- **Aderência do produto ao mercado** – aqui está o elemento mais importante de sua jornada. Se você descobrir o PMF, estará no caminho do sucesso. Se não o fizer, desaparecerá. Simples assim. O PMF é medido *só* de uma maneira: retenção. Para produtos B2C, fica fácil: significa que os usuários estão voltando. Para B2B (quando o cliente está pagando), a retenção é medida pelas renovações. Mesmo antes da retenção, você precisará descobrir a conversão. Como os usuários estão chegando ao valor? *A conversão é uma derivada da simplicidade, e a retenção, do valor.* Sem conversão e retenção, você vai evaporar.

- **DNA = Pessoas** – no final das contas, se você tiver o DNA certo para sua empresa, viverá sua jornada de vida; caso contrário, estará em um pesadelo. Não diga a si mesmo "Na minha próxima empresa, farei as coisas de outro jeito". Faça agora. "Hoje é o primeiro dia do resto da sua vida" é um clichê, mas sem dúvida alguma é verdadeiro!

- **Demitir é mais importante do que contratar** – se houver alguém que não se enquadra, quanto mais cedo você se desligar dessa pessoa, melhor vai ser. Lembre-se de que, caso exista alguém com esse perfil, todo mundo sabe, e quase sempre você será o último a saber. Depois de acertar a situação, haverá um alívio geral. Mas como você sabe? Para cada pessoa contratada, passado um mês, faça a si mesmo uma pergunta bem simples:

"Sabendo o que sei hoje, contrataria esse sujeito?". Se a resposta for não, demita-o imediatamente; se for sim, diga-lhe isso. Se o colaborador não se reportar a você, vá até o gestor direto dele e faça a mesma pergunta. Organizações incríveis são aquelas que demitem com rapidez.

- *Exit* [saída] – releia o Capítulo 12 quando um possível *exit* se tornar relevante. Talvez pareça bem distante agora, mas será fundamental tão logo esteja chegando perto.

MAIS HISTÓRIAS DO WAZE

Muitas vezes, quando conto histórias sobre o Waze, ouço outras mais de usuários que podem ser acrescentadas à minha lista. Tenho certeza de que você também conhece algumas. Por exemplo, certa vez, no Canadá, chamaram-me de "Moisés dos trajetos". Em diversas ocasiões, ouvi um pessoal dizer "Você me libertou", ou "Você me deu força para dirigir". Um sujeito me ofereceu milhares de dólares que, segundo ele, me devia por tê-lo poupado de multas por excesso de velocidade.

Já fui até considerado conselheiro matrimonial, por colocar um fim nas discussões no carro sobre o caminho a seguir.

Mas uma das melhores histórias veio de um dos meus filhos.

Alguns anos atrás, ele tinha acabado de tirar carteira de habilitação, e gostava mesmo de estar atrás do volante.

Um dia, pedi a meu filho que me levasse ao aeroporto.

– Impossível, pai – retrucou de um jeito meio sombrio. – Meu celular pifou.

Contra-ataquei na hora:

– O que você quer dizer com impossível? Aqui estão as chaves, aqui está o carro, leve-me ao aeroporto!

Apaixone-se pelo problema, não pela solução

– Não, não, não, você não entendeu. Meu celular pifou; não sei como chego lá.

Cocei a cabeça por um instante e disse:

– Quer saber? Vou no carro com você e explico o caminho!

Então ele questionou:

– E como eu *volto* para casa?

Conclusão: perdemos nossa orientação, mas não nossa lógica!

INVISTA COMIGO

Mesmo tendo ouvido muitas histórias de usuários do Waze ao longo do tempo, uma pergunta ecoou com ainda mais frequência: "Posso investir em suas startups?", ou "Posso investir com você?".

Investi em uma dúzia de startups e continuo no mesmo processo à medida que progridem. Sigo a filosofia de fazer o bem de modo bem--feito, ou seja, resolver problemas e tornar o mundo um lugar melhor.

Desenvolvi uma prática muito específica, focada nas etapas anteriores e em três aspectos principais: o problema, o CEO e minha orientação e mentoria, desde o pré-lançamento até o lançamento da empresa e depois durante toda a jornada.

Afinal, meu objetivo é maximizar a probabilidade de sucesso da startup e agregar valor, por um lado, exatamente onde sou necessário, por outro, onde mais gosto.

Na última década, experimentei vários modelos de investimento. Fui um investidor *pre-seed* para empresas como Pontera (antes FeeX), FairFly, Engie e outras. Em seguida, tornei-me um investidor *seed* líder por meio do coinvestimento com amigos e outros investidores em empresas como SeeTree e Refundit.

Com um sócio, Ariel Sacerdoti, criamos um veículo de investimento chamado "The Founders Kitchen", por meio do qual investimos em todas as minhas startups, incluindo Pontera, Refundit, Kahun, Engie, SeeTree, Zeek, Dynamo, WeSki, Fibo, Livecare e muitas mais.

Hoje voltei aos modelos de coinvestimento, que deram origem às minhas startups, e são bem diferentes: não tenho um fluxo de negócios como outros investidores; invisto apenas em minhas próprias startups – aquelas já criadas e as que um dia vou criar.

Se você acha que este livro vai de fato ajudá-lo a ter mais sucesso, então, por favor, faça mais duas coisas:

1. Compartilhe suas percepções com colegas empreendedores e, em particular, com sua equipe de gestão.
2. Siga o caminho certo: quando chegar o momento, encontre um jovem empreendedor, oriente-o e atue como mentor dele.

AGRADECIMENTOS

Gostaria de agradecer aos meus parceiros fundadores do Waze, Ehud Shabtai e Amir Shinar. Sinto-me muito feliz por termos começado essa jornada em 2007. Obrigado por serem quem são, por compartilhar a visão, o foco e o DNA de um ambiente de trabalho fantástico que mudou a vida de tantas pessoas, inclusive a minha.

Noam Bardin, o Waze não teria tanto sucesso sem você. Estou muito grato por ter aceitado nossa oferta para ingressar no Waze como CEO, e também por muitos anos de uma jornada incrível, em tempos difíceis e em vitórias.

Agradeço ao pessoal do Waze, desde a equipe de gestão que estabelecemos no início com Fej Shmuelevitz, Samuel Keret, Yael Elish, Di-Ann Eisner e Anat Eitan, até todas as pessoas maravilhosas que contratamos ao longo dos anos. Nossa jornada foi espetacular. Não teríamos conseguido sem vocês, nem que eu quisesse fazer tudo de outra maneira.

Adi Barill, este livro não seria publicado sem você, minha parceira e coeditora. Do conceito à publicação, você tem sido uma verdadeira parceira e *rainmaker*, trazendo sua experiência para esboço, redação, edição, marketing e tudo mais.

Meus CEOs – Nir Erez, Yoav Zurel, Aviel Siman-Tov, Daniel Zelkind, Israel Telpaz, Ziv Tirosh, Nimrod Bar-Levin, Orr Kowarsky, Yotam Idan, Roi Kimchi, Eitan Ron, Alon Schwartzman, Roy Yotvat,

Greg Moran e Peri Avitan. Todos vocês participaram e ainda participam da jornada para transformar o mundo em um lugar melhor e fazer a disrupção em mercados ineficientes. Sinto-me honrado por terem permitido que eu me tornasse valioso para vocês e, em particular, por terem permitido que eu aprendesse muito com vocês. Tantos insights não surgiriam sem a companhia de todos.

Também gostaria de agradecer a todas as equipes em todas as minhas startups, independentemente de terem ou não dado certo. Obrigado por assumirem o risco e se empenharem tanto para fazer parte do trabalho para mudar a vida das pessoas.

À Noga, minha esposa e o amor da minha vida, que estava lá quando tive a ideia de escrever pela primeira vez um livro, que me acompanhou em minhas viagens pelo mundo e participou de cem reuniões e um número similar de eventos de palestras, me emponderando e me apoiando nesta jornada.

Aos meus filhos – Charlie, Ido, Tal, Eran, Amit –, obrigado por formarem uma parte tão significativa da minha vida, dispostos a pagar o preço de eu estar sempre ocupado e por aceitarem quem eu sou, sempre me acompanhando em um dos meus sonhos. Vocês são minha fonte de inspiração, e, com orgulho, vejo que seguem meu caminho no espírito e na ação empreendedora. De todas as minhas criações, vocês são de longe a mais bem-sucedida.

Ao meu pai – ainda sinto falta dele, minha maior inspiração, meu melhor mentor, agindo com sabedoria para eu seguir meus sonhos e sempre tentar. Meu pai era muito perspicaz e, vez ou outra, conseguia resumir uma essência em algumas palavras simples. Por exemplo, "Nem o cachorro vai pular se você pendurar a carne no teto", para falar sobre a definição de alvos inalcançáveis. Infelizmente, ele faleceu em janeiro de 2007, sem ver a jornada do Waze, sem ver este livro. Minha mãe faleceu em maio de 2022, enquanto eu trabalhava nas edições finais do livro, e não o viu publicado. Meus pais me influenciaram muito, e quem me conhece e também os conheceu costuma dizer "Você conta histórias como sua mãe contava", ou "Você pensa exatamente como seu pai".

Em algum momento de novembro de 2018, apresentei minha história na casa de repouso onde minha mãe estava para pessoas com idade média acima de 85 anos. Antes disso, mamãe vivia sob muita pressão, sempre preocupada: "E se ele não causar a impressão certa, e se falar muito acima do nível de compreensão do público? *E se isso, e se aquilo?*". Tentei acalmá-la, dizendo-lhe que é uma excelente contadora de histórias e que aprendi com ela a fazer uma boa narrativa. Em vão.

Quando me apresento diante de um grande público, fica bem complicado ver todo mundo, então escolho um grupo para observar, conversando como se estivesse contando minha história para eles. Nesse evento, uma dessas pessoas era minha mãe, sentada bem perto de mim, nervosa antes de começarmos, mas logo depois que iniciei minha fala eu a vi rir e relaxar.

Arrasei na apresentação, e ela circulou pelo local orgulhosa como um pavão, e me apresentou a todos. Então me disse: "Você deveria escrever um livro". Não era a primeira vez que essa ideia passava pela minha cabeça, mas ali tive a convicção de que eu precisava e decidi escrever *Apaixone-se pelo problema, não pela solução*. Nesse sentido, este livro passou a fazer parte do último desejo de minha mãe.

Também gostaria de agradecer ao Jim (James Levine), da Levine Greenberg Rostan Literary, que me acompanhou nesta jornada, mostrando-me um "novo território". A BenBella Books e Matt Holt, que acreditaram no livro e fizeram parceria conosco para levar minha história ao público, e à equipe da BenBella: Katie Dickman, Mallory Hyde, Brigid Pearson, Jessika Rieck e Kerri Stebbins. Brian Blum, obrigado pela ajuda em moldar e interpretar a visão e as ideias iniciais do livro em um plano coerente e, em seguida, apoiar o processo de escrita.

Agradeço à equipe mais ampla: Nurit Blok, o designer gráfico, e Ofer Ziv, o criador de sites, que me ajudam a transmitir minhas mensagens ao público.

Também gostaria de agradecer aos mais de um bilhão de usuários do Waze, Moovit e das minhas outras startups. Sem vocês, essa história jamais existiria.

A todas as dezenas de milhares de pessoas pelo mundo que me ouviram contar minha história e me levaram a aprimorar as minhas palestras e workshops por meio de perguntas e comentários, obrigado. Espero que este livro as enriqueça e as torne mais bem-sucedidas.

Agradecimentos especiais aos meus leitores e a todo o pessoal que não mencionei, mas que influenciou minha jornada.

SOBRE O AUTOR

U **ri Levine** (http://urilevine.com) nutre verdadeira paixão pelo que faz, empreendedorismo e disrupção, e é duas vezes criador de "unicórnios" (*duocorn*). Ele cofundou o Waze, o maior aplicativo do mundo de tráfego e navegação de base comunitária, adquirido pelo Google por 1,1 bilhão de dólares em 2013, e é antigo investidor e membro do conselho do Moovit, o Waze de transporte público, adquirido pela Intel por um bilhão de dólares em 2020. Levine também dirige o The Founders Kitchen, um fundo de criação de empresas.

A visão de Levine na criação de startups se assenta na disrupção de mercados ineficientes e no aperfeiçoamento de serviços que não funcionam bem, com enfoque na solução de "GRANDES problemas", economizando tempo e dinheiro dos consumidores ao mesmo tempo em que os capacita e muda o mundo para melhor. Entre as startups de Uri estão Pontera, FairFly, Refundit e SeeTree, e ele sempre está trabalhando na próxima.

Uri atua no ramo de alta tecnologia há trinta anos, metade deles no cenário de startups, e já viu de tudo, desde o fracasso, passando pelo sucesso moderado até o sucesso estrondoso. É um renomado palestrante mundial sobre empreendedorismo, disrupção, evolução *versus* revoluções de mercados, mobilidade e startups. Em suas apresentações e workshops, compartilha as lições aprendidas com sua experiência de vitórias e derrotas.

Levine é formado pela Universidade de Tel Aviv e serviu no exército israelense na unidade de inteligência especial 8200. Como atividade pública, ele faz parte do conselho de curadores da Universidade de Tel Aviv e também exerce mentoria para jovens empreendedores. Em 2015, Levine, junto de Ehud Shabtai e Amir Shinar, foi nomeado um dos cem visionários pela *Genius 100 Foundation*.

Livros para mudar o mundo. O seu mundo.

Para conhecer os nossos próximos lançamentos
e títulos disponíveis, acesse:

🌐 www.**citadel**.com.br

f /**citadeleditora**

📷 @**citadeleditora**

🐦 @**citadeleditora**

▶ Citadel – Grupo Editorial

Para mais informações ou dúvidas sobre a obra,
entre em contato conosco por e-mail:

✉ contato@**citadel**.com.br